Evelin Kroschel-Lobodda

Warum ich tue, was ich tue

EHP – Edition Humanistische Psychologie

Hg. Anna und Milan Sreckovic

Die Autorin

Dr. Evelin Kroschel-Lobodda (1949–2014); Studium der Psychologie und Philosophie an der LMU München; Promotion *(Was passiert in einer Psychotherapie?)* bei Heinz Mandl; über 25 Jahre Lehrbeauftragte an der LMU München; Lehrauftrag an der Hochschule Fribourg (Schweiz); eigene psychotherapeutische Praxis, von 1995 bis 2009 psychologische Unternehmensberatung in Wirtschaft und Gesellschaft; Chefredaktion der Fachzeitschrift GESTALTTHERAPIE. Arbeitsschwerpunkte: Entwicklung einer universalen Motivationstheorie auf der Basis von polaren menschlichen Grundbedürfnissen, Wirkungen von Frustration und Kränkung im Beziehungsfeld; zahlreiche Veröffentlichungen, u. a. *Die Weisheit des Erfolgs*.

Evelin Kroschel-Lobodda

Warum ich tue, was ich tue

Eine universale Motivationstheorie

Mit einem Grußwort von Norbert Szyperski
und
einem Geleitwort von Gerd Lobodda

Vorwort von Manuela Manderfeld und Sabine Sohn

Herausgegeben von
Gerd Lobodda, Manuela Manderfeld und Sabine Sohn

EHP
– 2017 –

www.ehp-verlag.de

Diese Ausgabe wurde von den HerausgeberInnen in enger Zusammenarbeit mit dem Ehemann der verstorbenen Autorin erarbeitet. Der Verlag bedankt sich ausdrücklich bei Sabine Sohn und Manuela Manderfeld sowie bei Gerd Lobodda für die Möglichkeit, den Text posthum in angemessener Weise herausbringen zu können.

Redaktion: Monika Cyran und Andreas Kohlhage

Bibliografische Information der Deutschen Nationalbibliothek
Die Deutsche Nationalbibliothek verzeichnet diese Publikation in der Deutschen Nationalbibliografie; detaillierte bibliografische Daten sind im Internet über http://dnb.d-nb.de abrufbar.

Dieses Buch ist auch als E-Book erhältlich

Umschlagentwurf: Uwe Giese
– unter Verwendung einer Replik des Diskos von Phaistos –

Satz: MarktTransparenz Uwe Giese, Berlin
Gedruckt in der EU

print-ISBN 978-3-89797-097-7
epub-ISBN 978-3-89797-616-0
pdf-ISBN 978-3-89797-617-7

Inhalt

Grußwort

Wer viele der zahlreichen Beiträge in der Fachliteratur zu den einschlägigen Themenfeldern lesen durfte oder musste, wird überrascht sein, so interessante und neuartige Aspekte zu finden, wie die Autorin sie entwickeln konnte. Und dies auf der Basis tiefgehender Untersuchungen, vor allem aber auch aufgrund ihres langjährigen beruflichen praktischen Wirkens. Erkenntnisse aus erster Hand, möchte man konstatieren. So jedenfalls ist mir ihr kreatives Schaffen in all den vielen Jahren, in denen ich ihre Aktivitäten mit verfolgen durfte, erkennbar geworden: neue wichtige modifizierte Ansätze gerade auch im interdisziplinären Kontext insbesondere mit neurowissenschaftlichen Perspektiven.

Ihre Aussagen über die Wechselwirkungen von Bedürfnissen, Motiven und Handeln im Spannungsfeld steter Gegensätze schaffen in der Tat spannende Einsichten und neuartige Perspektiven für die realen Spielräume menschlichen Willens. Und das alles ist von der Autorin so anschaulich und für ein so grundlegendes Werk wirklich spannend geschrieben, ja man könnte sagen, in Worten erläuternd komponiert, dass man es einem breiten Leserkreis nur empfehlen kann.

Sie konzentriert sich dabei besonders auf die psychischen und geistigen Existenzräume. Zusätzlich und ebenfalls integrierend müssen wir aber auch die physischen, biologischen und nicht zuletzt auch seelischen Existenzräume in unserer gesamten Lebensweise in eine stabilisierende Balance bekommen. Alle fünf interagierenden Existenzräume haben ihre eigenen Instanzen, mit spezifischen In- und Outputs für unser gesamtes Verhalten. Und keiner davon darf zum alleinigen Dominator werden, da dies jeweils zu extremen Verzerrungen unseres individuellen Profils, ja sogar zu fundamentalistischen Verhaltensmustern führen kann.

Die Autorin begnügt sich aber nicht mit den notwendigen und grundlegenden Erkenntnissen in Ihrem Themenfeld, sondern findet immer wieder kluge anwendungsbezogene Überleitungen, die für jede praktische Unterstützung nutzbar sind. Der aufgeschlossene Leser erfährt die besondere Chance, aus ihren Ableitungen und Anleitungen seine eigenen praktischen Lehren zu ziehen. Der gründlich und fachlich aufbereitete Text der Autorin macht das Lebenswerk von Evelin Kroschel-Lobodda von Seite zu Seite spannender.

Sie hätte es als Persönlichkeit und als Fachfrau sehr verdient, dass ihre fachlichen und literarischen Leistungen gerade auch von jüngeren Wissenschaftlerinnen und Wissenschaftlern aufgegriffen und weiterentwickelt werden. Dies vor allem auch im Sinne einer realistischen und Erfolg versprechenden Betreuung von Individuen auf allen handelnden Ebenen unserer Gesellschaft und von betroffenen Gruppen innerhalb und außerhalb unserer Organisationen. Unsere Zeit der digitalen Evolution ruft geradezu nach personalisierten und multidisziplinären Untersuchungen und Anleitungen. In diesem gesamten Kontext sollte die vorliegende Schrift besondere Achtung und eine spezielle Würdigung finden.

Prof. Dr. Dr. h.c. Norbert Szyperski (†), www.sylter-runde.de
Sylt, im November 2015

Geleitwort

Für meine Frau, Dr. Evelin Kroschel-Lobodda, hatte die Suche nach Erkenntnis zeitlebens erste Priorität: vom ersten VHS-Kurs als Dozentin, über das Psychologie- und Philosophiestudium, bis zur Promotion und der bereits parallellaufenden therapeutischen Praxis. Es folgten Jahre in der Wirtschaft, mit der Aufgabe der psychologischen Unternehmens- und Wirtschaftsberatung für Konzerne, mittelständische Unternehmen, Behörden, Gewerkschaften und Betriebsräte.

Diese Suche zog sich als roter Faden kontinuierlich durch ihre Arbeit und war bereits bei ihrer ersten Veröffentlichung »Was passiert in der Psychotherapie?« erkennbar. Auch alle anderen Publikationen, wie ihr Buch *Die Weisheit des Erfolgs* und diverse Beiträge z. B. für die Zeitschrift GESTALTTHERAPIE oder auch ihre gezielten bzw. systematischen Auftragsarbeiten in der Wirtschaft folgten diesem Prinzip. Sie blieb sich dabei immer treu und lehnte dementsprechend auch Aufträge ab.

Sie setzte sich unter anderem mit den Arbeiten des Psychologen Abraham Maslow auseinander und wollte seine Motivationstheorie, die Bedürfnispyramide, vervollständigen und auf eine qualitativ neue Ebene bringen. Mit ihrem Polarisierungsmodell, der Definition vom Bedürfnis zum Motiv, dem Motivrad, ergänzt durch die Theorie der aus Kränkungen entstehenden Rachedynamik, wird sich mit der Resonanz auf das nun vorliegende Buch zeigen, ob ihr Anspruch in Erfüllung gegangen ist.

Zunächst arbeitete sie praktisch und sammelte Erfahrungen in der Wirtschaft etc., danach begann ihre sehr konzentrierte Forschungsarbeit. Auf der Grundlage ihres systematisch gespeicherten Erfahrungswissens, begann sie mit der Aufarbeitung der diesbezüglich relevanten Weltliteratur: von den Upanishaden, über Homer, Shakespeare, Goethe, Nietzsche, Schopenhauer, Sigmund Freud, C. G. Jung, Thomas Mann bis zum neusten Stand der Gehirnforschung. Neben den universalen Bedürfnissen und den sich daraus ableitendenden Motiven drängte sich auch das Thema ›Der freie Wille‹ in ihren Fokus.

Da ihr die Dimensionen und das Konfliktpotenzial ihrer Arbeit sehr bewusst waren, hatte ihr Anspruch auf Tiefe oberste Priorität, was sie mit zunehmender Erschöpfung bezahlte. Der Vollendung ihrer Arbeit, ihres Lebenswerkes, folgte eine mehrmonatige Krankheit, sie verabschiedete sich leise von dieser Welt und schlief friedlich, fast sorglos, neben mir ein.

Ich habe meine Frau auf ihrem Erkenntnisweg begleitet und teile ihre An- und Einsichten. Neben meiner großen persönlichen Wertschätzung und einer selbstverständlichen moralischen Verpflichtung zur Herausgabe, hat ihr Werk einen besonderen aufklärenden, in diese Zeit passenden Stellenwert.

Dies gilt insbesondere für das zukünftige gesellschaftliche und ökonomische Beziehungsfeld in einer von Egoismen, polarisierenden Interessen und empathieloser Rücksichtslosigkeit geprägten Gesellschaft. Einer Gesellschaft, in der die heranwachsende Generation weiß, dass sie gebraucht wird, dass das »große Fressen« aber bereits ohne sie stattgefunden hat. Angesichts der übermächtigen, sich dynamisierenden Problemfelder braucht diese Generation Verständnis und Unterstützung bei dem Versuch, eine konstruktive Wende herbeizuführen.

Von daher verlangen die Verhältnisse nach Integration der unterschiedlichen Interessen, der freien Entfaltung des menschlichen Potenzials, nach authentischen Persönlichkeiten, universaler Menschenwürde, gegenseitigem Respekt und dem Er- und Anerkennen von Bedürfnissen und Motiven, zuvorderst bei Führungskräften und politisch Verantwortlichen.

Wir stehen am Beginn einer neuen Epoche. Das Alte stirbt, und das Neue ist noch nicht geboren. Statt verantwortungslos zu polarisieren, sollte die Fähigkeit zum Miteinander gewollt, gelernt und praktiziert werden – von der Mikro- bis zur Makroebene. Nicht die Gier, sondern die Balance zwischen Vernunft und Emotion sollte der Grundstock für ein modernes und zukunftsträchtiges Beziehungsfeld sein, mit ausgeglichenen Menschen, Institutionen, Unternehmen und Systemen.

Das Buch könnte die wertvolle Grundlage für eine bessere Ordnung bilden und zu einer kulturellen Erneuerung im engeren ästhetischen wie im weiteren anthropologischen Sinne führen.

Gerd Lobodda

Vorwort

Seit der ersten Begegnung mit Evelin begeisterte uns die Art, wie sie arbeitete, Erkenntnisse gewann und hinter die Kulissen menschlichen Handelns schaute. Besonders faszinierte uns ihr verständnisvoller und wohlwollender Blick auf die menschlichen Dramen und Verstrickungen, ohne zu moralisieren.

Evelins Buch liest sich wie eine Reise durch die Geschichte der Menschheit. Sie macht deutlich, was uns Menschen kulturübergreifend verbindet, was uns motiviert und bewegt. Das Wissen darum, dass bestimmte Bedürfnisse und Gefühle allen Menschen inhärent sind, ermöglicht eine neue Sichtweise auf das, was uns zunächst fremd erscheint. So werden Erkenntnisse möglich, die den eigenen Handlungsspielraum erweitern und zu konstruktiven Lösungen führen können.

Die Beschäftigung mit ihrem Buch war für uns beide ein tiefgreifender Prozess, in dem wir ihre Theorie hautnah spüren, erleben und nachvollziehen konnten. Wir befanden uns immer mal wieder festgefahren auf unterschiedlichen Polen. Ausgedehnte Waldspaziergänge mit sehr lebendigen Diskussionen brachten uns nicht nur körperlich, sondern auch geistig wieder in Bewegung. Und so erfuhren wir, wie bereichernd und belebend das flexible Wandeln zwischen den Polen sein kann.

Es war uns ein Herzensanliegen, Gerd darin zu unterstützen, Evelins Lebenswerk zu veröffentlichen. Und möglichst vielen Menschen die Gelegenheit zu geben, mit Hilfe ihrer Theorie eigene Antworten auf die Frage »Warum tue ich, was ich tue?« zu finden. Nehmen Sie sich Zeit und genießen Sie die Lektüre, denn Sie werden merken, es ist kein leichter Snack für zwischendurch, sondern ein mehrgängiges Menü mit vielen Überraschungen.

Wir wünschen Ihnen viel Freude beim Lesen!

Sabine Sohn und Manuela Manderfeld
Bonn, im Juni 2016

Einleitung

Kürzlich las ich im Vorwort des Philosophen Charles Taylor zu seinem Werk *Quellen des Selbst:* »Die Arbeit an diesem Buch ist mir schwer gefallen. Sie hat zu viele Jahre in Anspruch genommen, und einige Male habe ich meine Meinung darüber geändert, was darin stehen sollte. Einesteils lag das an dem altbekannten Grund, dass ich mir nicht im Klaren war über das, was ich sagen wollte. Andernteils lag es an der überaus ehrgeizigen Natur des Unterfangens, …«[1] Ich war glücklich, in diesen Worten eine so genaue Beschreibung meiner eigenen Gefühle zu meinem vorliegenden Buch zu finden. Ich selbst hätte es nicht so gut ausdrücken können.

Es war ein langer Weg der Forschung und praktischen Arbeit, bis ich bei den jetzigen Ausführungen des Buches gelandet bin. Seit mehr als zwanzig Jahren beschäftige ich mich mit der Frage, warum und wozu Menschen das tun, was sie tun, und warum sie fühlen, was sie fühlen, und erleben, was sie erleben. Doch viele Jahre war mir nicht bewusst, dass in diesen Fragen, die ich als begrenztes Thema der Motivationspsychologie angesehen habe, das grundlegende Thema unseres Menschseins liegt. Denn in der Frage »Warum oder wozu tun wir das, was wir tun?« steckt nicht nur die Suche nach unseren individuellen Motiven. Sie ist auch grundlegend für die Frage, ob wir unser Handeln und unser Leben als sinnvoll erleben und inwieweit es von unserem freien Willen bestimmt ist.

Als ich Anfang der 1990er-Jahre an meinem Buch *Die Weisheit des Erfolgs* schrieb, wurden mir im Laufe des Schreibens – verbunden mit den Erfahrungen aus meiner Praxis – die Zusammenhänge und dynamischen Prozesse zwischen Bedürfnissen, Motiven und Kränkungen immer deutlicher bewusst. Damals erkannte ich jedoch die ungeheure Dimension der Zusammenhänge noch nicht – zu eingeengt war mein Blickwinkel auf die Fragen gerichtet, worin sich erfolgreiche Menschen von nicht-erfolgreichen unterscheiden, wie sich persönliche Autorität entwickelt und welche Rolle Kränkungen dabei spielen.

Diese Konzentration auf die Entwicklung von persönlicher Autorität war durch meine Erfahrungen in der psychologischen Praxis entstanden. Damals, Ende der 1980er- und Anfang der 1990er-Jahre wurde es in Organisationen modern, darüber nachzudenken, wie man Mitarbeiter motivieren könnte durch spezielle Maßnahmen. Ich kam durch die Arbeit mit meinen KlientInnen jedoch immer mehr zu der Überzeugung, dass es viel wichtiger wäre, die Mitarbeiter nicht zu demotivieren.

Ein kleines Beispiel

> »Ich freue mich sehr auf die neue Arbeit,« sagte meine Klientin eines Tages in einer Therapie-Sitzung, »diese Stelle ist genau das, was ich mir schon lange wünsche – ich kann es kaum erwarten, mich in die Arbeit zu stürzen!«

---

1 Taylor, Ch. (1996): Quellen des Selbst. Frankfurt a. M. (Suhrkamp), 7

»Mein neuer Chef ist nicht schlecht«, sagte die Klientin zwei Monate später, »und mit meinen Kollegen komme ich auch ganz gut klar. Was mich ärgert, ist diese ineffiziente Arbeitsorganisation – aber als ich einen Vorschlag zur Verbesserung gemacht habe, uuuhh, da sind die Eiszapfen von der Decke gefallen!«

»Man muss halt in die Arbeit, weil man seinen Lebensunterhalt verdienen muss – ich werde mir dort bestimmt kein Bein mehr ausreißen!«, sagte die Klientin weitere zwei Monate später.

Obwohl von der anfänglichen Freude und der hohen Arbeitsmotivation nicht viel übrig geblieben war, war sich die Klientin der abgelaufenen Dynamik nicht bewusst. Sie registrierte nur, dass ihr die Lust und Freude vergangen war, dass sie eher überdrüssig zur Arbeit ging und die Arbeit nur noch als notwendiges Übel ansah. Erst bei der tieferen Betrachtung dessen, was da nun genau geschehen war, kam sie zu der Erkenntnis (und ich mit ihr), dass sie sich mit ihren Vorschlägen, d. h. ihrer Kreativität und ihrem Engagement, missachtet fühlte, dass sie sich durch hämische Bemerkungen eines Kollegen herabgesetzt und beschämt fühlte, dass sie sich durch ihren Vorgesetzten nicht gesehen und nicht unterstützt fühlte; kurz: dass sie gekränkt war. Und dass ihre unbewusste Rache für die zugefügten Kränkungen darin bestand, nur noch ›Dienst nach Vorschrift‹ zu machen.

Durch die Analyse von Kränkungen (und ihrer Rachedynamik) rückten die psychischen Grundbedürfnisse in den Mittelpunkt meines Interesses: Was sind das für Bedürfnisse, deren Frustration als Kränkung empfunden wird?

Und was sind das für Bedürfnisse, deren Befriedigung sogar schwere Situationen mit Leichtigkeit ertragen lassen? Mir waren in diesem Zusammenhang nämlich Erzählungen meines Vaters eingefallen.

Ein Beispiel:

Mein Vater, Jahrgang 1923, litt sehr unter der Trennung von seinen Eltern und sechs Geschwistern, als er mit 13 Jahren den elterlichen Bauernhof verlassen musste, um eine weit entfernte Lehrstelle antreten zu können. Eigentlich gab es damals kaum die Möglichkeit für einen Bauernbuben aus der Oberpfalz, einen Beruf zu erlernen, und so war es ein großes Glück, dass meine Urgroßmutter diese Schlosser-Lehrstelle in einer Landmaschinen-Werkstatt für ihren Enkel ergattern konnte. Der Wermutstropfen: Es lag ein Tagesmarsch zwischen Elternhof und Meisterbetrieb, und das bedeutete, dass mein Vater bei diesem Meister wohnen musste und nur an Weihnachten heimgehen konnte.

Mein Vater erzählte uns Kindern oft, dass seine Lehrzeit so wunderbar gewesen sei und dass ihm das sogar das Heimweh gelindert habe. Irgendwann wurde mir die Diskrepanz zwischen seiner Bewertung und den erzählten Gegebenheiten bewusst, und ich fragte ihn: »Papa, wie kannst du sagen, dass deine Lehrzeit wunderbar war? Die Arbeitszeit war täglich von morgens sechs Uhr bis abends sieben Uhr. Samstag war normaler Arbeitstag und sonntags musstest du vormittags mit dem Meister in die Kirche. Es gab keinen Urlaub außer an Weihnachten, und selbst von diesen zwei Wochen gingen zwei Tage drauf für den Hin- und Rückmarsch.«

Mein Vater antwortete, dass das Wunderbare an der Lehrzeit die Person des Meisters gewesen sei: »Ich kann dir das nur an einem Beispiel erklären. Ziemlich am Anfang meiner Lehre nahm mich mein Meister mit zu einem Kunden, um dort eine Dreschmaschinen-Reparatur zu besprechen. Wir gingen in die Stube, er führte das Gespräch und wir verabschiedeten uns. Erst als wir wieder allein über den Hof gingen, sagte er zu mir: ›Pass auf, Bub, wenn du das nächste Mal in eine fremde Stube trittst, dann tust deine Mütze runter, das gehört sich so.‹ Er hatte gewartet, bis wir wieder allein waren, damit ich nicht vor dem Bauern beschämt wurde. Und so ist der Meister immer gewesen. Nie hat er mich vor anderen wegen eines Fehlers bloßgestellt. Wenn ich etwas nicht gekonnt habe, hat er es mir so lange ruhig erklärt, bis ich es konnte. Als einmal ein Bauer mich rüde anging, weil etwas nicht schnell genug ging, griff er sofort schützend ein und zwang den Bauern, mit ihm selbst zu reden. Und dieses Verhalten des Meisters führte dazu, dass alle Entbehrungen und die viele schwere Arbeit keine Rolle spielten.«

Das Beispiel meines Vaters hat meine Wahrnehmung geschärft – einmal in Bezug auf Kränkungen, die häufig genug unter ›normalem Verhalten‹ laufen und zum anderen in Bezug auf diejenigen Bedürfnisse, deren Befriedigung so elementar wirkt, dass schwere äußere Umstände weder krank machen noch demotivieren.

Die vertiefte theoretische Beschäftigung mit den Motiven und Bedürfnissen führte dann zu der Entdeckung, dass keine der vielen verschiedenen Bedürfnistheorien,[2] die es in Philosophie und Psychologie gibt, die Erfahrung abdeckt, die sich aus meiner Arbeit mit Menschen herauskristallisierte nämlich: dass es **zu jedem Grundbedürfnis ein gegensätzliches gibt und dass jedes dieser gegensätzlichen Grundbedürfnisse in den polaren Dimensionen von Nehmen und Geben besteht**. Beide Gegebenheiten – das Gegensatzprinzip und die Geben-Dimension – sind in den bisherigen psychologischen Bedürfnis- und Motivationstheorien nicht enthalten. Alle Theorien geben den Bedürfnissen die egoistische Bedeutung des ›Haben-Wollen‹ und übersehen, dass sämtliche Grundbedürfnisse auch im ›Geben-Wollen‹ existieren. Und so entwickelte ich eine neue Bedürfnis- und Motivationstheorie, in der sowohl die Polarität der Bedürfnisse als auch die Dimension des Gebens berücksichtigt ist. Nach dem Entwurf eines Motivrads in der Erstauflage von 1996[3] arbeitete ich zwölf Jahre intensiv mit und an meinem Modell, so dass ich es in der Neuauflage von 2008[4] in einer ausgereiften Form vorstellen konnte.

Inzwischen arbeitete ich jedoch auch schon lange am vorliegenden Buchprojekt – das immer wieder für Jahre in der Schublade verschwand –, und die Dimension dieses Projekts wurde immer vielschichtiger.

---

2 vgl. z.B. Heckhausen, J. u. H. (2010): Motivation und Handeln. 4. Aufl. Heidelberg (Springer)

3 Kroschel, E. (1996): Die Weisheit des Erfolgs. München (Kösel)

4 Kroschel, E. (2008): Die Weisheit des Erfolgs. München (ekl-edition); Neuaufl. Gevelsberg 2017 (EHP)

Es entstand die Frage, ob die von mir postulierten Grundbedürfnisse und Motive tatsächlich – wie ich meine – menschheitsweit gültig sind, ob sie sich auch in allen Kulturen und in allen Zeitepochen finden lassen, oder ob mein Blick zu zeitgeistig und ethnozentriert ist. Wir sind bei der Betrachtung menschlichen Verhaltens und Handelns ja nicht so frei, wie wir zumeist vermuten. Unsere Wahrnehmung ist beeinträchtigt durch unser theoretisches Wissen, dem wir meist mehr gesicherten Wahrheitsgehalt unterstellen, als es tatsächlich verdient. Vor allem aber ist unsere Wahrnehmung auch eingeschränkt durch unsere unbewussten Vorstellungen von der Natur des Menschen und der Gesellschaft, die wiederum in höchstem Maße kulturell und zeitgeistig geprägt sind. Insofern ist mir klar, dass der theoretische Horizont des westlichen Denkens von einer spezifischen Erfahrung durchdrungen ist, bei der die Individualität des Menschen betont wird. Diese Sichtweise des Menschen hat eine lange Geschichte in der westlichen Philosophie und wurde während der Aufklärung vorherrschend. Das Menschenbild der Aufklärung impliziert, dass der Mensch von seinem zwischenmenschlichen Umfeld getrennt gesehen werden könnte. Doch das ist eine Sichtweise, die nicht für alle Kulturen und historische Epochen gilt. Dieses individuelle und klar umrissene Körperbild, das sich deutlich von den anderen Objekten im Universum abhebt und bei dem das Individuum als starke Festung mit einer kleinen Anzahl an Zugbrücken und Toren gesehen wird, die den kontrollierbaren Kontakt zur Außenwelt darstellen, steht im scharfen Gegensatz zum Menschenbild in nicht-westlichen Kulturen.

Wie der indische Psychoanalytiker Sudhir Kakar ausführt, ist beispielsweise ein Mensch aus hinduistischer Perspektive weniger ein Individuum als vielmehr ein Dividuum. Ein hinduistischer Mensch besteht aus Beziehungen: Alle Affekte, Bedürfnisse und Motive sind relational, und Leiden sind Störungen von Beziehungen, und zwar nicht nur der menschlichen, sondern auch derjenigen zur Natur und der kosmischen Ordnung. »Diese Betonung der transpersonalen Natur des Menschen durchdringt medizinische, astrologische, anthropologische und psychologische Theorien in Indien. Im indischen Körperbild werden die innige Verbundenheit mit der Natur und dem Kosmos und der unablässige Austausch mit der Umwelt betont. In der traditionellen Medizin – Ayurveda – gibt es keine Topographie des Körpers mit seinen Organen, sondern nur eine Ökonomie, das heißt Ströme, die hereinkommen oder hinausgehen, in einem asrya (Empfänger) verweilen oder durch irgendwelche srotas (Kanäle) fließen.«[5]

Auch das chinesische Menschenbild steht im Gegensatz zum westlichen. Auch hier wird der Mensch nicht als abgeschlossenes Individuum gesehen, sondern als ein aus Energieströmen bestehendes Beziehungsgeflecht. »Der Mensch vereint in sich die Geisteskräfte von Himmel und Erde, in ihm gleichen sich die Prinzipien des Lichten und Schattigen aus, in ihm treffen sich die Geister und Götter …«, heißt es im *Buch der Sitte.*[6] ›Universismus‹ wird das uralte metaphysische System genannt, das allem chinesischen Denken zugrunde liegt. Danach haben alle Erscheinungen im Makrokosmos im physischen, psychischen und gesellschaftlichen Leben des Menschen ihre Entsprechung, und alles steht in inniger Wechselbeziehung zueinander. Seinen praktischen Ausdruck findet

---

5 vgl. z. B. Heckhausen, J. u. H.: Motivation und Handeln. Heidelberg (Springer)

6 Kroschel, E. (2008): Die Weisheit des Erfolgs. München (ekl-edition); Neuaufl. Gevelsberg 2017 (EHP)

dieses Menschenbild in der traditionellen chinesischen Medizin, in den Ernährungsempfehlungen und in der Tradition der Körper- und Geisteskultivierung. Die Methoden dieser Tradition sind z. B. Tai Chi und Qigong, Meditation, Visualisation, Imagination und geomantische Methoden (Feng Shui), die alle das Chi (die Lebenskraft) positiv beeinflussen und damit Glück, Reichtum und langes Leben verwirklichen sollen.

Das indische ist sehr verschieden vom chinesischen Menschenbild. Trotzdem besteht zwischen beiden eine enge Verwandtschaft, wenn man sie mit dem westlichen Bild des Individuums vergleicht. Beide betonen die transzendente Natur des Menschen und ihre energetische Verflechtung mit der gesamten Umwelt, also nicht nur mit der menschlichen, sondern mit allen sichtbaren und unsichtbaren, materiellen und immateriellen Gegebenheiten.

So führte meine Frage, ob die von mir postulierten Grundbedürfnisse und Motive menschheitsweit gültig sind, ob sie sich auch in allen Kulturen und in allen Zeitepochen finden lassen, zu einer intensiven Beschäftigung mit Werken aus anderen Kulturen und Epochen. Ich habe in der Weltliteratur geforscht, angefangen bei den ältesten Texten der Welt, dem Gilgamesch-Epos, dem I Ging, dem Alten Testament, Homers Ilias und Odyssee, dem Tao te King, dem Mahabarata-Epos usw. bis in die neueste Literatur, welche Motive sich in diesen Mythen und Geschichten finden lassen.

Parallel zu meiner Lesetätigkeit machte ich in meiner Praxis immer häufiger die Erfahrung, dass sich viele Störungen, derentwegen Klienten in ein Coaching oder in eine Therapie kamen, nicht aus deren individueller Geschichte oder ihrer gegenwärtigen Situation erklären ließen. Erfahrungen, die zeigten, dass wir offenbar unbewusst auch von fremden Motiven gesteuert werden und unbewusste Einflüsse – jenseits der genetischen und sozialisierten Determination – unser Erleben und Handeln steuern. Dazu passende Bemerkungen wie z. B. »Ich weiß nicht, welcher Teufel mich da geritten hat, dass ich das getan habe« oder »Wie um Himmels Willen bin ich in diese Situation geraten?« führten dazu, dass sich immer mehr das Thema des freien Willens in meinen Wahrnehmungs-Vordergrund schob. Das hatte zur Folge, dass ich mich nun intensiv mit der neuesten Gehirnforschung und mit dem uralten Streitthema zwischen Deterministen und Verfechtern des freien Willens beschäftigte. Die Auseinandersetzung mit den neurobiologischen, philosophischen und psychologischen Erkenntnissen, mit der Literatur aus nicht-westlichen Kulturen und vor allem auch meine praktischen Erfahrungen aus Therapie und Coaching veränderten allmählich mein Menschenbild.

So hat jeweils ein Thema ein neues generiert, und immer wieder entstand dadurch die Notwendigkeit und Lust, erst eine Unmenge von Literatur zum jeweiligen Thema zu lesen. Aus der Überlappung all dieser Themen und ihrem ständigen Überprüfen in der Praxis hat sich in mir allmählich ein sehr ganzheitliches Verständnis darüber herausgebildet, was Menschen im Innersten bewegt und wie sie von äußeren Kräften beeinflusst werden.

Ich erkannte eine bisher völlig übersehene Bedeutung der psychischen Grundbedürfnisse. Bedürfnisse, abgesehen von den körperlichen, werden ja häufig mit der

Assoziation von ›Bedürftigkeit‹ gedeutet. In vielen Philosophien und Religionen wird die Askese, also das Unterdrücken oder Befreien von Bedürfnissen als Tugend gesehen. Ich kann mich zwar dem Argument, dass durch Bedürfnislosigkeit (die es m.E. gar nicht gibt, denn auch das Ziel der Bedürfnislosigkeit ist durch ein Bedürfnis motiviert) ein größeres Ausmaß an Unabhängigkeit von Menschen und Situationen erreicht wird, nicht verschließen, aber ich bin zu der Überzeugung gelangt, dass damit der eigentlichen Bedeutung der Bedürfnisse nicht Rechnung getragen wird. Das gleiche gilt für die Gefühle. Lange wurden sie als unwichtige und mitunter lästige Begleiterscheinungen des Lebens betrachtet, die man besser nicht beachtet oder unterdrückt und auf jeden Fall dem Verstand unterordnet.

In Gegensatz dazu bin ich zu der Einsicht gelangt, dass sich die Potenziale des Menschen in Bedürfnissen (die sich wiederum in Interessen und Zielen spiegeln) ausdrücken und dass sich im Umgang mit den Bedürfnissen, den eigenen und denen der anderen, das Wesen des Menschen formt. Mir wurde dabei auch immer deutlicher, welche immens wichtige Rolle die Gefühle in diesem ganzen Zusammenhang spielen und dass sie der Schlüssel zum Verständnis unserer selbst sind. Mir wurde deutlich, dass auch der freie Wille, den wir seit der Aufklärung in unserem abendländischen Verständnis so selbstverständlich voraussetzen, ein Potenzial ist, das in uns angelegt ist, das sich im Grundbedürfnis nach Freiheit ausdrückt, dessen Entfaltung aber keineswegs selbstverständlich ist. Im Gegenteil, dieser Entfaltung stehen viele Hindernisse im Weg. Nicht nur die kulturelle und familiäre Sozialisation, vor allem auch die ständig ablaufenden unbewussten Beeinflussungen unseres Gehirns durch innere und äußere Kräfte machen die Entwicklung eines freien Willens zur größten Herausforderung des Menschseins.

Fasse ich alle meine Erfahrungen, Erkenntnisse und Überlegungen zusammen, dann komme ich zu dem Schluss, dass die menschliche Psyche aus Potenzialen besteht, für deren Verwirklichung das Gehirn die Struktur und Funktionen bereitstellt. Diese Potenziale äußern sich in einer Bedürfnis- und Motivstruktur, die menschheitsweit gleich ist – eine Struktur, die kultur- und epochenübergreifend ist und die deshalb zu unserem menschlichen Erbgut gehört, genauso wie die Struktur unseres Körpers oder unseres Gehirns. Durch die intensive Beschäftigung mit den Epen und Mythen aus aller Welt, mit Philosophien und Religionen bin ich zur gleichen tiefen Überzeugung gekommen, wie der legendäre Mythenforscher Joseph Campbell. Er hat in seinem dreibändigen Werk *Die Masken Gottes* mit Hilfe der Forschungen und Erkenntnisse aus Archäologie, Religionswissenschaften und Ethnologie die ältesten Zeugnisse mythischen Denkens der Urvölker, des Ostens und Westens zusammengetragen und gezeigt, dass die Mythen seit Urzeiten das widerspiegeln, was die Menschen im Innersten bewegt. Dazu sagte er am Ende seiner zwölfjährigen Forschungsarbeit, dass ihr Hauptergebnis darin bestehe, dass er Gewissheit gefunden habe für »den Glauben an die Einheit der ganzen Menschheit, nicht nur in ihrer biologischen Beschaffenheit, sondern auch in ihrer Seelengeschichte.«[7]

---

7 Kakar, S. (2012): Kultur und Psyche. Gießen (Psychosozial)

Um auf mein Eingangszitat zurückzukommen: Das Buch endlich fertig zu schreiben, ist mir nicht nur schwer gefallen. Es hat zwar zu viele Jahre in Anspruch genommen, aber es war auch eine ständige Quelle der Freude. Denn die Arbeit hat mich, abgesehen von meinem Schwerpunkt Psychologie, in Gebiete geführt, die mir völlig unbekannt waren, und die verschiedenartigste Literatur – von den ältesten Menschheitsgeschichten über Philosophien und Religionen bis zur neuesten Hirnforschung – war und ist eine tiefe Bereicherung, für die ich den jeweiligen Autoren unendlich dankbar bin.

Dr. Evelin Kroschel-Lobodda
München, im November 2014

1. Die Suche nach dem Grund hinter dem Grund

»Das Menschenherz ist gefährlicher als Berg und Wildbach und schwerer zu erkennen als der Himmel. Der Himmel hat doch wenigstens seine Jahres- und Tageszeiten; des Menschen Äußeres aber ist dicht verhängt, und sein eigentliches Wesen ist tief verborgen.«

(Dschuang Dsi, Buch XXVII,15)

Was bewegt uns, was bringt uns dazu, Bestimmtes zu tun und anderes zu unterlassen? Was erzeugt Gefühle von Angst, Zorn, Scham, Traurigkeit, Freude, Stolz, Zufriedenheit, Rachegefühle, Zuneigung, Liebe und was es sonst noch an unzähligen Gefühlen gibt? Warum geraten wir in bestimmte Situationen und warum handeln oder reagieren wir manchmal in unerklärlicher Weise?

Bei der Frage nach dem »Warum« geht es nicht nur um unsere Motive, Leidenschaften, Interessen und Ziele und darum, wie sie unser Handeln bestimmen und unsere Persönlichkeit. Die Frage nach dem Warum wird manchmal einseitig verstanden im kausalen Sinn, d. h. rückwärtsgewandt. Sie beinhaltet jedoch immer auch das Wozu. Wenn wir unser Handeln hinterfragen nach dem Grund, dann bedeutet das immer: Warum und wozu? Wir Menschen handeln intentional, unser Handeln ist zielgerichtet - auch dann, wenn es nicht danach aussieht und wenn wir selbst nicht wissen, was das Ziel eigentlich ist. ›Warum‹ und ›Wozu‹ sind die zwei Seiten einer Münze.

Bei der Frage nach dem ›Warum‹ geht es nicht nur um unsere Motive, Leidenschaften, Interessen und Ziele und darum, wie sie unser Handeln bestimmen und unsere Persönlichkeit formen. Es geht dabei auch um unser gesamtes Lebensschicksal, das von vielen Kräften aus verschiedenen Dimensionen unserer Psyche gesteuert wird, die uns meist nicht bewusst sind. Und wenn sie nicht bewusst sind, haben wir keinen Einfluss darauf. Es geht also darum, Einfluss zu gewinnen auf unser Leben und unser Schicksal, auf die Entwicklung unserer Persönlichkeit und auf die Entwicklung unserer Gemeinschaft, in der wir leben.

Einer meiner Lieblingsfilme ist der Western *Spiel mir das Lied vom Tod*. Der Film zeigt in grandioser Form, wie das Leben des Helden vom Rachemotiv beherrscht wird. Nun ist das Rachebedürfnis bzw. Vergeltungsmotiv ein Phänomen, das in der psychologischen Forschung und in der Philosophie, abgesehen von einzelnen philosophischen Betrachtungen wie z. B. Sloterdijks Werk *Zorn und Zeit,*[1] absolut unterbelichtet ist – im Gegensatz zu Literatur und Film. Rache ist jedoch nicht nur eines der Hauptmotive bei Verbrechen – schon in den ältesten Texten der Weltliteratur gibt es kaum eine Geschichte, in der es nicht zu finden ist, und bei genauem Hinsehen ist auch unser alltägliches Handeln von Vergeltungsmotiven durchzogen. Das ist nur ein kleines Beispiel dafür, dass sich Theorie und Praxis nicht immer decken und dass ich auf der Suche nach Er-

1 Sloterdijk, P. (2006): Zorn und Zeit. Frankfurt a. M. (Suhrkamp)

klärungen für Phänomene, die ich in der psychologischen Arbeit mit Menschen erlebe, oft in der großen Literatur fündiger wurde als in meinem Wissenschaftsbereich. Ob im sumerischen Gilgamesch-Epos, im Alten Testament, im indischen Mahabarata, in Homers Epen, ob bei Shakespeare oder Dostojewski, ob bei Goethe, Hesse, Chatwin oder Davies – in der Literatur aus den unterschiedlichen Weltregionen, Ethnien und Epochen fand ich viele Antworten auf die Frage, was uns tatsächlich antreibt und die Menschen immer schon angetrieben hat. Diese Suche entwickelte sich zu meiner großen Leidenschaft: Warum tun wir das, was wir tun? Warum fühlen wir, was wir fühlen? Und warum passiert uns das, was uns passiert?

Unser ganzes abendländisches Verständnis geht vom selbstverantwortlichen Individuum und der Wahlfreiheit bei seinen Entscheidungen aus. Ich selbst ging natürlich auch davon aus. Doch irgendwann bekam diese Sicherheit Risse. Wie häufig müssen wir uns fragen »Wie, um Himmels Willen, bin ich in diese Situation geraten?« oder »Welcher Teufel hat mich da geritten, dass ich das getan habe?« Himmels-Wille, der uns steuert und Teufel, die uns reiten – was sind diese Götter und Dämonen, die da in uns wirken und oftmals unseren Willen beherrschen?

Während in der Antike die antreibenden Kräfte bildhaft mit den Begehren der Götter beschrieben wurden, haben wir in unserer modernen Wissenschaftssprache nüchterne Begriffe: Trieb, Bedürfnis, Motiv, Leidenschaft, Begierde, Sucht, Gier, Geiz, Streben, Drang – je nach Thema und Theorie werden andere Worte verwendet, die aber alle für das Gleiche stehen, nämlich für unsere allgegenwärtigen Beweger, ohne die es kein Leben und keine Entwicklung gäbe. Ich bin mir allerdings nach zwanzig Jahren Forschung zu diesem Thema inzwischen nicht mehr sicher, ob nicht die antiken Vorstellungen näher an den Phänomenen liegen, als unsere rationalen, wissenschaftlichen Erklärungsmodelle es vermögen. Je tiefer ich in das Thema eingedrungen bin, umso deutlicher konnte ich erkennen, wie lange die Menschheit sich schon mit diesem Thema beschäftigt. Und ich musste erkennen, dass wir mit unserem naturwissenschaftlichen Paradigma der Welterklärung viele Phänomene bisher nicht erfassen können.

Nun sind wir bei der Betrachtung menschlichen Verhaltens und Handelns nicht so frei, wie wir zumeist vermuten. Unsere Wahrnehmung ist eingeschränkt von unseren unbewussten Vorstellungen von der Natur des Menschen und der Gesellschaft, die wiederum in höchstem Maße kulturell und zeitgeistig geprägt sind. So ist z. B. der theoretische Horizont des westlichen Denkens von einer spezifischen Vorstellung durchdrungen, bei der die individuelle Autonomie des Menschen betont wird. Diese Sichtweise des Menschen hat eine lange Geschichte in der westlichen Philosophie und wurde während der Aufklärung vorherrschend. Das Menschenbild der Aufklärung impliziert, dass der Mensch von seinem zwischenmenschlichen und physischen Umfeld getrennt gesehen werden könnte. Dies ist eine Sichtweise, die nicht für alle Kulturen und historische Epochen gilt. Dieses individuelle und klar umrissene Subjekt, das sich deutlich von den anderen Objekten im Universum abhebt, steht im Gegensatz zur Vorstellung in nicht-westlichen Kulturen.

Die Arbeit in der Psychotherapie und im Coaching gewährt große Einblicke in das Lichte und Schattige der Menschen – ich glaube, nirgendwo sonst wird so offen über die innersten Angelegenheiten gesprochen. Und nirgendwo sonst lässt sich besser erforschen, welche Geister und Götter, Dämonen und Heilige sich in uns verwirklichen. Denn wir sind nicht nur unseren individuellen Bedürfnissen unterworfen, die wegen ihrer Gegensätzlichkeit schon konfliktträchtig genug sind. Wir werden auch noch von Begehren aus tieferen Schichten in uns gesteuert. Sigmund Freud wird die Erkenntnis zugeschrieben, dass wir nicht Herr im eigenen Haus sind. Das hat vor ihm schon Schopenhauer postuliert. Er hat Leben und Schicksal als Produkt und Veranstaltung seelischer Kräfte erklärt, deren Wirken dem bewussten Wollen weitgehend oder völlig entzogen ist. Albert Einstein fasste diese Philosophie in die griffige Formel, dass wir tun können, was wir wollen, aber nicht wollen können, was wir wollen.

Nun ist es aber gerade die Selbsterfahrungs-Arbeit, die dieser Ohnmacht entgegenwirken will und kann. Tatsache ist, dass Psychotherapie und Coaching genau an dem Punkt ansetzen, an dem Menschen feststellen, dass in ihrem Leben etwas anders läuft, als sie es eigentlich wollen. Dass sie mit ihrem Willen nicht weiterkommen. Dass irgendetwas sich ihrem Willen entgegenstellt; dass sie sich in Situationen befinden, in denen sie nicht sein möchten; dass sie psychisch, körperlich oder sozial unter etwas leiden oder dass etwas ganz anders läuft, als sie sich vorgenommen haben.

Während ich diese Zeilen überarbeite, läuft gerade die mediale Beschäftigung mit der Steuerhinterziehung des Präsidenten eines der berühmtesten Fußballclubs auf vollen Touren. Es wird gefragt, wie es sein kann, dass jemand, von dem man doch weiß, wie sozial und großzügig er handelt, welch gutes Herz er zeigt für Menschen in Not und mit wie vielen Millionen er jährlich soziale Einrichtungen unterstützt, so etwas tun kann. Mit dieser Tat habe er seinen guten Ruf verloren und sein Lebenswerk vernichtet, so wird postuliert. Die Spekulationen über das »Warum« werden in jeder Talkshow und in jeder Zeitung erörtert. Viele meinen, dass nicht Geldgier das treibende Motiv gewesen sein kann – was dann? Andere vermuten, es könnte das Machtmotiv gewesen sein – er habe im größenwahnsinnigen Realitätsverlust geglaubt, sich über das Gesetz stellen zu können. Oder vielleicht brauchte er den Kick, den unerlaubtes, gefährliches Verhalten bringen kann? Warum also hat er etwas getan, was sein Verstand sicher als »Dummheit« einschätzt? Vielleicht weiß er es nicht einmal selbst. Vielleicht stellt er sich genau die Frage: »Um Himmels Willen – welcher Teufel hat mich da geritten?«

Was sind also die Antriebskräfte, mit denen wir es den ganzen Tag zu tun haben – bei uns selbst und bei unseren Mitmenschen? Warum treffen wir uns mit bestimmten Leuten oder lehnen eine Verabredung ab? Warum sind wir zu einem bestimmten Menschen freundlich, zu einem anderen aggressiv und wieder bei einem anderen gleichgültig? Warum lassen wir uns auf ein risikoreiches Abenteuer ein, warum gehen wir eine Beziehung ein oder beenden sie, warum sind wir großzügig oder kleinlich, warum verzeihen wir oder sind unbarmherzig, warum schauen wir einen Film an, spielen Fußball oder lesen einen Roman? Warum teilen wir mit anderen oder machen Geschenke? Warum verhalten wir uns selbstsüchtig oder hilfsbereit?

Wie oft fragen wir uns, warum jemand dieses oder jenes wohl getan hat. Und wie oft fragen wir uns selbst, was uns zu einer bestimmten Handlung getrieben hat – vor allem dann, wenn wir uns eigentlich das Gegenteil vorgenommen hatten oder wenn wir schon im Voraus ahnten, dass das, was wir tun, nicht gutgehen wird.

Der Literatur-Nobelpreisträger Isaac Bashevis Singer meint: »Das größte Geschenk der Menschheit ist die freie Wahl. Es ist richtig, dass wir beim Gebrauch der freien Wahl begrenzt sind. Aber das Wenige an freier Wahl, das wir haben, ist ein solch großes Geschenk und ist potentiell so viel wert, dass es sich lohnt, gerade dafür zu leben«.[2] Dem möchte ich aufgrund meiner Erfahrungen widersprechen: Wir haben keineswegs das Geschenk der freien Wahl, sondern wir haben das Geschenk des Lebens mit dem dazugehörigen Potenzial zur freien Wahl. Doch dieses Potenzial entfaltet sich nicht von selbst.

Während sich unsere körperlichen Potenziale während der pränatalen Phase vom Embryo bis zum Säugling von selbst entwickeln und bei einigermaßen nährenden Umweltbedingungen sich über die Kindheit und Pubertät zu ihrer reifen Form auswachsen, verhält es sich mit unseren psychisch-seelischen Potenzialen nicht ganz so einfach. Und was das Potenzial zum freien Willen angeht, so scheint es dasjenige zu sein, das für seine Entwicklung am längsten braucht und den meisten Einsatz erfordert, um sich zu entfalten.

Solange wir dieses Potenzial nicht entwickeln – und dazu braucht es mehr als die Trotzphase der Kleinkindzeit und die Rebellion der Pubertät –, solange sind wir, wie es die Hirnforscher postulieren, tatsächlich Marionetten der Verschaltungen unseres Gehirns, die offenbar von Kräften geformt und genutzt werden, die weit über die bisher in der Wissenschaft erforschten genetischen und sozialisierten Einflüsse hinausreichen. In den Kapiteln *Der Kampf um den freien Willen* und *Gedankenwelten* beschäftige ich mich mit dem Phänomen, dass unser Kommunikationsorgan Gehirn offensichtlich mit anderen Gehirnen bzw. Informationsgestalten mehr kommuniziert und vernetzter ist, als es ein materialistisches Weltverständnis wahrhaben will.

Eine Erkenntnis, die ich aus meiner Arbeit ziehe, ist die Tatsache, dass die psychischen Grundbedürfnisse und -motive einer neuen Bewertung bedürfen: Sie sind die Wegweiser zur Entfaltung unserer Potenziale; das heißt, wenn sie nicht befriedigt werden, können sich die jeweils in ihnen verborgenen Potenziale nicht entwickeln. Die Ergebnisse aus der Hirnforschung, der Vergleich mit den körperlichen Bedürfnissen und die genaue Betrachtung, wie sich das Bedürfnis nach einem freien Willen äußert und unter welchen Bedingungen sich der freie Wille entfaltet, lassen erkennen, dass sich nur bei ausreichender Befriedigung der psychisch-seelischen Bedürfnisse die inhärenten menschlichen Potenziale entwickeln können. Diese Bewertung steht im Gegensatz zu Philosophien und religiösen Dogmen, die in den Bedürfnissen etwas sehen, das bekämpft und möglichst unschädlich gemacht werden soll. Verbote bestimmter Grundbedürfnisse führen zu Fixierungen und Entgleisungen (dieses Thema behandle ich in den Kapiteln 3 und 6 ausführlich). Auch die angestrebte Bedürfnislosigkeit als Weg zur Befreiung von Leid (z. B. im Buddhismus) oder als Möglichkeit zum Seelenfrieden (z. B. bei den Stoikern) oder

---

2 zit. nach Libet, B. (2004): Haben wir einen freien Willen? In: Ch. Geyer (Hrsg.): Hirnforschung und Willensfreiheit. Zur Deutung der neuesten Experimente. Frankfurt a. M. 2004 (Suhrkamp)

als Bedingung zur individuellen Freiheit (z. B. bei Laotse) macht erst dann Sinn, wenn im Laufe der Persönlichkeitsentwicklung die psychisch-seelischen Grundbedürfnisse schon so weit befriedigt wurden, dass sich die Potenziale bereits entwickelt haben. So sind z. B. beim indischen Prinzen Siddhartha Gautama, dem späteren Buddha, während seiner Kindheit und jungen Erwachsenenzeit sämtliche körperlichen und psychisch-seelischen Bedürfnisse wohl tief befriedigt worden, so dass sich seine Potenziale entfalten konnten. Auch Seneca, der die stoische Ethik zu einem glanzvollen Höhepunkt führte, stammte aus einer der reichsten Familien des römischen Reichs zu Zeiten von Kaiser Nero und war ein mächtiger und schon zu Lebzeiten berühmter Philosoph. Von ihm ist überliefert, dass er seine Bedürfnisse immer vortrefflich befriedigt hat (was übrigens damals schon als Gegensatz zu seiner Lehre empfunden wurde[3]) und so seine Potenziale entwickeln konnte.

Die Selbsterfahrungs-Arbeit zeigt, dass es mehrere Dimensionen von Bedürfnissen in der Psyche gibt, die wiederum in vielfacher Beziehung miteinander vernetzt sind. Da gibt es zum einen die individuelle, bewusste Ebene, die sich in den Interessen, Wünschen und angestrebten Zielen ausdrückt. Selbst für diese bewusste Dimension gilt, dass wir sehr häufig unsere wirklichen Absichten nicht kennen. Wir halten oft vordergründiges Verlangen oder bewusste Interessen und Ziele für die Motive unseres Handelns ohne zu den eigentlichen Beweggründen vorzustoßen. Wir haben rationale Gründe für unser Handeln – doch es gibt meist den Grund hinter dem Grund.

Denn hinter oder unter oder neben dieser bewussten Dimension liegt die individuelle unbewusste Dimension. Hier tummeln sich die Begehren, die von der Person aufgrund ihrer unbewussten Glaubenssätze und ihrer unbewussten Lebenspläne (Lebensscripte) aus ihrer Wahrnehmung bisher ausgeschlossen wurden und die nicht zu Motiven werden dürfen – und die sich deshalb in unverständlichen Handlungen, unangenehmen Situationen, Symptomen oder Krankheiten Gehör verschaffen wollen.

Und dann gibt es noch die unbewusste, kollektive Dimension. Sie ist ein Teil unserer Psyche, deren Kraft unser Schicksal in einer oft monströsen Weise bestimmt. Das ist der »tiefe Brunnen der Vergangenheit«, wie Thomas Mann[4] es ausdrückt, der in uns wirkt und seine eigenen Begehren enthält, die er uns aufdrängt und die wir dann unbewusst erfüllen, auch wenn sie meist unseren eigenen, individuellen Bedürfnissen absolut zuwider laufen.

Trotz dieser hohen Komplexität unserer Psyche sind es aber immer wieder die wenigen gleichen Bedürfnisse und Motive, die sich durch alle Dimensionen ziehen und auf die alle inneren und äußeren, hilfreichen und destruktiven Kräfte einwirken. Und diese wenigen gleichen Grundbedürfnisse und Motive unterliegen einem Gesetz, das bisher in keiner Bedürfnis- und Motivationstheorie berücksichtigt wurde: **dem Gesetz der Polarität**. Das heißt, zu jedem Grundbedürfnis gibt es ein gegenteiliges und jedes Grundbedürfnis besteht in der Polarität von Haben-Wollen und Geben-Wollen. Und

---

3 vgl. Berthold, H. (2005): Seneca. Mensch und Werk. In: Seneca. Handbuch des glücklichen Lebens. Köln (Anaconda)

4 zit. nach Assman, J. (2006): Thomas Mann und Ägypten. München (C. H. Beck)

jedes Grundbedürfnis kann entgleisen, wenn es zu starken Einseitigkeiten in der Polarität kommt. Wenn ein Bedürfnis in die Fixierung gerät und dadurch der Gegenpol ausgeblendet wird, dann entstehen all diese Motive, die wir als Untugenden begreifen. So entsteht dann z. B. bei einer Fixierung des *Besitz/Erkenntnis*-Bedürfnisses Habgier, Geiz oder faustischer Erkenntnisdrang.

Im Kapitel *Der Kreis der Bedürfnisse* beschreibe ich mit meinem Modell eines Bedürfniskreises bzw. Motivrads diese gegensätzlichen Grundbedürfnisse und -motive in ihren jeweiligen Ausprägungen. Sie bilden nicht nur die Tiefenstruktur der menschlichen Psyche, sondern auch die Tiefenstruktur aller menschlichen Gemeinschaften, wie Familien, Organisationen, Gesellschaften und Kulturen. Sie sind die Gestalter nicht nur unseres individuellen Schicksals, sondern auch die prägenden Kräfte in allen Systemen, d. h. Familien, Organisationen, Gesellschaften und Kulturen.

Da sich aus den menschlichen Grundbedürfnissen die jeweiligen Werte einer Gemeinschaft ableiten, ist es auch für die Entwicklung und das Schicksal einer Gesellschaft von größter Bedeutung, von welchen Motiven sie sich steuern lässt (darauf gehe ich im Kapitel *Zur universalen Dimension des Bedürfniskreises* ein).

Ich habe die kulturellen und zeitgeistigen Unterschiede in der Betrachtung des Menschen durchaus im Blick und wage trotzdem die These aufzustellen, dass die Tiefenstruktur der menschlichen Psyche – ihre Potenziale, Bedürfnisse und Motive – in allen Kulturen und historischen Epochen (zumindest so weit zurück, als wir Schriftzeugnisse haben) gleich ist. Denn die älteste Weltliteratur gibt Aufschluss über das Erleben, das Handeln und die Motive der Menschen in ihrer jeweiligen Kultur und historischen Epoche (siehe Kapitel *Ein Blick Jahrtausende zurück*) und die historischen Ereignisse zeigen, mit welchen Bewertungen Gesellschaften bestimmte Grundbedürfnisse erhöhen und zu ihren »höchsten Werten« erklären bzw. sie zu »Unwerten« oder »Sünden« stempeln und verdammen.

Nur wenn wir zu den tieferen Gründen unserer Handlungen vorstoßen, jenseits unserer rationalen Erklärungen, und wenn wir verstehen, was die wirklichen Motive unseres Verhaltens und Handelns sind, welchen unbewussten Steuerungen wir unterliegen und in welche Situationen uns unbewusste Kräfte hineinlaufen lassen, können wir mit diesen Kräften in Kontakt kommen und ihr Wirken auflösen bzw. transformieren und dadurch unseren freien Willen und unsere Selbstbestimmung entwickeln und erweitern. Im Kapitel *Der Kampf um den freien Willen* zeige ich an zwei Fallbeispielen auf, wie das in der Praxis aussehen kann und wie wir den inneren Drahtziehern auf die Spur kommen können, die sich unserer Motivstruktur – ohne dass wir dies als Fremdeinfluss erkennen – bedienen. Wie sich diese Phänomene des Fremdeinflusses theoretisch erklären lassen, versuche ich im Kapitel *Gedankenwelten* zu erfassen.

Der Bogen, den ich in diesem Buch spanne, ist im Lauf der letzten zwölf Jahre, die ich nun daran arbeite, immer größer geworden. Als ich 1996 (überarbeitete Neuauflage 2008) in meinem Buch *Die Weisheit des Erfolgs* einen ersten Entwurf des Motivrades veröffentlichte, war dies eingebunden in den Kontext der Entwicklung von persönlicher

Autorität. In der langen Zeit, die ich nun an und mit diesem Thema arbeite, ist mein Modell der menschlichen Motivstruktur gründlich gereift und meine Erfahrungen damit haben mir selbst erst verdeutlicht, dass dieses Thema nicht nur für die individuelle Persönlichkeitsentwicklung von grundlegender Bedeutung ist, sondern auch für die Analyse und Veränderung von Organisationen und Gesellschaften.

2. Gefühlswelten

Alles, was von den Menschen getan und erdacht wird, gilt der Befriedigung gefühlter Bedürfnisse sowie der Stillung von Schmerzen. Dies muss man sich immer vor Augen halten, wenn man geistige Bewegungen und ihre Entwicklung verstehen will. Denn Fühlen und Sehnen sind der Motor alles menschlichen Strebens und Erzeugens, mag sich uns Letzteres auch noch so erhaben darstellen.

Albert Einstein (Mein Weltbild)[1]

Häufig benennen wir Gefühle als Ursache bzw. Gründe für unser Handeln. So werden Angst, Wut oder Lust als Motive bezeichnet, wenn wir z. B. sagen: »das habe ich aus Angst getan« oder »ich habe es getan, weil ich wütend war« oder »ich hatte einfach Lust, das zu tun« usw. Mit solchen Aussagen benennen wir Gefühle als die Verursacher unserer Handlungen. Doch das sind Kurzschlüsse – Gefühle sind nicht die Ursache und nicht die Motive für Handlungen – sie sind die Auslöser für unser Tun bzw. Nichttun. Gefühle sind das Kommunikations- und Signalsystem des Organismus im Dienste der Bedürfnisse.

Das Gebiet der Emotionsforschung ist riesig und vielfältig. Je nach Wissenschaftsgebiet werden verschiedene Perspektiven eingenommen und unterschiedliche Teilbereiche angeschaut. Abgesehen von philosophischen Betrachtungen einzelner Emotionen (wie z. B. Sloterdijks Werk *Zorn und Zeit,* das sich ganz dem Gefühl des Zorns in all seinen Facetten widmet), gibt es im Groben fünf Denkrichtungen: Die physiologische Theorie, die kognitivistische Theorie, die kulturrelativistische Theorie, die evolutionspsychologische Theorie und die soziologische Sichtweise.

Die **physiologische Theorie** besagt, dass Emotionen aufgrund körperlicher Vorgänge entstehen. Während wir üblicherweise meinen, dass das Gefühl der Angst einen flacheren Atem oder Zittern auslöst, fanden die Vertreter der physiologischen Theorie heraus, dass wir deshalb Angst spüren, weil unser Atem flach ist oder weil wir zittern. Unser Organismus sorgt in Bruchteilen von Sekunden für die körperlichen Reaktionen, die in Bedrohungssituationen notwendig sind für Flucht oder Kampf. Das geschieht, noch bevor das dazugehörige Gefühl der Angst in unser Bewusstsein kommt. Dabei wird zwischen Empfindungen und Emotionen unterschieden. Als Empfindung wird die Wahrnehmung der körperlichen Befindlichkeit bezeichnet, aus der wiederum eine Emotion, ein Gefühl entstehen kann.

Die Vertreter der **kognitivistischen Theorie** sind der Meinung, dass es nicht die Ereignisse sind, auf welche die Menschen mit Gefühlen reagieren, sondern ihre Vorstellungen über diese Ereignisse. Sie interessieren sich vor allem für die Denkvorgänge und haben herausgefunden, dass wir bewusst oder unbewusst ständig an alles, was wir wahrnehmen, ein Bewertungsraster anlegen und unsere Emotionen dann durch diese

1 Einstein, A. (1953): Mein Weltbild. Zürich (Europa)

Bewertungen ausgelöst werden. So lässt z. B. eine Mischung der Bewertungen unerfreulich + unvorhergesehen + fremdverursacht ein Gefühl des Zorns entstehen.

Ganz sicher ist es so, dass wir dieses unaufhörliche Bewertungsraster in unseren Denkprozessen haben – allein es greift zu kurz, die Gefühle nur auf diese Bewertungen zurückzuführen. Die kognitivistische Theorie betrachtet einen den Empfindungen und Gefühlen nachgelagerten Denkprozess, aus dem dann weitere Emotionen resultieren. Der Neurowissenschaftler Joseph Ledoux drückt das so aus: »Die Bewertungstheorien haben sich mehr mit Anlässen als mit Ursachen befasst.«[2] So bemängelt z. B. auch Antonio Damasio,[3] einer der führenden Emotionsforscher, dass sich die Kognitionswissenschaft weder mit der Homöostasefunktion noch mit der organismischen Funktion der Emotionen beschäftige. Für ihn gehört die Emotion untrennbar zur Logik des Überlebens.

Die **kulturrelativistische Theorie** vertritt die Ansicht, dass es keine angeborenen universalen Gefühle gibt, sondern dass Gefühle Teile einer Kultur seien, die in der Kindheit und Jugend sozialisiert, d. h. gelernt werden, und dass es dementsprechend in unterschiedlichen Kulturen und unterschiedlichen Epochen auch unterschiedliche Gefühle gibt. So zogen die Verfechter der kulturrelativistischen Position beispielsweise die Beobachtung der kanadischen Anthropologin Jean Briggs, dass die Angehörigen des Volks der Inuit niemals in Zorn gerieten, als Beweis dafür heran, dass Zorn keine universale menschliche Emotion sei. Tatsache ist jedoch, dass Briggs (sie lebte in den Sechziger-Jahren längere Zeit bei den Inuit in den West-Northern-Territories) zwar beobachten konnte, dass bei den Inuit Zorn niemals gezeigt oder ausagiert wurde, dass dies aber nur darauf zurückzuführen war, dass er in höchstem Maße kontrolliert wurde. »Die Kontrolle der Emotionen genießt bei den Eskimos hohe Wertschätzung, und wenn sie unter den beschwerlichsten Umständen ihren Gleichmut bewahren, gilt das als wichtigstes Zeichen von Reife, von einer Erwachsenen-Haltung.«[4] Die Inuit bewerten zorniges Verhalten als »nutaraqpaluktuq«, das bedeutet ungefähr kindisches Benehmen. Diese Zuschreibung zeigt, dass die Inuit den Zorn also durchaus bei ihren Kindern beobachten, sonst könnten sie ihn nicht als kindisch bewerten, die Erziehung aber dann stark dahingehend wirkt, dass das Erleben und der Ausdruck von Zorn strikt unterdrückt wird. In einer so unwirtlichen Gegend (bis in die Fünfziger-Jahre hatten Hungersnöte die Eskimostämme dezimiert) ist eine uneingeschränkte Solidarität innerhalb der Gruppe die Voraussetzung zum Überleben. Der Zorn mit all seinen Risiken – wie Spaltung der Gruppe oder Ächtung von Einzelnen – wurde als zu gefährlich betrachtet, um toleriert zu werden.

Die langjährige Vormachtstellung der kulturrelativistischen Theorie ist inzwischen durch viele Forschungen der letzten Jahrzehnte massiv in Frage gestellt worden. Wie das Beispiel der Inuit zeigt, liegen die kulturellen Unterschiede nicht darin, dass die Menschen in verschiedenen Kulturen unterschiedliche Gefühle hätten, sondern dass in

---

2 Ledoux, J. (1996): Das Netz der Gefühle. Wie Emotionen entstehen. 5. Aufl. München 2010 (dtv), 72

3 Damasio, A. (1999): Ich fühle, also bin ich. Die Entschlüsselung des Bewusstseins. 8. Aufl. Berlin 2009 (Ullstein)

4 Briggs zit. nach F. LeLord / Ch. Andrè (2001): Die Macht der Emotionen. 8. Aufl. München 2011 (Piper), 50

verschiedenen Kulturen die Emotionen je nach ihren gesellschaftlichen Bedürfnissen unterschiedlich bewertet und dementsprechend ihre Wahrnehmung und ihr Ausdruck unterschiedlich sozialisiert werden. So ist z. B. das Gefühl des Ekels universal – wovor sich Menschen in unterschiedlichen Kulturen und Epochen ekeln, ist jedoch sozialisiert. Genauso ist auch das Gefühl der Angst universal – wovor sich Menschen ängstigen ist jedoch kulturell und zeitgeistig unterschiedlich.

In der **evolutions-psychologischen Theorie** wird der Standpunkt vertreten, dass wir Emotionen verspüren, weil sie unserem Überleben dienen. Die Vertreter dieser Position sind überzeugt, dass Emotionen sich im Laufe der menschlichen Entwicklungsgeschichte durch viele Selektionen herausgebildet haben und zu unserem genetischen Erbe gehören. Darwin hielt sechs Emotionen für universal: Freude, Überraschung, Traurigkeit, Angst, Ekel und Zorn. Dafür spricht, dass sich emotionale Reaktionen wie Erschrecken (als eine Form von Überraschung), Freude, Angst, Ekel und Zorn beim Menschen schon im frühesten Säuglingsalter zeigen – eine Tatsache, die der Theorie, dass Gefühle nur aus Denkprozessen entstehen, entgegensteht.

Ein berühmter Neurowissenschaftler auf dem Gebiet der Emotionsforschung ist Joseph Ledoux. Auch er hält die Emotionen für Funktionen des Organismus, die dem Überleben dienen. Er kommt zu dem Ergebnis, dass wir eine neue Herangehensweise an das emotionale Gehirn brauchen, weil die Theorie vom limbischen System im Gehirn als Sitz der Emotionen überholt sei, da kaum etwas für die Existenz dieses Systems oder für seine Beteiligung an der Emotion spreche: »Die Theorie des limbischen Systems war eine Theorie der Lokalisation. Sie wollte uns verraten, wo die Emotion im Gehirn angesiedelt ist. Doch McLean und spätere glühende Verfechter des limbischen Systems konnten uns nicht verlässlich sagen, welche Teile des Gehirns denn nun tatsächlich zum limbischen System gehören. […] Aus heutiger Sicht bestand sein Fehler wohl darin, das ganze emotionale Gehirn und seine Evolutionsgeschichte in ein einziges System zu packen. […] Die Emotionen sind sehr wohl Funktionen, die dem Überleben dienen. Da die einzelnen Emotionen aber an unterschiedlichen überlebenswichtigen Funktionen beteiligt sind, kann es sehr wohl sein, dass sie jeweils andere Hirnsysteme in Anspruch nehmen, die sich aus unterschiedlichen Gründen entwickelt haben. Es könnte dementsprechend nicht bloß ein emotionales System im Gehirn geben, sondern etliche.«[5]

Neben den philosophischen, anthropologischen, neurobiologischen und psychologischen Wissenschaften haben sich auch die Soziologen mit Emotionen beschäftigt. Der **soziologische Blick** auf Emotionen ist vor allem geprägt von Fragestellungen im Zusammenhang mit der Gesellschaft, z. B. wie Emotionen sozial geprägt werden und welche Wirkungen sie zeitigen. Die Beschäftigung der Soziologie mit den Emotionen ist noch nicht sehr alt, weil angeblich die Väter der Soziologie die Emotionen als soziologisch ungeeignete Untersuchungsgegenstände ablehnten. Wie Flam[6] ausführt, entstand eine ausgesprochene Soziologie der Emotionen erst etwa Mitte der 1970er-Jahre in den USA mit Untersuchungen von Funktion und Einfluss von Emotionen in ausgewählten

---

5 Ledoux, J. (1996): Das Netz der Gefühle. Wie Emotionen entstehen. 5. Aufl. München 2010 (dtv), 107 ff.

6 Flam, H. (2002): Soziologie der Emotionen. Konstanz (UVK)

Bereichen wie z. B. im Umgang mit Geld, in der Politik oder am Arbeitsplatz. Inzwischen wird der Erforschung des Zusammenhangs von sozialen Strukturen und Emotionen viel Aufmerksamkeit gewidmet.

Die Entdeckung der Spiegelneurone des italienischen Hirnforscherteams um Giacomo Rizzolatti[7] hat nun die Emotionsforschung auf fundamentale Weise bereichert. Die Spiegelneuronen bieten nicht nur die biologische Erklärung für Phänomene wie Mitgefühl und Mitleid, sondern auch dafür, wie es möglich ist, von Gefühlen – und damit Bedürfnissen und Motiven – anderer infiziert zu werden. Die Wissenschaftler der Universität von Parma fanden Nervenzellen, in denen sich spiegelt, was andere tun und welche Gefühle sie zum Ausdruck bringen – und nannten diese Nervenzellen ›Spiegelneurone‹. Das bedeutet, dass dann, wenn wir eine Handlung beobachten, unsere Spiegelneurone genauso funken, wie sie es im Falle der eigenen Handlung tun, und wenn wir bei jemandem starke Gefühle wahrnehmen, dann funken unsere Spiegelneurone genauso, wie wenn wir selbst diese Gefühle hätten. Diese Spiegelneurone sind zuständig für Empathie und Mitleid, für unsere Einfühlungsfähigkeit; so sind sie z. B. auch dafür verantwortlich, wenn wir bei traurigen Filmen weinen oder uns bei gruseligen Psychoschockern fürchten (sofern wir uns nicht ständig bewusst machen, dass wir nur Zuschauer eines Kunstprodukts sind). Sie sind auch für das Phänomen verantwortlich, das in der Massenpsychologie schon lange als Resonanzphänomen bezeichnet wird.[8] Das heißt, dass Gefühle einer Menschenmenge auf bisher Unbeteiligte ›überspringen‹ und dadurch bei diesen die gleichen Gefühle entstehen. Das gilt jedoch nicht nur für die Massenpsychologie, sondern für jede zwischenmenschliche Beziehung.[9] Jeder von uns kennt das Phänomen, dass sich unser Gefühlszustand durch den Gemütszustand eines Gesprächspartners stark verändern kann, dass man sich von Gefühlen anstecken bzw. ›ergreifen‹ lässt. Der Hirnforscher Christian Keysers drückt das so aus: »Unser Gehirn ist bei weitem nicht so privat, wie wir dachten. Es erlebt die Zustände anderer Menschen mit.«[10]

Die Sprache von Körper und Psyche

Neben meinen phänomenologischen Erkenntnissen aus der psychologischen Praxis hat mir das Studium der Weltliteratur (Beispiele im Kapitel *Ein Blick Jahrtausende zurück*) gezeigt, dass sich durch alle Kulturen und Epochen hinweg die gleichen Gefühle nachweisen lassen und vor allem, dass sie immer im Dienste der Bedürfnisse stehen. Damit dienen Gefühle tatsächlich dem Überleben, wie es sowohl physiologische als auch psychologisch-evolutionäre Theorien postulieren – doch ihre Funktion geht weit darüber

---

7 Rizzolatti, C. / Sinigaglia, C. (2008): Empathie und Spiegelneurone. Die Biologische Basis des Mitgefühls. Frankfurt a. M. (Suhrkamp)

8 Le Bon, G. (1982): Psychologie der Massen. Stuttgart (Kröner)

9 vgl. auch: Bauer, J. (2006): Warum ich fühle, was du fühlst. 4. Aufl. München (Heyne)

10 Keysers, C. im Spiegel-Interview »Eine fast mystische Verbindung«. *Spiegel* 29/2013

hinaus, denn sie dienen nicht nur dem Überleben, sondern auch der Entwicklung der Persönlichkeit, der Entfaltung unserer menschlichen Potenziale und der Wegbereitung unserer Fähigkeiten. Sie sind das Kommunikationsmittel innerhalb des Individuums und ein Kommunikationsmittel zwischen Individuum und Umwelt.

Gefühle stehen immer im Dienste der Bedürfnisse

Die genaue Betrachtung unserer körperlichen Bedürfnisse zeigt den grundlegenden Prozess auf. Viele Bedürfnisse des Körpers erfüllt er sich selbst autonom, ohne dass wir etwas tun müssen, zum Beispiel sein Bedürfnis nach Zellteilung, Zellwachstum, Zellzerfall und er regelt selbst seine Temperatur, Verdauung, Herzkreislauf usw. entsprechend den organismischen Homöostase-Bedürfnissen.

Doch wenn unser Organismus (Körper und Psyche) Bedürfnisse hat, die von uns handelnd befriedigt werden müssen, dann kommuniziert er uns das. Seine Kommunikationsmittel sind die Empfindungen, Gefühle, Emotionen und Affekte. Er zeigt uns über Gefühle, was er braucht. Wenn er Nahrung braucht, fühlen wir uns hungrig; wenn er Flüssigkeit braucht, fühlen wir uns durstig; wenn er Kontakt braucht, fühlen wir uns wach; wenn er Schlaf braucht, fühlen wir uns müde; wenn er sich entleeren will, fühlen wir einen Drang; wenn er Wärme braucht, dann frieren wir; wenn er nach Sexualität verlangt, zeigt er das über Lustgefühle; wenn er eine Vermeidung eines schädlichen Einflusses oder eine Heilbehandlung braucht, dann fühlen wir Schmerz, usw. Wenn also z. B. jemand sagt, »ich habe gegessen, weil ich hungrig war«, dann benennt er nicht die Ursache, die ihn zum Essen veranlasst hat, sondern er benennt das Kommunikationsmittel, mit dem ihm sein Körper kundgetan hat, dass er ein Nahrungsbedürfnis hat. Hunger ist kein Bedürfnis, sondern das Gefühl, mit dem das Bedürfnis gemeldet wird.

Also immer, wenn der Körper etwas braucht, was unser Handeln erfordert, meldet er das in Form von Empfindungen und Gefühlen. Sie sind die Sprache des Körpers, mit denen er uns eine Botschaft gibt.

Mit Psyche und Seele verhält es sich genauso. Auch sie melden uns ihre Bedürfnisse durch Gefühle. Auch ihr Kommunikationsinstrument sind die Gefühle.

> **Gefühle sind die Sprache des Körpers und unserer Seele, mit denen sie uns kundtun, dass sie etwas brauchen oder wenn sie frustriert sind; über Gefühle zeigen sie uns, wenn sie gesättigt bzw. befriedigt sind; über Gefühle zeigen sie uns, wenn sie übersättigt sind, und über Gefühle zeigen sie uns, wenn ein Befriedigungszustand bedroht ist.**

Wenn ich in diesem Zusammenhang von Gefühlen spreche, mache ich keinen Unterschied zwischen Empfindungen, Emotionen, Gefühlen und Affekten, wie es in der psychologischen und philosophischen Literatur vielfach gemacht wird.[11] So macht z. B. António Damásio den Vorschlag, zwischen Emotionen und Gefühlen dergestalt

---

11 vgl. dazu Harbsmeier, M. / Möckel, S. (Hrsg.) (2009): Pathos, Affekt, Emotion. Transformationen der Antike. Frankfurt a. M. (Suhrkamp)

zu unterscheiden, dass als Emotionen bezeichnet wird, was nach außen gerichtet und öffentlich sichtbar ist, und als Gefühle zu bezeichnen, was innerlich subjektiv erlebt wird.[12] Ich mache auch keinen Unterschied zwischen nichtmoralischen und moralischen Emotionen, womit sich z. B. Wollheim vertieft beschäftigt hat.[13] Denn ob moralische oder nichtmoralische Emotion, ob Empfindung, Gefühl oder Affekt – sie alle stehen im Dienste der Bedürfnisse und haben die Aufgabe, unser Bewusstsein auf den Zustand eines Bedürfnisses aufmerksam zu machen und unsere Wahrnehmung, unser Denken und unser Handeln in eine bestimmte Richtung zu lenken. So werden moralische Gefühle z. B. immer durch das Bedürfnisfeld *Gerechtigkeit/Ideale* ausgelöst. Zu jedem der Grundbedürfnisse gehören jeweils entsprechende Gefühle, mit denen sie sich ausdrücken. Um das an zwei Beispielen deutlich zu machen: Das Bedürfnis nach Rache drückt sich immer durch Gefühle von Ärger, Wut, Zorn und/oder Zerstörungslust aus – niemals durch Gefühle von Liebe, Fürsorge oder Angst. Dagegen drücken sich Bedürfnisse nach *Bindung/Gemeinschaft* durch Gefühle von Zuneigung, Liebe, Dazugehörigkeit, Fürsorge, Sehnsucht nach jemandem, Heimweh, usw. aus – aber nie durch Gefühle von Ärger, Wut oder Zorn. Werden jedoch Versuche zurückgewiesen, das Bedürfnis nach Gemeinschaft zu befriedigen, dann kann als Reaktion Ärger, Wut und Zorn entstehen – Gefühle, mit denen uns die Psyche kommuniziert, dass ein Bedürfnis frustriert wurde. Es können als Reaktion auf die Frustration aber auch Trauer und Niedergeschlagenheit entwickelt werden. Ob Zorn- oder Trauer-Gefühle uns signalisieren, dass ein Bedürfnis frustriert worden ist, hängt von unserer Bewertung ab (im Sinne der kognitiven Theorie). Meinen wir z. B., dass wir ein Recht auf die Befriedigung haben und sie uns von jemandem verwehrt wird, dann reagieren wir mit aggressiven Gefühlen wie Zorn. Meinen wir dagegen z. B., dass uns die Befriedigung nicht zusteht oder nicht möglich ist (z. B. wegen des Todes eines Partners), dann reagieren wir mit Trauer- oder Ohnmachtsgefühlen.

Jede Kultur hat ihre speziellen Vorlieben oder Notwendigkeiten zur Unterdrückung von bestimmten Primärbedürfnissen sowie den dazugehörigen Gefühlen (einhergehend mit der Erhöhung der jeweils gegenteiligen Bedürfnisse zu höchsten Werten). Durch jede Sozialisation wird das Individuum bezüglich der Wahrnehmung bestimmter Bedürfnisse desensibilisiert. Bei dieser kulturellen Desensibilisierung lernen wir, die entsprechenden Bedürfnisse und Gefühle so zu unterdrücken, dass wir sie gar nicht mehr wahrnehmen oder erkennen können (wie das Beispiel der Inuit zeigt, das eine sozialisierte Unterdrückung des Zorns beschreibt). Wir lernen, unliebsame oder unerlaubte Gefühle mit anderen Gefühlen zu überdecken oder zu verschleiern, wobei das Überdecken und Verschleiern dem Bewusstsein meist entzogen ist. So wird beispielsweise Trauer unbewusst häufig unter Wut versteckt, und umgekehrt ist Wut oft in eine Depression eingehüllt. Wir lernen, Gefühle unter einen Wust von Gedanken zu verstecken. Unsere westliche kulturelle Dominanz der Ratio macht es uns nicht einfach, unseren Gefühlen die Bedeutung zu geben, die sie haben und ihre Informationsqualität zu erkennen.

---

12 Damásio, A. (2009): Ich fühle, also bin ich. Die Entschlüsselung des Bewusstseins. München (List), 50 ff.

13 vgl. Wollheim, R. (2001): Emotionen – eine Philosophie der Gefühle. München (Beck)

Wie sehr Gefühle z. B. unter einem dichten Schleier von Gedanken versteckt sein können, mag eine kleine Gesprächssequenz aus einer Coachingsitzung zeigen:

Der Klient erzählte von einer Kränkung durch seinen Vorgesetzten, die ihm so zugesetzt hatte, dass er deswegen erwog, die Firma zu verlassen (trotz vieler sich daraus ergebender Nachteile). Während er darüber sprach, konnte ich sehen, wie sein Atem flacher und sein Gesicht blasser wurden und seine Arme auf der Sessellehne angespannt waren. Ich: »Wenn Sie das Ganze so vor ihrem geistigen Auge haben – was empfinden Sie dabei?« Er: »Ja, ich denke, das war ziemlich unfair.« Ich: »Und wenn Sie nun daran denken und mir erzählen, wie unfair das Ganze war – wie fühlt sich das an?« Er: »Ich denke, der braucht einen Denkzettel.« Ich: »Sie wollen ihrem Chef einen Denkzettel verpassen. Aus welchem Gefühl heraus wollen Sie das denn?« Antwort: »Nun, ich denke, so etwas darf nicht ungestraft bleiben!« Nach meinen vergeblichen Versuchen, seine Wahrnehmung auf seine Gefühle zu richten, machte ich ihn schließlich auf meine Beobachtung seiner körperlichen Reaktionen aufmerksam: »Mir fällt auf, dass Ihre Arme ganz angespannt sind und Ihr Reden sich ein bisschen atemlos anhört.« Er stutzte und sagte dann ganz überrascht: »Ja, stimmt, ich fühle mich völlig angespannt – – (lange Pause) – – und außerdem bin ich echt zornig!«

Im weiteren Verlauf der Sitzung stellte sich dann heraus, dass »zornig sein« in der Familie des Klienten mit Verachtung und Beschämung bestraft wurde. Das hatte dazu geführt, dass der Klient lernte, seine Ärgergefühle zu verdrängen (was ihm offenbar Bluthochdruck verschaffte, denn ein halbes Jahr später am Ende des Coachings hatte sich sein Blutdruck normalisiert). Durch das Bewusstwerden und die Akzeptanz seines Zorns konnte er sein Rachebedürfnis erkennen und aus verschiedenen Perspektiven betrachten. Ihm wurde klar, dass er mit dem Verlassen der Firma nur sich selbst geschadet hätte und er damit keineswegs eine Bedürfnisbefriedigung erreicht hätte. In der vertieften Selbsterkenntnisarbeit kam er einer inneren Instanz auf die Spur, die zur Eskalation der Situation geführt hatte. Er erkannte, dass sein Verhalten durch ein sogenanntes Introjekt gesteuert war, das lautete »ich muss Autoritäten bekämpfen«. (Ein Introjekt wirkt wie ein unbewusster innerer Befehl, die Welt auf bestimmte Art zu sehen und/oder sich auf bestimmte Weise zu verhalten.) Das führte dazu, dass er in subtiler Weise immer wieder versuchte, die Hierarchie in der Firma in Frage zu stellen und die Autorität seines Chefs zu sabotieren. Als dieser seine Führungsrolle klar definierte und die Übergriffe abwehrte (was mein Klient als mangelnde Wertschätzung seiner Person empfand), eskalierte die Situation.

Mein Klient erkannte, dass ihm seine eigenen aggressiven Gefühle und das dahinter stehende Bedürfnis nach Macht nicht bewusst gewesen waren und er deshalb viel davon auf seinen Chef projiziert hatte. Da seine familiäre Sozialisation Unterwerfung verlangt hatte (was im Gegensatz zu seinem Introjekt stand, das einen Kampf gegen Autoritäten verlangte), musste mein Klient die Wahrnehmung seiner Machtbedürfnisse und seiner aggressiven Gefühle verdrängen, was dazu führte, dass sich diese Bedürfnisse unter einer Haltung versteckten, die sich in einer Mischung von nörglerischer Rechthaberei, ironischen Sticheleien und selbstdestruktivem Querulantentum ausdrückten. Als mein Klient dies erkannte, sein Machtbedürfnis in sein Selbstbild integrieren konnte und das destruktive Introjekt auflöste, veränderte sich die Situation deutlich. Hatte er vorher das Gefühl gehabt, ständig missachtet gegen Windmühlen zu kämpfen, so konnte er nun seine Kompetenz wirksam zum Ausdruck bringen und die Anerkennung, die er bekam, wahrnehmen und annehmen.

Gefühle sind die Sprache des Organismus. Wenn wir sie vernachlässigen, bedeutet das, dass wir die Informationen, die uns durch sie vermittelt werden sollen, nicht erkennen und in der Folge auch nicht adäquat damit umgehen.

Die vier Grundaussagen der Gefühle

Solange wir die Sprache unserer Psyche nicht verstehen, solange sind wir auch nicht in der Lage, mit ihr zu kommunizieren und Einfluss auf sie zu nehmen. Trotz der unzähligen Variationen und Kombinationen von Gefühlen beschränken sich ihre Aussagen auf vier Grundformen:

1. Gefühle melden einen Mangel bzw. Verlust an Befriedigung von Grundbedürfnissen:

Mangel bzw. Verlust signalisiert der Organismus z. B. durch Hunger, Durst, Müdigkeit, Wachheit, Lust, Tatendrang, Aggression, Mut, Strebsamkeit, Interesse, Wunschgefühle, Sehnsucht, Neugier, Heimweh, Fernweh, Rivalität, Erregung, Ehrgeiz, Gier, Sucht, Zorn, Wut, Hass, Groll, Ressentiment, Missgunst, Rachewunsch, Neid, Eifersucht, Entrüstung, Erschütterung, Demütigung, Scham, Reue, Sorge, Verunsicherung, Aufregung, erschrockene Überraschung, Irritation, Resignation, Erschöpfung, Verdruss, Niedergeschlagenheit, Verdrießlichkeit, Ungeduld, Trauer, Bitterkeit, Verbitterung, Trübsinn, Burn-out, Missbilligung, Schuldgefühl, schlechtes Gewissen, Sich-gekränkt- oder -beleidigt-Fühlen, Sich-angestrengt-Fühlen usw.

Die Unterschiedlichkeit dieser Gefühle hat zum einen mit der organismischen Unmittelbarkeit – im Sinne der physiologischen und psychologisch-evolutionären Theorien – zu tun (z. B. Hunger, Durst, Müdigkeit, Erschrecken, Angst usw.). Zum anderen rührt die Unterschiedlichkeit von der inneren Bewertung – im Sinne der kognitiven Theorie – ob der Mangel als Ansporn oder als Verlust empfunden wird, ob er als selbst- oder fremdverursacht bewertet wird, ob er als normal oder als schlimm erlebt wird, ob er als behebbar oder als nicht zu beseitigen angesehen wird (z. B. Zorn, Ärger, Trauer, Hilflosigkeit usw.).

Während Gefühle wie z. B. Verdruss, Niedergeschlagenheit, Trübsinn, Erschöpfung unspezifisch auf sämtliche Bedürfnisse bezogen sein können, gibt es Gefühle, die klare Hinweise auf einen spezifischen Mangel geben. So weisen z. B. Gefühle der Scham, der Demütigung, der Eifersucht, des Ehrgeizes usw. auf eine Betroffenheit des Bedürfnisfelds *Selbstwert/Anerkennung* hin. Wohingegen z. B. Schuldgefühle, Rachegefühle, schlechtes

Gewissen, Missbilligung, Entrüstung usw. dann entstehen, wenn das Bedürfnisfeld *Gerechtigkeit/Ideale* betroffen ist.

Da für den Organismus ein Mangelzustand Stress bedeutet, werden dabei alle physiologischen und psychologischen Stress-Reaktionen ausgelöst – die ich im Abschnitt *Die Macht der Bedürfnisse* näher beschreibe.

2. Gefühle melden eine Bedrohung des derzeitigen Befriedigungszustandes:

Eine Bedrohung der Bedürfnisbefriedigung signalisiert der Organismus durch Angst, Furcht und Sorge in ihren unterschiedlichsten Ausprägungen.

Der legendäre Neurowissenschaftler Eric Kandel bezeichnet die Angst als »normale, angeborene Reaktion auf eine Bedrohung – der eigenen Person, der eigenen Einstellungen oder der Selbstachtung – oder auf die Abwesenheit von Menschen oder Dingen, die Sicherheit gewähren oder bedeuten.«[14] Damit benennt Kandel schon fünf der wichtigsten Bedürfnisfelder: Sicherheit/Beständigkeit, Selbstwert/Anerkennung, Gerechtigkeit/Ideale, Bindung/Gemeinschaft und Besitz/Erkenntnis, auf deren Bedrohung wir mit Angst reagieren.

So signalisieren z. B. die Todesangst, die Kriegsangst oder auch hypochondrische Ängste die Bedrohung des Lebens, betreffen also das Sicherheitsbedürfnis; soziale Ängste signalisieren eine Bedrohung der Zugehörigkeit oder des Selbstwertes; Bindungsängste signalisieren eine Bedrohung der eigenen Freiheit bzw. Unabhängigkeit; von Verlustängsten spricht man meistens im Zusammenhang mit der Angst vor dem Verlassen-Werden durch einen geliebten Menschen oder vor dem Verlust des Besitzes; und Existenzangst bezieht sich auf die Bedrohung des Lebensstandards, der Sicherheit, des Wohlstandes (Besitzes) und des Selbstwertes, z. B. wenn der Arbeitsplatz bzw. das Einkommen als unsicher wahrgenommen werden.

In seiner Signalfunktion ist Angst adaptiv und schützend und bereitet uns auf potenzielle Gefahren vor. Auf diesen Aspekt geht Willi Butollo in *Angst ist eine Kraft*[15] detailliert ein.

Andererseits kann Angst dysfunktional werden, indem sie entweder unangemessen intensiv ist oder durch Verknüpfung bzw. Konditionierung auf neutrale Ereignisse oder Dinge verschoben wird, die weder selbst gefährlich sind, noch Gefahr anzeigen. Dann ist die Angst pathologisch und äußert sich z. B. in Panikattacken, in Phobien (z. B. Klaustrophobie, Agoraphobie, Tierphobien usw.), in hypochondrischen Ängsten oder in chronischer Angst (ein dauerhaftes Gefühl der Anspannung), ohne genau zu wissen, wovor. So ist dysfunktionale Angst z. B. ein zentrales Merkmal einer posttraumatischen Belastungsreaktion, bei der eine massive körperliche oder psychische Verletzung aus der Vergangenheit immer wieder als gegenwärtige Bedrohung erlebt wird.

Oft ist die Angst auch verbunden mit entweder aggressiven Gefühlen wie Ärger, Zorn, Empörung, Ungeduld, Sich-angegriffen-Fühlen usw. oder (gegenteilig) mit Ohn-

---

[14] Kandel, E. (2008): Psychiatrie, Psychoanalyse und die neue Biologie des Geistes. Frankfurt a. M. (Suhrkamp), 191

[15] Butollo, W. (1999): Angst ist eine Kraft. München (Piper)

machtsgefühlen wie z. B. Hilflosigkeit, Mutlosigkeit, Sorge, Erschütterung, Unbehagen, Nervosität, Unruhe, Verstimmung, Lähmung, Trübsinn, usw.

Die ungeheure Bedeutung des Gefühls der Angst ergibt sich aus diesem ursächlichen Zusammenhang von Grundbedürfnissen und ihrer tatsächlichen oder vermeintlichen Bedrohung, ganz gleich, welches Bedürfnisfeld als bedroht wahrgenommen wird. Gefühle von Furcht, Angst und Sorge entstehen also, wenn die Befriedigung eines unserer Grundbedürfnisse in Gefahr ist und wir dabei den Verlust einer Bedürfnisbefriedigung in die Zukunft projizieren, ohne dass gegenwärtig tatsächlich schon ein Mangel vorhanden wäre. Normalerweise sind wir uns dieser Verlust-Projektion in die Zukunft nicht bewusst, sondern wir reagieren so, als wäre der Mangel schon eingetreten.

3. Gefühle melden eine Bedürfnis-Befriedigung:

Eine Bedürfnisbefriedigung wird immer durch ein positiv empfundenes Gefühl signalisiert: z. B. durch Freude, Glück, Zufriedenheit, Sättigung, freudige Überraschung, Angekommen-Sein, innere Ruhe, Gelassenheit, Heiterkeit, Genugtuung, Sicherheit, Dankbarkeit, Wohlbehagen, Geduld, Stolz, Gleichmut, Bewunderung, Entzückung, Freiheit, Liebe, Zugehörigkeit, Wohlgesonnen-Sein, Sich-anerkannt-Fühlen, Sich-wertgeschätzt-Fühlen, Sich-geehrt-Fühlen, Sich-erfolgreich-Fühlen, Sich-nützlich- oder -wichtig-Fühlen, Sich-erfrischt-Fühlen, Sich-im-»flow«-Erleben[16] usw.

Auch bei den Emotionen, die eine Befriedigung melden, ist es so, dass einige Gefühle, wie z. B. sich freuen, sich glücklich fühlen, zufrieden sein usw. unspezifisch sind und sich auf alle Bedürfnisse beziehen können, während andere sehr spezifisch für bestimmte Bedürfnisfelder stehen. So bedeutet z. B. ein Flow-Gefühl, dass die gegensätzlichen Bedürfnisse nach *Hingabe und Wirksamkeit* sowie nach *Sicherheit und Neuheit* gleichzeitig befriedigt sind. Gefühle wie Zugehörigkeit oder Aufgehoben-Sein, geliebt zu werden usw. melden eine Befriedigung des Bedürfnisfelds *Bindung/Gemeinschaft*; Gefühle wie Anerkennung oder Wertschätzung, geehrt zu sein, gesehen zu werden usw. signalisieren, dass das Bedürfnis nach *Selbstwert/Anerkennung* gerade befriedigt wird. Sich dankbar zu fühlen, Genugtuung zu erleben, etwas oder jemanden zu bewundern, sich im Recht zu fühlen usw. sind Emotionen, die anzeigen, dass ein Bedürfnis aus dem Feld *Gerechtigkeit/Ideale* befriedigt ist.

4. Gefühle melden eine Übersättigung von Grundbedürfnissen:

Übersättigung kann sich z. B. durch Gefühle von Überdruss, Trägheit, Ekel, Lustlosigkeit, Stumpfsinnigkeit, Ablehnung, Lähmung, Fadheit usw. bemerkbar machen.

Vor allem äußert sich eine Übersättigung jedoch durch ein Umschlagen auf das jeweils gegensätzliche Bedürfnis. So schlägt beispielsweise ein übersättigtes *Sicherheits-/Beständigkeits*-Bedürfnis um in das gegenteilige Bedürfnis nach *Neuheit/Veränderung;* ein übersättigtes Bindungs-Bedürfnis schlägt um in einen Freiheitsdrang (und jeweils

---

16 vgl. Czikszentmihalyi, M. (2010): Das Flow-Erlebnis. Jenseits von Angst und Langeweile. Stuttgart (Klett-Cotta)

umgekehrt). Ein übersättigtes Besitz-Bedürfnis schlägt um in ein *Selbstwert-/Anerkennungs*-Bedürfnis (ein Beispiel dafür ist, wenn Menschen mit großem materiellen Besitz nur noch Ruhm und Ehre wollen – so bezeichnete z. B. der Milliardär George Soros sein Leben als Spekulant als »elend« und wünscht sich, als Philosoph und Philantrop anerkannt zu werden). Ein übersättigtes *Gerechtigkeits-/Ideale*-Bedürfnis schlägt um in ein *Freude-/Genuss*-Bedürfnis (ein extremes Beispiel dafür ist, wenn ein leistungsbetonter oder sehr pflichtbewusster Mensch plötzlich zum Aussteiger wird und nur noch der Muße, der Kunst oder dem Naturgenuss frönt).

Gefühle sind also nicht die Ursache, sondern die Impulse unseres Tuns bzw. Nicht-Tuns – Ursache unseres Tuns sind die Bedürfnisse und die in ihnen enthaltenen Potenziale, die zur Entfaltung drängen. Über die als negativ empfundenen Gefühle fordert uns unser Organismus auf, seine Bedürfnisse zu erkennen und zu befriedigen, und über die positiv empfundenen Gefühle signalisiert er uns die gelungene Befriedigung.

Aggression – eine emotionale Funktion im Dienste der Bedürfnisse

Sigmund Freud betrachtete den Aggressionstrieb als selbstständigen Trieb (er nannte ihn Thanatos) und stellte ihn der Libido (dem Lebenstrieb) gegenüber. Aggression ist jedoch kein Trieb im Sinne eines eigenständigen Bedürfnisses, sondern ein physiologisches Potenzial im Dienste aller anderen Bedürfnisse.

Wenn wir die Aggression von Tieren betrachten, zeigt sich diese Funktion sehr deutlich. Es geht immer um den Status in der Gruppe, um die Rangfolge bei Platz und Nahrung oder um die Abwehr von Bedrohung.

Wenn wir menschliche Aggression genauer betrachten, finden wir die gleiche Ausgangslage wie bei Tieren: sie ist nie sinnlos oder unmotiviert. Wenn von »sinnloser Gewalt« gesprochen wird, dann handelt es sich hierbei immer um die Zuschreibung oder Interpretation von außen, d. h. dass sie dem Betrachter als sinnlos erscheint. Für den Handelnden selbst gibt es immer ein Motiv, das ihn aggressiv sein lässt. Es ist zwar häufig so, dass jemand selbst den Grund seines aggressiven Handelns nicht kennt, weil er unbewusst und automatisch handelt (vgl. Kapitel *Der Kampf um den freien Willen*) und seine eigenen Motive nicht kennt. Doch mangelnde Selbsterkenntnis ist nicht gleichbedeutend mit mangelndem Motiv.

Aggression ist ein grundlegendes physiologisches Potenzial, das jedoch unbedingt eines psychischen Anreizes bedarf, damit es zu einem aggressiven Verhalten bzw. zu einer aggressiven Handlung kommt. Das heißt, Aggression steht immer im Dienste eines Bedürfnisses bzw. Motivs. Das kann z. B. das Vergeltungsmotiv sein, wenn man sich für eine Demütigung, Ungerechtigkeit oder Frustration rächen will. Es kann das Machtmotiv sein, wenn man mit der Aggression seine eigene Wirksamkeit erhöhen will; es kann das Besitzmotiv sein, wenn man mit Aggression etwas erbeuten oder seinen Besitz verteidigen möchte; es kann das Selbstwertmotiv sein, wenn mit der Aggression die eigene Ehre verteidigt oder wieder hergestellt werden soll; es kann das Bindungsmotiv sein, wenn mit der Aggression etwas für die eigene Gemeinschaft erkämpft oder verteidigt werden soll; es kann das Sicherheitsmotiv sein, wenn mit der Aggression der eigene Schutz verteidigt werden soll; es kann das Neuheits-/Veränderungsmotiv sein, wenn mit der Aggression das Alte zerstört werden soll, um dem Neuen Platz zu machen; es kann das Individualitäts- und Freiheitsmotiv sein, wenn mit der Aggression Vereinnahmung und Unfreiheit abgeschüttelt werden soll, usw.

In einer sorgfältigen Verhaltensbeobachtungs-Studie wurden Kinder im Alter von drei bis elf Jahren in je einer Gemeinde aus sechs Kulturen – Kenia, Mexiko, Nordindien, Okinawa, Philippinen und USA – in Bezug auf Aggressionen untersucht. Dabei stellte sich heraus, dass bei Kindern, solange sie noch nicht voll in die besonderen Sozialisationsnormen ihrer jeweiligen Kultur hineingewachsen sind, die Art und Häufigkeit der Aggression in den unterschiedlichen Kulturen fast völlig gleich sind. »Nimmt man die häufigsten Formen der Aggression (wie beleidigen, schlagen), so zeigen Kinder zwischen drei und elf Jahren in jeder Kultur durchschnittlich neunmal pro Stunde aggressive Akte. Davon sind 29 Prozent unmittelbare Vergeltungsreaktionen auf Angriffe, die man gerade von anderer Seite erfahren hat. [...] Mit dem Alter ändern sich in allen Kulturen die Formen der Aggression: Die Häufigkeit körperlicher Angriffe nimmt ab zugunsten stärker ›sozialisierter‹ Formen wie Beleidigung und Balgereien. [...] Bemerkenswert ist des Weiteren, dass in jeder Kultur die jüngeren Kinder und die altersgleichen weit mehr Aggression abbekommen als die älteren, zumal mit jüngerem Alter die Angegriffenen auch eher zur Aggression einladen, weil sie sich getroffen fühlen oder weinen. Lambert (1974) sieht darin eine Verschiebung auf wehrlosere Opfer.«[17]

Jede Kultur hat bei allen Gemeinsamkeiten der kindlichen Aggressionsformen dann jedoch ihre eigenen Normen und Wertungen für aggressives Handeln. Sie legt fest, was erlaubt und was nicht erlaubt ist und wann und welche Aggressionen sogar erwünscht sind oder zumindest indirekt belohnt werden. Manches von diesen Normen findet ihren Niederschlag in den Strafgesetzbüchern. So wird z. B. Mord aus niedrigen Beweggründen schwer, Töten aus Notwehr dagegen gar nicht bestraft. Die meisten der Normen und Regeln werden aber einfach über Bekräftigungs- und Vorbildlernen internalisiert und zu ungeschriebenen Gesetzen.

Wie unterschiedlich kulturelle Regeln und Normen in Bezug auf Aggressionen das individuelle aggressive Handeln prägen, durch welche Motive das aggressive Handeln verursacht werden kann und welche Motive der Betreffende selbst sich dann zuschreibt, möchte ich am Beispiel des aktuellen Terrors von islamistischen Fundamentalisten aufzeigen:

Unter dem Titel »Blutige Taten, heilende Rache« beschäftigte sich der Autor Sudhir Kakar in der Wochenzeitung »Die Zeit« vom 18.8.2005 mit der Psychologie von islamistischen Terroristen. Sudhir Kakar schaut jenseits von medialen oder politischen Kurzsichtigkeiten sehr genau auf die Beweggründe von religiösen Fanatikern. Dabei postuliert er, dass die Gewalt von säkularen Terrorgruppen noch heute verblasse gegenüber den schrecklichen Bluttaten von religiösen Tätern. Dabei zeigt er auf, wie diese religiösen Täter durch die Botschaften fundamentalistischer Prediger geprägt werden.

---

17 vgl. Heckhausen (1980): six-culture-study, 352

Diese Botschaften beginnen mit der Klage über den verlorenen Ruhm des Islam und die beklagenswerte Lage, in der sich Muslime heute befänden im Vergleich zum Glanz vergangener Zeiten. Auf die Beschreibung der Symptome folgt dann die Diagnose: Muslime hätten alles verloren – politische Autorität, Respekt, spirituellen und materiellen Reichtum – weil sie durch einen geschwächten oder abhanden gekommenen Glauben der moralischen Verkommenheit der modernen globalisierten Welt nicht genügend entgegenträten. Die Heilung bestehe also in einer Rückbesinnung auf die Scharia und die im Koran aufgestellten Glaubensgrundsätze.

Die als düster und verachtenswert geschilderte Sicht der Gegenwart im Vergleich zur hell und glanzvoll erscheinenden Vergangenheit und möglichen Zukunft kennzeichnet das ideologische Fundament des islamischen Terroristen, der bereit ist, in den Tod zu gehen.

Psychologisch gesehen ist der Fundamentalismus also für den Außenstehenden eine Krankheit, für den Insider der Weg zur Gesundung.

Triebkraft des Dschihad ist keineswegs ein Mangel an Werten. Nur unterscheiden sich diese Werte von denjenigen, die die moderne Gesellschaft prägen. Einem Manifest des Gründers der ägyptischen Muslimbrüder zufolge sind Alkohol, Unzucht, Konsum und vulgäre Vergnügungen charakteristisch für spirituell und moralisch verdorbene Gesellschaften. Im Terrorismus gegen die »unreine, moralisch verdorbene« westliche Gesellschaft sieht der fundamentalistische Gewalttäter eine Chance, Heldentum und Idealismus auszudrücken im Dienste Gottes. Aufgrund der religiösen Motivation sieht er seinen Kampf als den Kampf des Guten gegen das Böse, den Kampf für Gott gegen Satan.

Bei seinen Gewaltaktionen, die seiner Zuschreibung nach einzig Gott dienen, sieht er sich erhaben und nicht klein und ihn plagen auch keine Schuldgefühle, wenn er unschuldige Menschen in den Tod schickt. Dies gilt besonders für den Selbstmordattentäter. Er ist nicht zu vergleichen mit dem »normalen« Selbstmörder, der aus Verzweiflung, Hilflosigkeit oder Ohnmacht handelt. Solche persönlichen Gründe wären für den Selbstmordattentäter eine feige, gotteslästerliche Tat. Nach Kakar ist es auch ein Irrtum, wenn wir annehmen, die fundamentalistischen Attentäter kämen aus Verhältnissen von Armut, Verzweiflung und Hoffnungslosigkeit. Er beruft sich auf den Soziologen Scott Atran, der in seinem Buch *Holy Terror. The Inside Story of Islamic Terror* nachgewiesen hat, dass Terroristen meist besser ausgebildet sind und wirtschaftlich besser dastehen als der Großteil der Bevölkerung und dass z. B. laut eines saudischen Untersuchungsberichtes die meisten palästinensischen Selbstmordattentäter studiert haben und aus wohlhabenden und angesehenen Familien stammen.

Diese gebildeten und materiell gut gestellten Muslime sind mit ihrer Geschichte meist wohlvertraut. Sie fühlen sich angesprochen von Darstellungen alten islamischen Glanzes, nehmen die marginale Bedeutung moderner islamischer Staaten sehr stark wahr und sind empfänglich für Gefühle kollektiver Demütigung. Sie reagieren weitaus empfindlicher als andere Muslime, wenn der Westen von der Rückständigkeit muslimischer Gesellschaften redet und seine eigene Überlegenheit herausstellt. Dank seiner Bildung und Herkunft nimmt der islamische Terrorist die Unterdrückung in seiner eigenen Gesellschaft und in der modernen Welt insgesamt stärker wahr.

Diese Antriebskräfte, die aus den Gefühlen von Erniedrigung, Demütigung und Vergeltungsbedürfnissen entstehen, sind in der muslimischen Welt nicht überall gleich stark. Arabische Gesellschaften, in denen Ehre und Ehrverlust eine große Rolle spielen, reagieren viel sensibler auf empfundene Demütigungen und narzisstische Kränkungen als muslimische Gesellschaften, in denen diese Ehrstrukturen nicht so stark ausgeprägt sind.

Analysieren wir diese Ausführungen noch genauer, dann sind die Motive für die Selbstmordattentate zum einen Rachemotive für Erniedrigung und Demütigung und zum anderen Selbstwertmotive, weil durch die Terrorhandlungen versucht wird, den eigenen Selbstwert und die eigene Ehre zu erhöhen und die Ehre der Gruppe wieder herzustellen. Neben diesen beiden Bedürfnissen sind die Motive für fundamentalistischen Terror allgemein immer fixierte Ideale-Bedürfnisse (das bedeutet, die eigenen Ideale werden in selbstgerechter Hybris allen anderen verordnet), verbunden mit fixierten Machtbedürfnissen (das heißt, die eigenen Ziele werden mit Gewalt und Unterwerfung verfolgt).

In einem Punkt allerdings irrt Sudhir Kakar in seinen Ausführungen. Nämlich wenn er schreibt, dass säkularer Terror angesichts religiöser Bluttaten verblassen würde. Wenn wir nur in die jüngste Geschichte schauen, dann denke ich, kann diese Aussage nicht aufrecht erhalten werden. Es war sicher ein unbeschreiblich grausamer und tödlicher Terror, den Deutschland während des Nationalsozialismus veranstaltete. Es war ein mörderischer und blutrünstiger Terror, den die Pol-Pot-Anhänger in ihrem Land verbreiteten. Es war ein mörderischer und tödlicher Terror und Genozid, den die Türken gegen ihre armenische Bevölkerung betrieben. Es war ein grausamer und tödlicher Terror, den die Klu-Klux-Klan-Mitglieder (alles »ehrbare Bürger« mit »moralischen« Begründungen ihres Handelns) unter der schwarzen Bevölkerung der amerikanischen Südstaaten anrichtete. Es war und ist ein unvorstellbarer Terror und blutrünstiges Morden bis zum Genozid in verschiedenen afrikanischen Staaten im Gange. Und so weiter und so weiter. Die entsprechende Aufzählung wäre schon endlos, ohne die »offiziellen Kriege« zwischen Staaten oder Völkern.

Aggression bzw. aggressives Verhalten wird schon in den ältesten menschlichen Schriften beschrieben. Es steht immer im Dienste anderer Motive. Als Beispiel gehe ich kurz auf das Gilgamesch-Epos ein (die ausführliche Analyse findet sich im Kapitel *Ein Blick Jahrtausende zurück*): Im Gilgamesch-Epos finden wir aggressives Handeln aus den unterschiedlichsten Motiven: Es beginnt damit, dass die Bürger von Uruk sich über das aggressive Verhalten ihres Königs bei den Göttern beklagen. Daraufhin schicken die Götter einen an Kraft ebenbürtigen Gegenspieler, Enkidu. Als dieser von der Stärke Gilgameschs hört, will er sich sogleich im Kampf mit ihm messen (Aggression im Dienste des Selbstwertbedürfnisses). Gilgamesch weist aggressiv das Liebeswerben der Göttin Ischtar zurück (Aggression im Dienste der eigenen Sicherheit). Sie schickt daraufhin den Himmelsstier, der Gilgamesch töten soll (Aggression im Dienste des Rachebedürfnisses). Gilgamesch besiegt und tötet den Himmelsstier. (Aggression zur Verteidigung, also Sicherheitsmotiv). Gilgamesch und Enkidu sind inzwischen unzertrennliche Freunde und wollen nun gegen »das Böse« in den Kampf ziehen (Gerechtigkeits-Motiv). Als

Inkarnation des Bösen wird nun der Hüter des Zedernwaldes, Chumbaba, ausersehen, weil dieser (von Gott Enlil eingesetzt) den Zederwald gegen die Menschen verteidigt (Aggression nun im Dienste von drei Motiven: Selbstwert-, Macht- und Besitzmotiv). Sie töten Chumbaba. Diesen Frevel rächt Gott Enlil nun wiederum mit dem Tod von Enkidu.

Im Pol Vuh, in dem die ältesten Mythen der Inkas festgehalten sind, wird die Frühgeschichte der Menschen als ein blutrünstiges Wettbewerbsspiel erzählt.

3. Der Kreis der Bedürfnisse und Motive

Der Mensch besteht aus Begehren.
Wie sein Begehren, so seine Absicht.
Wie seine Absicht, so sein Handeln.
Wie sein Handeln, so sein Sein.

Upanischaden VI,4,5 (ca. 500 v. Chr.)

Wenn wir davon ausgehen, dass die Grundstrukturen des menschlichen Körpers (was die Existenz, Anordnung und Funktion seiner Organe und Glieder angeht) und des Gehirns (was die Areale und ihre Funktionsweise angeht – nicht die geknüpften Verbindungen, die zumeist erst durch die soziale Interaktion historisch und kulturell beeinflusst entstehen) sich schon vor Hunderttausenden von Jahren entwickelt haben, dann stellt sich die Frage nach der Grundstruktur der Psyche. Wie können wir uns die Struktur der menschlichen Psyche vorstellen, die – analog zum Körper – für alle Menschen gleichermaßen gültig ist?

Fasse ich alle meine Erfahrungen aus der psychologischen Arbeit mit Menschen und meine Erkenntnisse aus Literatur und Forschung zusammen, dann komme ich zu dem Schluss, dass die menschliche Psyche aus Potenzialen besteht, für deren Verwirklichung das Gehirn die Struktur und Funktionen bereitstellt. Diese Potenziale äußern sich in einer Bedürfnis- und Motivstruktur, die menschheitsweit gleich ist – eine Struktur, die kultur- und epochenübergreifend ist und die deshalb zu unserem menschlichen Erbgut gehört, genauso wie die Architektur unseres Körpers oder unseres Gehirns.[1]

Ich möchte dazu den Vergleich mit dem menschlichen Gesicht ziehen: Alle Menschen, ob Aborigine, Afrikaner, Asiate, Europäer oder Indianer, ob vor vielen tausend Jahren lebend oder heute – alle diese Menschen haben ein Gesicht, das aus Haut, Fleisch und Knochen, zwei Augen, einer Nase und einem Mund besteht. Es sind sehr wenige Grundbestandteile, aus denen sich menschliche Gesichter zusammensetzen. Was das grundsätzliche Vorhandensein dieser Bestandteile eines Gesichts und ihre vorgegebene Anordnungsstruktur angeht, gibt es keinen Unterschied zwischen den Rassen, Ethnien, Kulturen und Völkern aller Epochen der Menschheitsgeschichte des homo sapiens. Und trotz dieser geringen Anzahl von Einzelbestandteilen und ihrer festgelegten Architektur (niemand hat die Nase auf der Stirn oder vier Augen) gibt es Milliarden von unterschiedlichen Gesichtern und selten zwei gleiche.

Mit der Psyche verhält es sich wie mit dem Gesicht. Jede ist einzigartig und man wird kaum zwei wirklich gleiche finden können. Und trotz dieser individuellen Einmaligkeit eines jeden Menschen ist die Grundstruktur und Funktion einer jeden Psyche mit ihren Potenzialen bei allen Menschen gleich. Welzer drückt das so aus: »Unser Gehirn hat

---

1 Die Verschaltungen unseres Gehirns sind nicht nur für die körperlichen Bedürfnisse, sondern auch für die Befriedigung der psychischen Bedürfnisse zuständig. So hat man z. B. herausgefunden, dass der *präfrontale Cortex* für die sozialen Bedürfnisse zuständig ist und das *ventrale Striatum* und der *Inselcortex* für die Sicherheitsbedürfnisse.

sich in den letzten 40 000 Jahren seit Entstehen unserer Gattung auf der Ebene seiner Hardware nicht verändert. Das bedeutet, dass das Kind eines steinzeitlichen Homo sapiens, würde es in unserer Welt aufwachsen, dieselben Fähigkeiten hätte, Jet-Pilot oder Computer-Hacker zu werden, wie jedes andere Kind der westlichen Hemisphäre auch. Umgekehrt bedeutet das, dass – würde man mit der heutigen Physis aufgrund irgendeines H.-G. Wells Zeitmaschinenwunders in die Steinzeit hineingeboren – man sich exakt im Rahmen der kulturellen Bedingungen entwickeln würde, die damals herrschten.«[2]

Die Grundstruktur unserer Psyche besteht aus wenigen Bedürfnisfeldern, und diese Bedürfnisse bestimmen unsere Wahrnehmung, unser Denken, unser Fühlen, unser Handeln, unsere Eigenschaften und unseren Charakter – einfach alles, was unser Mensch-Sein ausmacht. Alle Gefühle, alles Denken und das Verhalten jedes einzelnen Menschen entsteht aus dieser Bedürfnis- und Motivstruktur, und aus ihr entwickeln sich alle Werte, die in Kulturen und Gesellschaften gebildet, postuliert, gelebt, überhöht oder missachtet werden.

Da wir Menschen zutiefst soziale Wesen sind, ergibt sich die individuelle Einzigartigkeit jeder einzelnen Psyche und Persönlichkeit aus der schlichten Tatsache, dass unser Selbst und unser Ich sich im Kontakt mit unserer Gemeinschaft entwickeln.[3] Wie sich unsere Verbindungen im Gehirn gestalten und wie zahlreich die Verbindungen werden, hängt vom Zusammenwirken des Individuums und seiner sozialen Umwelt ab. Wie wir inzwischen wissen, bildet das Gehirn lebenslang neue Verbindungen oder kappt andere – je nach inneren und äußeren Erfahrungen.

Die Verwandlung vom Bedürfnis zum Motiv

Die Bedürfnis- und Motivstruktur unserer Psyche ist das immaterielle Instrument, auf dem alle Kräfte spielen, die uns steuern. Das heißt, alle inneren und äußeren Kräfte, die unser Wahrnehmen und Handeln beeinflussen und steuern, bedienen sich unserer Grundbedürfnisse, die sich in Motive verwandeln und sich dann in Gefühlen, Gedanken, Interessen, Zielen und Handlungen äußern.

Motive sind die Antriebe, die alle unsere Wahrnehmungen und unser Handeln steuern. Das bedeutet, ohne Motive gibt es keine Wahrnehmung und kein Verhalten. Motive sind unsere »Beweger«, sie sind es, die unsere neuronalen Verbindungen aktivieren. Wir können von unbewusstem Verhalten sprechen, aber niemals von unmotiviertem.

Unsere Bedürfnisse sind grundlegend; wir haben sie auch, wenn wir gesättigt sind. Unsere Primärbedürfnisse sind als struktureller Hintergrund (in einem inaktiven Zustand) immer vorhanden. Erst durch einen Mangel, einen Verlust, eine Verführung oder eine Bedrohung werden sie aus ihrem inaktiven Zustand geweckt und verwandeln sich in Motive, die unsere Wahrnehmung und unser Handeln steuern.

---

2 Welzer, H. (2006): Über Engramme und Exogramme. In: H. Welzer / H.-J. Markowitsch: Warum Menschen sich erinnern können. Stuttgart (Klett-Cotta), 122

3 vgl. dazu auch Prinz, W. (2013): Das Selbst im Spiegel. Frankfurt a. M. (Suhrkamp)

Wie die Dynamik zwischen Bedürfnis und Motiv funktioniert, möchte ich an zwei sehr einfachen Beispielen unserer körperlichen Bedürfnisse beschreiben.

Unser Bedürfnis nach Nahrung ist grundsätzlich, wir haben dieses Bedürfnis also auch dann, wenn wir gesättigt sind. Dann spüren wir es nicht und werden nicht unmittelbar von ihm gesteuert. Sinkt jedoch die Befriedigung unter ein bestimmtes Niveau, dann meldet uns unser Körper mit dem Gefühl des Hungers sein Bedürfnis, das sich nun in ein Motiv verwandelt. Nehmen wir unser Hungergefühl wahr, dann fangen wir an, unsere Wahrnehmung auf die Möglichkeiten der Befriedigung zu richten und wir beginnen, entsprechend zu handeln und zwar so lange, bis wir gegessen haben und uns satt fühlen. Um unser Bedürfnis zu befriedigen, müssen wir mit der Umwelt in Kontakt treten, und diese Umwelt beeinflusst natürlich unser konkretes Verhalten. *Wie* wir dabei mit unserer Umwelt in Kontakt treten, hängt wiederum davon ab, welche inneren Vorstellungen wir bezüglich unserer Selbstwirksamkeit haben und welche äußeren Anreize oder Hindernisse wir antizipieren und tatsächlich vorfinden. (Auf diese Dynamik gehe ich später näher ein.)

Ist das Bedürfnis fühlbar befriedigt, zerfällt dieses Motiv als Wahrnehmungs- und Handlungssteuerung, und zurück bleibt im psychophysischen Hintergrund das grundlegende Bedürfnis in seinem inaktiven Zustand. Durch den Zerfall der Motiv-Gestalt wird der Bewusstseins-Vordergrund wieder frei für andere Motive.

Was passiert, wenn ein Bedürfnis lange nicht befriedigt wird und sich dementsprechend immer stärker im Vordergrund fixiert, möchte ich am Gegenpol des Nahrungsbedürfnisses beschreiben: am Bedürfnis, Stoffwechselprodukte abzugeben. Stellen Sie sich vor, Sie bummeln mit ein paar Freunden durch einen großen Bazar, in dem es sehr viele Dinge gibt, die Sie anschauen oder kaufen wollen, und außerdem unterhalten Sie sich angeregt mit Ihren Begleitern. Nun fühlen Sie, dass Sie auf die Toilette müssen (das bisher inaktive Bedürfnis ist energetisiert und zum Motiv geworden). Es drängt noch nicht, aber das Bedürfnis hat sich nun in ein wahrnehmungssteuerndes Motiv verwandelt. Sie schauen sich nach einer Toilette um. Weit und breit nichts zu sehen. Nun wächst das Motiv und wird immer stärker. Es verdrängt allmählich alle anderen Motive aus dem Vordergrund – es wird nun stark handlungsleitend. Sie haben kein Interesse mehr an all den Dingen, die es zu sehen gibt. Es interessiert Sie auch immer weniger das Gespräch Ihrer Freunde – Sie suchen nun aktiv eine Toilette bzw. jemanden, der Ihnen sagen kann, wo Sie eine finden können. Je länger es nun dauert, ohne dass eine Bedürfnisbefriedigung möglich ist, desto stärker wird das Dranggefühl, desto mehr wächst Ihr Motiv, sich zu erleichtern und desto weniger interessiert Sie irgendetwas Anderes. Bevor dieses Bedürfnis nicht gestillt ist, wollen Sie nichts anderes mehr (auf psychische Bedürfnisse bezogen, kann man nun von einer Fixierung sprechen). Das heißt, ein Motiv ist absolut wahrnehmungs- und handlungssteuernd geworden. Wird dieses Bedürfnis nun gestillt – Sie finden eine Toilette und können sich erleichtern – zerfällt die Motiv-Gestalt sofort als Wahrnehmungs- und Handlungssteuerung. Nun können wieder andere Motive in den Vordergrund kommen – jetzt wollen Sie sich z. B. wieder an den schönen Dingen erfreuen, haben wieder Lust, sich zu unterhalten – Ihre Energie ist nun nicht mehr in der Fixierung gebunden, sondern wieder frei für die Verwirklichung anderer Bedürfnisse. Nun können z. B. die Bedürfnisse nach Geselligkeit und Genuss wieder als Motive Ihre Wahrnehmung und Ihr Handeln steuern. Das Grundbedürfnis *Stoffwechselprodukte abgeben* besteht natürlich weiterhin in Ihrer Bedürfnisstruktur – nun aber in seinem inaktiven Zustand und damit nicht mehr wahrnehmungs- und handlungssteuernd.

Pseudohunger durch Verlockung oder Bedrohung

Nun passiert aber häufig noch etwas anderes: Ohne dass ein tatsächlicher Mangel bestehen würde, kann ein äußerer Reiz zu einem »Pseudomangel« führen, der dann beseitigt werden will. Ein körperliches Beispiel dafür ist, wenn man sich plötzlich, durch den Geruch eines verlockenden Essens angeregt, hungrig fühlt, obwohl man eigentlich satt ist. Ein psychisches Beispiel ist, wenn man sich durch den Vergleich mit jemandem, der mehr besitzt als man selbst, neidisch fühlt und dieses »mehr« nun auch haben will, obwohl man selbst eigentlich genügend besitzt. Steigert sich nun das Gefühl des Neides zur Missgunst, zeigt dies an, dass sich das Bedürfnis fixiert hat und im Vordergrund stehen bleibt und eine zerstörerische Form annimmt, indem es sich zur Habgier entwickelt.

Der Begriff »ein Bedürfnis wecken« drückt aus, dass es um etwas »Schlafendes« geht, das geweckt werden muss, damit es aktiv wird. Dieses Wecken geschieht normalerweise durch den Mangel. Das kann ein echter Mangel sein oder es kann ein vermuteter oder ein suggerierter Mangel sein.

Die Werbung arbeitet genau mit diesem Wissen und versucht, Bedürfnisse zu wecken, indem sie einen Mangel suggeriert oder »noch mehr vom Guten« verspricht. Das bedeutet nichts anderes, als den Versuch, ein Bedürfnis aus seinem inaktiven Grundstatus in ein aktives Motiv zu verwandeln, das dann den Menschen über ein entsprechendes Gefühl zum Handeln bewegen soll. Werbung ist also das Bemühen, Bedürfnisse zu wecken, auch wenn sie gerade gar nicht aktiv sind. Durch die Verlockung einer Bedürfnisbefriedigung wird ein Pseudohunger erzeugt und zugleich versprochen, diesen Hunger mit einem bestimmten Produkt stillen zu können. Parfüms versprechen sexuelle Attraktivität; Automarken versprechen Prestige, Sicherheit oder Spaß – je nach Zielgruppe; Versicherungen versprechen, gegen die Risiken des Lebens abzusichern, Reiseveranstalter bedienen das gegenteilige Bedürfnis und versprechen Abenteuer und Genuss usw.; Banken locken mit der Vermehrung unseres Besitzes; und Nahrungsmittel- und Getränkehersteller versprechen die freudvolle Gemeinschaft, harmonisches Familienleben oder Spaß im Freundeskreis.

Die andere Variante, mit der ein Pseudomangel bei einem eigentlich befriedigten Grundbedürfnis hervorgerufen wird, ist die Angstmache, die uns einen drohenden Verlust suggeriert. (Z. B. die Werbung von Versicherungen, die eine Bedrohung suggerieren und versprechen, diesen Verlust zu verhindern oder, falls er tatsächlich eingetreten ist, ihn zu kompensieren.) Wenn uns von außen gedroht wird oder wir uns innerlich eine

Bedrohung ausmalen, dass wir die Befriedigung eines Grundbedürfnisses verlieren, dann fühlen wir Furcht bzw. Angst (von Furcht spricht man bei einer realen Bedrohung von außen, Angst entsteht durch die innere Vorstellung einer Bedrohung). Furcht und Angst werden häufig als starke Motive wahrgenommen – tatsächlich sind sie nur das Signal, das Kommunikationsmittel, mit dem der Organismus auf einen drohenden Verlust einer Bedürfnisbefriedigung aufmerksam macht.

Die Motive sind also die energetisierten Bedürfnisse, die nicht mehr genügend befriedigt sind oder die durch äußere Reize (Verlockung oder Bedrohung) aus ihrem inaktiven Zustand geweckt worden sind. Sie wachsen und werden größer, je länger die Bedürfnisbefriedigungen auf sich warten lassen (dann sprechen wir z. B. von starken Motiven). Sie äußern sich über Empfindungen, Gefühle und Gedanken, mittels derer diejenigen Interessen und Ziele angesteuert werden, von denen wir uns Befriedigung versprechen.

Wie diese Interessen und Ziele aussehen, hängt von den kulturellen und historischen Gegebenheiten ebenso ab wie von den individuellen Bedingungen, mit denen der Einzelne gelernt hat, wie er bestimmte Bedürfnisse befriedigen kann. So dachte der mittelalterliche Mensch aufgrund der historischen Gegebenheit sicher nicht an einen Airbag, um sein Sicherheitsbedürfnis zu befriedigen, und eine chinesische Wanderarbeiterin wird ihre existenzielle Sicherheit derzeit nicht in einem Rentenfond suchen. Doch auch bei gleichen kulturellen und historischen Gegebenheiten sind die individuellen Interessen und Ziele beim gleichen Bedürfnis sehr unterschiedlich. So kann jemand z. B. gelernt haben, dass nur die »eigene Waffe« Sicherheit gibt, während ein anderer vielleicht überzeugt ist, dass vor allem »Bildung« Sicherheit gibt, und wieder ein anderer sieht seine Sicherheit nur durch »Verbündete« gewährleistet. Das sind natürlich nur sehr plakative Beispiele, die sich in der psychischen Wirklichkeit wesentlich komplexer gestalten, insofern als mit den jeweiligen Interessen und Zielen meist gleichzeitig mehrere Bedürfnisse befriedigt werden sollen oder aber gegensätzliche Bedürfnisse sich blockieren und der innere Konflikt zu einer Lähmung oder einem inadäquatem Verhalten führt.

Neben den zuvor genannten Bedingungen spielt auch die Persönlichkeitsentwicklung des Einzelnen eine große Rolle. Ist sie weit fortgeschritten in Richtung Weisheit und Integrität, werden die Interessen und Ziele, durch die dieser Mensch seine Grundbedürfnisse befriedigen will, ganz anders aussehen, als bei jemandem, dessen Persönlichkeitsentwicklung noch unreif oder gestört ist. Wobei Reife in diesem Sinne nichts mit dem Lebensalter zu tun hat – es gibt alte Menschen, deren Persönlichkeitsentwicklung stecken geblieben ist in starren Korsetten einer ideologischen Sozialisation, und es gibt Menschen, die sich schon in jungen Jahren zu einer reifen und weisen Persönlichkeit entwickelt haben.

Die uns bewegenden Motive sind also die durch Mangel, Verlockung oder Bedrohung aktivierten Grundbedürfnisse.

Neben den uns bewussten Motiven gibt es aber auch noch die unbewussten fremden Kräfte, die auf uns einwirken, indem sie sich unserer Bedürfnisstruktur bedienen. Da diese Bedürfnisstruktur universal ist, kann es leicht passieren, dass wir fremde Bedürfnisse irrtümlich als unsere eigenen wahrnehmen und uns in der Folge von fremden Motiven steuern lassen, während wir uns dabei in der Illusion wiegen, wir handelten aus eigenem Antrieb. Auf dieses Thema der unbewussten Fremdbestimmung gehe ich in den Kapiteln *Der Kampf um den freien Willen* und *Gedankenwelten* näher ein. Dass wir so anfällig sind, fremde Bedürfnisse und Motive für die eigenen zu halten und uns davon unbewusst steuern zu lassen, liegt daran, dass die Grundstruktur der Bedürfnisse bei allen Menschen die gleiche ist.

Der blinde Fleck in den Bedürfnis- und Motivationstheorien

Nun gibt es zum Thema Bedürfnisse und Motive schon eine schier unübersehbare Anzahl von Forschungen und Theorien.[4] Um nur einige wenige zu nennen: Sigmund Freud postulierte den Eros als grundsätzlichen Lebenstrieb – erst sehr spät setzte er noch Thanatos (Todestrieb) dazu. Für Alfred Adler[5] standen Macht- und Geltungsbedürfnisse im Zentrum. Viktor Frankl[6] führte alles auf das Bedürfnis nach Lebenssinn zurück. Atkinson knüpfte mit seiner Erwartungs-Wert-Theorie an die von Lewin und Tolman vertretene Auffassung an, dass die Stärke einer aktualisierten Handlungstendenz durch kognitive Prozesse bestimmt wird. Für Heider und Rotter sind ebenfalls vor allem die kognitiven Attribuierungen verhaltensbestimmend, wohingegen in Festingers Dissonanztheorie das Bestreben nach kognitiver Harmonie im Mittelpunkt steht.[7] Deci und Ryan wiederum postulieren ein lebenslang wirksames Entwicklungsprinzip, das sie in ihrer Selbstbestimmungstheorie mit dem Begriff »organismische Integration« umschreiben, die zwei für das Leben gleichermaßen wichtige Ziele verfolgt: Persönliches Wachstum und Aufrechterhaltung und Weiterentwicklung des sozialen Systems. Für diese beiden Zielstellungen der organismischen Integration sind nach dieser Theorie in erster Linie drei angeborene »basic needs« verantwortlich, nämlich Kompetenzerleben, Autonomie und soziale Eingebundenheit.[8]

Solche Vorstellungen von einer organismischen Integration bzw. selbstorganisierten Realisierung und der Entfaltung inhärenter Potenziale des Organismus liegen auch schon der Motivationstheorie von Abraham Maslow zugrunde, dem Mitbegründer der Humanistischen Psychologie. Ich gehe auf diese Theorie etwas näher ein, weil sie – zusammen mit der Theorie der Gestalttherapie und der chinesischen Philosophie – mein Denken maßgeblich beeinflusst hat.

Maslow nannte als inhärentes Entwicklungsziel eines Menschen die »Selbstverwirklichung«. Seiner Theorie nach müssen jedoch bestimmte Grundbedürfnisse erst (zu-

---

4 Den besten Überblick gibt m. E. immer noch der umfangreiche Motivations-Klassiker: Heckhausen, J. u. H. (1982): Motivation und Handeln. Springer. (Springer)

5 Adler, A. (1933): Der Sinn des Lebens. Frankfurt a. M. 1973 (Fischer)

6 Frankl, V. (1985): Die Sinnfrage in der Psychotherapie. München (Piper)

7 vgl. Todt, E. (Hg.) (1977): Motivation. Eine Einführung in Probleme, Ergebnisse und Anwendungen der Motivationsforschung. 2. Aufl. Heidelberg 1993 (Quelle und Meyer)

8 vgl. Vollmeyer, R. / Brunstein, J. (2005): Motivationspsychologie und ihre Anwendung. Stuttgart (Kohlhammer)

mindest rudimentär) befriedigt werden, bevor das Bedürfnis nach Selbstverwirklichung Gestalt annehmen und wahrgenommen werden kann und das Handeln des Individuums sich in diese Richtung orientieren kann. Sein Bedürfnismodell ist hierarchisch und wurde als Bedürfnispyramide bekannt. (Die Hierarchie ist inzwischen vielfach widerlegt worden.) Als Basis benannte Maslow die körperlichen Bedürfnisse wie Essen, Trinken, Schlaf und Sexualität. Diese elementaren Bedürfnisse müssen als erstes befriedigt werden, damit der Organismus überhaupt lebens- und reproduktionsfähig ist. Dann folgen auf der zweiten Ebene die Sicherheitsbedürfnisse. Auf der dritten Ebene finden sich die Zugehörigkeits- und Liebesbedürfnisse. Die vierte Ebene der Maslow'schen Pyramide wird durch die Bedürfnisse nach Selbstachtung gebildet, dazu gehören nach seiner Definition die Bedürfnisse nach Leistung, nach Geltung, nach Anerkennung. Die Bedürfnisse dieser vier Ebenen nannte Maslow »Defizit-Bedürfnisse«, weil ihre Nicht-Befriedigung zu Mangelerscheinungen wie somatischen und/oder psychischen Krankheiten führen. Die Spitze bildeten ursprünglich die Bedürfnisse nach Selbstverwirklichung: Selbsterfüllung in der Realisierung der eigenen angelegten Möglichkeiten und Fähigkeiten sowie das Bedürfnis nach Verstehen und Einsicht. Der Selbstverwirklichung galt sein ganzes Interesse, und er nannte diese Bedürfnisse »Wachstums-Bedürfnisse«, weil ihre Nicht-Befriedigung zwar nicht krank mache, aber die Persönlichkeitsentwicklung stagnieren lasse. Später setzte er als Spitze die Transzendenzbedürfnisse, d.h. spirituelle Bedürfnisse darüber.[9] Damit wurde er auch zum Mitbegründer der Transpersonalen Psychologie, die sich ab Beginn der 1970er-Jahre als so genannte vierte Kraft in der Psychologie etablierte.[10]

Viele der postulierten Erkenntnisse zum Thema Bedürfnisse und Motive sind wichtig und richtig, und ihr Studium bildet die Basis meines eigenen Denkens. Doch im Laufe meiner psychologischen Tätigkeit wurde mir immer deutlicher, dass diese Forschungen und Theorien jeweils immer nur einzelne Teilaspekte der menschlichen Motivstruktur bzw. der Motivation in den Blick nehmen. Und sie haben alle den gleichen blinden Fleck: die Polarität allen menschlichen Seins. Dieses Prinzip des Gegensatzes fehlt in sämtlichen Theorien.

---

9 Maslow, A. (2014): Jeder Mensch ist ein Mystiker. Wuppertal (Peter Hammer)

10 Als *erste Kraft* wird die Tiefenpsychologie angesehen, die um 1900 von Sigmund Freud begründet wurde und zu der alle psychoanalytischen und tiefenpsychologischen Schulen zählen.

Als *zweite Kraft* gilt der Behaviorismus, der um 1920 begründet wurde und der in strikter Gegnerschaft zur Tiefenpsychologie stand. Für den Behaviorismus existierte kein Unbewusstes, alles galt als gelernt und sozialisiert. Zu ihm gehören als Therapieformen die verhaltenstherapeutischen Schulen (die inzwischen auch das Unbewusste anerkennen).

Als *dritte Kraft* entwickelte sich in den 1940er-Jahren die Humanistische Psychologie. Zu den humanistischen Schulen gehören z.B. die Gestalttherapie nach Fritz Perls, die Personenzentrierte Therapie nach Carl Rogers, die Transaktionsanalyse nach Eric Berne, die Klinische Hypnose nach Milton Erickson, das Psychodrama nach Jakob Moreno, die Familientherapie nach Virginia Satir, die Bioenergetik nach Alexander Lowen, die Existenzialanalyse/Logotherapie nach Viktor Frankl und die Integrative Therapie nach Hilarion Petzold. Viele der Begründer der humanistischen Schulen waren ursprünglich Psychoanalytiker, d.h. in ihren Theorien ist das tiefenpsychologische Denken verankert, das von der Existenz eines Unbewussten ausgeht.

Das Prinzip der Polarität

Es gibt bisher keine Beschreibung der menschlichen Antriebe und ihrer Dynamik, die das grundlegende Prinzip berücksichtigt, das unser Leben auf diesem Planeten prägt: das Prinzip der Polarität. Es wäre jedoch sehr verwunderlich, wenn unsere Psyche von diesem Prinzip ausgeschlossen wäre, wenn sie nicht auch von der Polarität bestimmt wäre. Der Begriff »im Gleichgewicht sein« aus der Alltagssprache drückt dieses Wissen um die Gegensätze in unserem psychischen Tiefengrund trefflich aus.

In der Psychologie von C. G. Jung wird dem Gegensatzprinzip zwar ein zentraler Stellenwert zugesprochen: »Eine psychologische Theorie, die mehr sein soll als bloß technisches Hilfsmittel, muss sich auf das Gegensatzprinzip gründen; denn ohne dieses könnte sie nur eine neurotisch unbalancierte Psyche rekonstruieren. Es gibt kein Gleichgewicht und kein System mit Selbstregulierung ohne Gegensatz.«[11] Jung hat das Gegensatzprinzip jedoch nicht generell auf die menschlichen Bedürfnis- und Motivstrukturen angewendet, sondern es eher als Thema der zweiten Lebenshälfte betrachtet: »Das Gegensatzproblem als ein der menschlichen Natur inhärentes Prinzip bildet eine weitere Etappe unseres fortschreitenden Erkenntnisprozesses. Dieses Problem ist in der Regel ein Problem des reiferen Alters.«[12]

C. G. Jung gibt dem Gegensatz existenzielle Bedeutung, wenn er sagt, es sei ein der menschlichen Natur inhärentes Prinzip, schwächt es aber dann ab, wenn er es als Problem des reiferen Alters bezeichnet. In hohem Alter allerdings nimmt er diese Abschwächung zurück: »Traurige Wahrheit ist, dass das Leben des Menschen aus einem Komplex unerbittlicher Gegensätze besteht – Tag und Nacht, Geburt und Tod, Glück und Unglück, Gut und Böse. Wir sind nicht einmal sicher, ob eins über das andere die Oberhand gewinnen wird, ob das Gute das Böse oder die Freude den Schmerz besiegen. Das Leben ist und bleibt ein Schlachtfeld; wenn dem nicht so wäre, würde nichts mehr existieren.«[13] Jung bewertet damit das ewige Wirken der Gegensätze als bitteren Kampf, aus dem alles entsteht.

Schon im Taoismus, der Jahrtausende alten chinesischen Philosophie, wird das Wirken der Gegensätze durchgängig auf alles Leben bezogen. Das Wirken der gegensätzlichen Urgewalten Yin und Yang ist dasjenige, aus dem alles entsteht. Jedoch wird in der chinesischen Philosophie nicht der Kampf der Gegensätze als Grund aller Dinge postuliert, sondern das Komplementäre, das Zusammenwirken der Gegensätze und ihr Vorhandensein in allem.

Der Vorsokratiker Heraklit betrachtet die Erfahrungswelt des Menschen als ein Ganzes von Gegensätzen, die ineinander umschlagen und sich von einem Pol zum anderen wandeln. Alles befindet sich in einem ständigen, fließenden Prozess des Werdens, in dem vordergründige Gegensätze in einer übergeordneten Einheit zusammengehören. Die Gegensatzpaare sind als Gegensätze schon ineinander verflochten dergestalt, dass sich das eine nur über das andere definieren kann.

---

11 Jung, C. G. (1975): Über die Psychologie des Unbewussten. Frankfurt a. M. (Fischer)

12 ebd., 63

13 Jaffe, A. (1988): Erinnerungen, Träume, Gedanken von C. G. Jung. Olten (Walter)

Das Prinzip der Polaritäten ist auch in der Gestalttherapie tief verankert. Für Fritz Perls, den Begründer der Gestalttherapie, war die Philosophie von Salomo Friedlaender,[14] dass alles in der Welt polar strukturiert ist, eine seiner tiefsten Grundüberzeugungen. So warnte er: »Was immer ist, differenziert sich in Gegensätze. Wenn ihr euch von einer der entgegengesetzten Kräfte einfangen lasst, sitzt ihr in der Falle oder verliert zumindest das Gleichgewicht.«[15] Er geriet dann allerdings selbst in diese Falle. Meines Erachtens hat Perls sich von der Kraft einer Polarität einfangen lassen – dem Prozess der Gestaltbildung im Vordergrund des Bewusstseins. Und er hat damit die Gegenpolarität, die Kräfte und Struktur des psychophysischen Hintergrunds ausgeblendet. Ein Jahr vor seinem Tod bedauerte er dies und bemerkte dazu in seiner Autobiographie: »Selbst die Gestaltpsychologen haben sich jedoch, insgesamt gesehen, nicht zur Genüge für die Bedeutung des Grundes interessiert.«[16]

Die Polarität von Geben und Nehmen

Wenn ich nun die Bedürfnisstruktur der Psyche in ihrer Polarität betrachte, dann bezieht sich das Prinzip der Polarität nicht nur darauf, dass es zu jedem Grundbedürfnis ein gegensätzliches Grundbedürfnis gibt, sondern auch darauf, dass alle psychischen Bedürfnisse sowohl im Haben-Wollen als auch im Geben-Wollen bestehen.

Bedürfnisse werden meist nur in ihrem Nehmen-Modus, d. h. im »Haben-Wollen« gesehen. Die Bedürfnisse unseres Körpers zeigen uns jedoch sehr deutlich, dass wir sowohl nehmende als auch gebende Wesen sind und eine Störung im Ausgleich von Nehmen und Geben schnell zu einer tödlichen Gefahr für den Organismus werden kann. Im Atemrhythmus wird am deutlichsten, dass der Wechsel zwischen Einatmen und Ausatmen, zwischen Nehmen und Geben, nicht zu lange unterbrochen werden darf. Auch dem Nehmen von Flüssigkeit und Nahrung muss bald ein Geben in Form der Stoffwechselprodukte folgen.

Diese Polaritätsdynamik von Nehmen und Geben betrifft auch alle psychischen Bedürfnisse. Bisher wurden die menschlichen Bedürfnisse immer nur in ihrem Modus »Nehmen« beschrieben und dazu einzelne altruistische Motive postuliert, wie z. B. das Motiv der Kooperation, mit dem sich u. a. Michael Tomasello[17] besonders beschäftigt. Er zeigt auf, dass uns Menschen Kooperation angeboren ist. Genauso wie das Mitgefühl, dessen hirnphysiologische Basis in den Spiegelneuronen gefunden wurde.[18]

---

14 Friedlaender, S. / Mynona (2009): Schöpferische Indifferenz. Herrsching (Waitawhile); vgl. Frambach, L. / Thiel, D. (Hrsg.) (2015): Friedlaender/Mynona und die Gestalttherapie. Das Prinzip ›Schöpferische Indifferenz‹. Bergisch Gladbach (EHP)

15 Perls, F. (1981): Gestalt-Wahrnehmung – Verworfenes und Wiedergefundenes aus der Mülltonne. Frankfurt a. M. (Verlag für humanistische Psychologie), 80

16 Perls, S. F. / Hefferline, R. F. / Goodmann, P. (1988): Gestalt-Therapie – Wiederbelebung des Selbst. Stuttgar (Klett-Cotta)

17 Tomasello, M. (2010): Warum wir kooperieren. Berlin (Suhrkamp)

18 Rizzalotti, G. / Sinigaglia, C. (2008): Empathie und Spiegelneurone. Die biologische Basis des Mitgefühls. Berlin (Suhrkamp)

Wir haben jedoch nicht nur vereinzelte altruistische Bedürfnisse und Motive, sondern *sämtliche Grundbedürfnisse betreffen sowohl das »Nehmen«, als auch das »Geben«.*

So bezieht sich beispielsweise unser Bedürfnis nach Sicherheit nicht nur darauf, dass wir Sicherheit für uns selbst wollen, sondern wir sind auch mit dem Potenzial ausgestattet, anderen Sicherheit geben zu wollen – das drückt sich z. B. in dem Begriff »Beschützerinstinkt« aus. Unser Gerechtigkeitssinn richtet sich nicht nur darauf, dass wir unser Recht bekommen und fair behandelt werden wollen, sondern uns ist dieses Ausgleichsbedürfnis genauso im Geben-Modus immanent, das sich zum Beispiel in Dankbarkeit, im Verantwortungs- und Pflichtgefühl ausdrückt oder in Schuldgefühlen oder schlechtem Gewissen zeigt, wenn wir unseren Pflichten nicht nachkommen oder uns undankbar oder illoyal verhalten. Das Vergeltungsmotiv im Geben-Modus steuert uns sowohl, wenn wir uns z. B. rächen, als auch wenn wir z. B. dankbar sind oder loyal. Ebenso wollen wir nicht nur geliebt werden, wir wollen nicht nur Geborgenheit und Zughörigkeit erfahren, wir haben auch das tiefe Bedürfnis zu lieben, anderen Geborgenheit und Zugehörigkeit zu geben. Unser Freiheitsbedürfnis drückt sich im Geben-Modus vor allem durch Toleranz aus, durch Akzeptanz von Fremdem, durch Respekt vor anderen Meinungen usw.; unser Besitzbedürfnis zeigt sich im Geben-Modus durch Großzügigkeit, Schenken, Teilen, Spenden, Weitergeben von eigenem Wissen usw.; und unser Bedürfnis nach Freude und Genuss befriedigen wir im Geben-Modus z. B., wenn wir jemandem eine Freude bereiten, wenn wir Spiel-Angebote machen, wenn wir Humor und Heiterkeit verströmen. Nichts drückt die eigene Bedürfnisbefriedigung im Geben so deutlich aus wie das Sprichwort »geteilte Freude ist doppelte Freude«.

Wenn sich im psychischen Bereich Störungen im Rhythmus zwischen Nehmen und Geben auch nicht tödlich auswirken wie im körperlichen, so sind doch die destruktiven Auswirkungen eines chronischen Ungleichgewichts von Nehmen und Geben auf die Entwicklung und die Reife unserer Persönlichkeit sowie unser Lebensschicksal enorm. Wir befriedigen im Geben eben nicht nur das Bedürfnis eines anderen Menschen, sondern auch ein eigenes. Das Bibel-Wort »Geben ist seliger denn Nehmen« drückt diese Doppelbefriedigung ebenso aus wie der Dalai Lama, wenn er sagt, »Der *bodhisattva* ist auf kluge Weise egoistisch.«[19] (Ein bodhisattva ist eine Person, die für Buddhisten in idealer Weise Altruismus und Mitgefühl verkörpert.)

Allerdings sollte diese Erkenntnis nicht darüber hinwegtäuschen, dass man, um geben zu können, auch nehmen muss. *Nur* geben ist genauso schädlich wie *nur* nehmen. Wenn wir *nur* geben, dann verweigern wir anderen die Möglichkeit, uns etwas zu geben. Wir sagen damit: »Du hast nichts, was ich haben möchte oder brauchen könnte.« Das heißt, wir verweigern dann eine Ebenbürtigkeit.

Im Idealfall verwirklichen wir beides gleichzeitig. Das wird sowohl in kleinen Mikrosituationen deutlich wie auch in großen Makrosituationen. So empfinden wir zum Beispiel ein Gespräch, in dem ein wirklicher Dialog stattfindet, also die Gesprächspartner sowohl zuhören (Hingabe geben) als auch reden (Wirksamkeit nehmen), als befriedigend und anregend. Und in einer Makrosituation, wie z. B. in einer erfüllten Liebesbeziehung,

---

19 zit. nach Matthieu Ricard in: W. Singer / M. Ricard (2008): Hirnforschung und Meditation. Ein Dialog. Frankfurt a. M. (Suhrkamp), 107

in der wir gleichzeitig lieben und geliebt werden, können wir sehr deutlich spüren, wie energetisierend es sich anfühlt, wenn die beiden Gegensätze Geben und Nehmen zu einer Ganzheit integriert sind.

Insofern sind alle sogenannten altruistischen oder egoistischen Motive organismische Bedürfnisse, für die unser Gehirn eigene Strukturen und Verbindungen ausgebildet hat. Der radikale Freiheitsphilosoph Jiddu Krishnamurti drückt das so aus: »Sie mögen sagen, dass es befriedigender sei, anderen zu helfen, als an sich selbst zu denken. Worin liegt der Unterschied? Auch das ist Ichbezogenheit. Wenn es Ihnen größere Befriedigung gibt, anderen zu helfen, befassen Sie sich eben damit, weil es Sie mehr befriedigt. Warum soll man eine ideologische Vorstellung hineinbringen? Warum dieses zwiespältige Denken? Warum sagen wir nicht: ›Was ich tatsächlich wünsche, ist Befriedigung, entweder im Sexuellen oder indem ich anderen helfe oder indem ich ein großer Heiliger, Wissenschaftlicher oder Politiker werde‹? Es ist der gleiche Prozess, nicht wahr? Befriedigung auf jede nur mögliche Art, versteckt oder offen, ist das, was wir wünschen.«[20]

Bedürfniskreis und Motivrad

Ein Irrtum, der immer wieder zu beobachten ist, sowohl in der wissenschaftlichen Theoriebildung als auch im alltagspsychologischen Denken, ist die Gleichsetzung von Interessen mit Bedürfnissen. Diesem Irrtum unterlag auch Gestalttherapie-Gründer Fritz Perls. So schrieb er über Interessen (!), und kam dann zu dem Schluss: »Menschen haben Tausende solcher Bedürfnisse auf rein psychologischer Ebene. Und auf der sozialen Ebene gibt es wieder Tausende von Bedürfnissen.«[21]

Wir haben jedoch nicht Tausende von Bedürfnissen, sondern nur einige wenige Primärbedürfnisse, die sich dann aber in Tausenden von kultur- und historisch-bedingten Interessen ausdrücken. Es sind nur wenige Grundbedürfnisse bzw. Grundmotive, durch die die menschliche Existenz bestimmt wird. Und durch meine Beschäftigung mit den indischen, chinesischen und japanischen Philosophien sowie der Literatur und den Mythen aus aller Welt bin ich zu der Überzeugung gelangt, dass sich unabhängig von den jeweiligen Seelen- und Geistes-Vorstellungen, den Religionen und Menschenbildern, den verschiedenen Selbst-Vorstellungen und unabhängig davon, ob die irdische Existenz als real oder als Illusion (Schatten, Maya) gesehen wird, die Menschen immer und überall die gleichen Bedürfnisse, Motive und Gefühle offenbaren.

Unsere Primärbedürfnisse lassen sich in ihrer Polarität am besten durch die Form eines Kreises bzw. Rades darstellen. Dieser inneren Landkarte der menschlichen Basisbedürfnisse und -motive die Form eines Kreises bzw. Rades zu geben, scheint mir passend für die zugrunde liegende Dynamik der Bedürfnisse und Motive. Der Kreis steht für eine hierarchielose Struktur, in der sich die Gegensätze in ihrer Grundform jeweils unveränderlich gegenüberliegen. Dagegen ist das Rad ein Symbol des steten Wandels.

20 Krishnamurti, J. (2001): Einbruch in die Freiheit. München (Ullstein), 41

21 Perls, F. (1979): Grundlagen der Gestalt-Therapie. München (Pfeiffer), 24

Es gilt als uraltes Symbol für die Dynamik von zyklischer Entwicklung, von Werden und Vergehen, vom ewigen Kreislauf. Und diese Symbolik sowohl der unveränderlichen Gegensätze als auch des Wandels und der ständigen Wiederkehr entspricht der Dynamik der menschlichen Motive. Auch sie zeichnen sich aus durch einerseits ständiges Werden und Vergehen und andererseits durch die Beständigkeit der ewigen Wiederholung weniger unveränderlicher Grundmotive, die lediglich in ihren Ausdrucksformen (Interessen, Zielen) und in ihrer Stärke dem Wandel der Zeiten und der Entwicklung eines Individuums unterworfen sind.

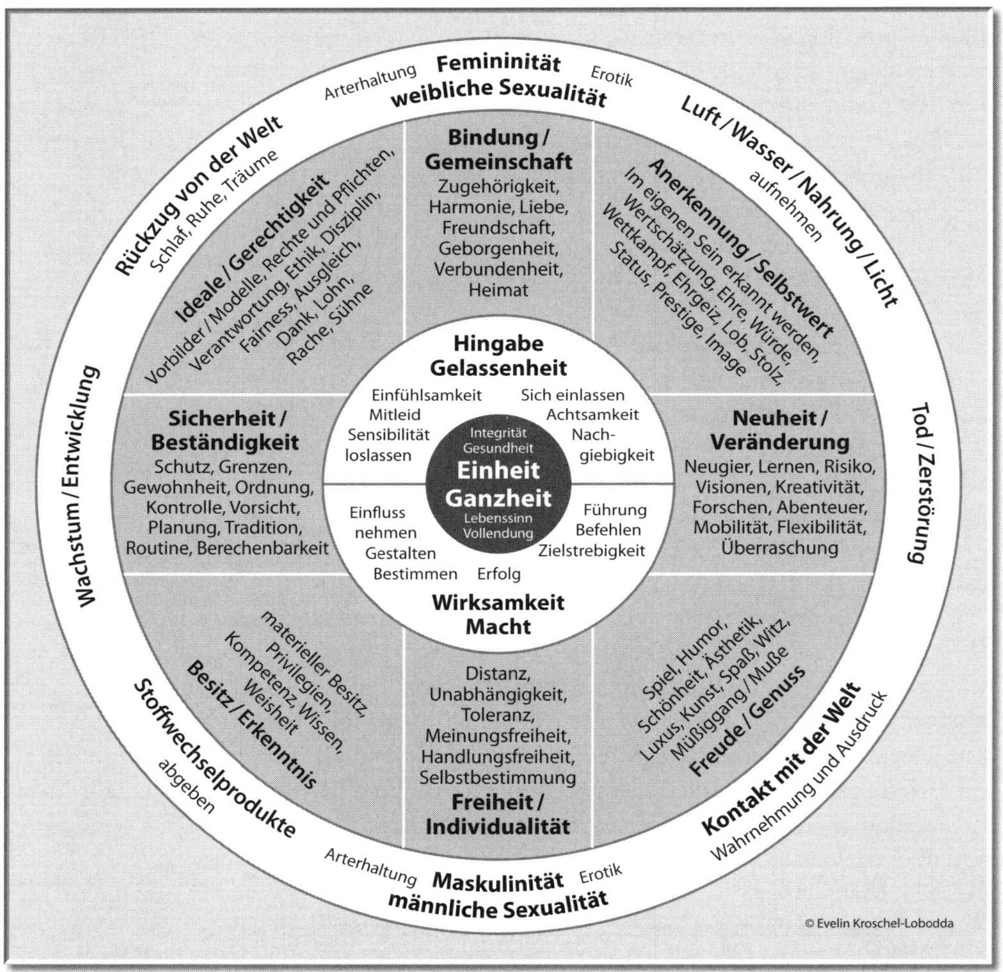

Abb. 1: Bedürfniskreis und Motivrad

Der äußere Kreis bildet diejenigen körperlichen Bedürfnisse ab, die befriedigt werden müssen, um als Individuum bzw. (was die Sexualität angeht) als Menschheit zu überleben. Im Gegensatz zu Bedürfnissen, die sich der Körper selbst erfüllt wie z. B. Wachstum und Zerfall der Zellen, müssen wir bestimmte Bedürfnisse aktiv befriedigen, wie z. B. ihm Flüssigkeit und Nahrung zuführen. Bestimmte Befriedigungen erzwingt er manchmal sogar gegen unseren Willen, z. B. lässt er uns in Schlaf fallen, auch wenn wir das gerade nicht brauchen können.

Ob auf der Mikroebene der Moleküle und Zellen oder auf der Makroebene der großen Lebensphasen – das gesamte Leben wird beherrscht vom Rhythmus zwischen ***Wachstum/Entwicklung*** und ***Tod/Zerstörung.*** So beruht z. B. der Aufbau von komplexen Biomolekülen auf dem Zerfall anderer Moleküle durch den Stoffwechsel. Findet auf dieser zellulären Ebene eine Fixierung auf einem Pol statt, dann haben wir auf der einen Seite das Wuchern von Zellen in Form von Tumoren oder auf der anderen Seite den unaufhörlichen Zerfall oder die Zerstörung bis zum Tod.

Die Dynamik dieses gegensätzlichen Bedürfnispaares prägt ebenso die psychischen Bedürfnisse und Motive. Ein Motiv (d. h. ein aktiviertes Bedürfnis) wächst so lange, bis es eine Befriedigung gefunden hat – dann zerfällt es in den psychophysischen Hintergrund und macht neuen Motivgestalten im Vordergrund unseres Bewusstseins Platz, die in ihrer Stärke wachsen bis zur wahrgenommenen Befriedigung. Wenn ein Motiv als uns steuernde Instanz nicht mehr zerfällt, sind wir in einer Fixierung, d. h. es entwickelt sich eine Sucht, eine Gier oder ein Zwang – das Spüren einer Befriedigung ist dann kaum mehr möglich und andere Bedürfnisse werden aus dem Bewusstsein ferngehalten und dürfen nicht mehr zum wahrnehmungs- und handlungssteuernden Motiv werden.

Das bedeutet, unsere gesamte Persönlichkeitsentwicklung hängt von einem guten Rhythmus zwischen Wachstum und Zerfall der Motive ab, so wie unsere körperliche Entwicklung von einem guten Rhythmus zwischen Wachstum und Zerfall der Zellen abhängt.

Da wir als Menschen in, mit und durch unseren Körper leben, sind alle unsere psychischen Bedürfnisse untrennbar mit unseren körperlichen Bedürfnissen verbunden.

Es gibt keine Möglichkeit der Befriedigung unserer psychischen Bedürfnisse, wenn nicht unser körperliches Grundbedürfnis nach ***Kontakt mit der Welt*** aktiviert ist. Alle Motive sind untrennbar mit dem Kontakt- oder dem Rückzugsmotiv verbunden. Ohne Kontakt mit der Welt könnten wir kein einziges Begehren stillen – selbst im Schlaf brauchen wir die uns umgebende Luft. Die Art, wie wir mit der Welt in Kontakt treten, ist von unseren psychischen Motiven bestimmt; ebenso ist das, was wir in der Umwelt wahrnehmen je nach Motivlage unterschiedlich. Unser Normalbewusstsein ist nicht in der Lage, die tausendfältige Wirklichkeit wahrzunehmen (wie das eventuell bei mystischen Gipfelerlebnissen ist, sei an dieser Stelle unberücksichtigt). Wir nehmen also immer nur Fragmente wahr, und diese Selektion der Wahrnehmung ist davon bestimmt, von welchen Motiven wir gerade gesteuert sind. Diese Motive bestimmen auch das »Wie«, wenn wir mit der Welt in Verbindung treten. Zur Verdeutlichung ein banales Beispiel:

> Drei Personen sind bei einer Veranstaltung mit einem Vortrag und anschließendem Essen. Teilnehmer X ist weder am Vortrag noch an den anwesenden Leuten interessiert – hat aber den ganzen Tag wenig gegessen und ist hungrig. Teilnehmer Y ist an dem Thema des Vortrags interessiert, ist aber nicht sehr kontaktfreudig und macht gerade eine Diät. Person Z ist weder am Essen noch am Vortrag interessiert – sie

hofft, bei dieser Gelegenheit Kundenkontakte knüpfen zu können. Worauf wird sich jeweils die Wahrnehmung dieser drei Personen richten? Person X schaut vorwiegend, was das Buffet zu bieten hat; Person Y ist an einem Sitzplatz interessiert, von dem aus sie dem Vortrag gut und ungestört folgen kann und Person Z schaut vor allem, wer da ist und mit wem sie ins Gespräch kommen kann. Die Wahrnehmung der vielfältigen Wirklichkeit wird von den jeweiligen Motiven gesteuert. Aus der vielfältigen Wirklichkeit werden vor allem diejenigen Aspekte wahrgenommen, die für eine Bedürfnisbefriedigung relevant sind. Entsprechend unterschiedlich - je nach Befriedigungsgrad der jeweiligen Bedürfnisse - wird der Abend innerlich bewertet und als Wirklichkeit erlebt.

Unser Bedürfnis nach Kontakt ist nochmals polarisiert in Wahrnehmung (Nehmen) und Ausdruck (Geben). Mit unseren Sinnen nehmen wir die Welt in uns auf und mit Bewegung, Mimik, Gestik, Sprache, Kunst, Musik und Arbeit drücken wir uns in der Welt aus.

Der Gegenpol zum Kontaktbedürfnis ist unser Bedürfnis nach ***Rückzug von der Welt***. Der Schlaf ist die ausgeprägte Form dieses Bedürfnisses. Im Schlaf ziehen wir uns fast vollständig von der Welt zurück (mit Ausnahme des Atmens). Während wir in jenen Phasen, in denen das Kontaktmotiv aktiv ist, frustriert sind, wenn der Kontakt nicht stattfindet, kann kein noch so interessanter Kontakt verhindern, dass wir in Schlaf fallen, wenn der Organismus vehement danach verlangt. Unser Rückzugsbedürfnis befriedigen wir jedoch nicht nur mit Schlaf – auch jede Ruhepause, jedes innere Abschalten in einem Gespräch oder gedankenleeres Vor-sich-Hinschauen sind Formen der Befriedigung.

Eine spezielle Form des Rückzugs ist die **Meditation**. Hermann Hesse beschreibt ihre Wirkung in seinem Alterswerk *Das Glasperlenspiel* besonders eindringlich: »je mehr wir von uns verlangen, oder je mehr unsere jeweilige Aufgabe von uns verlangt, desto mehr sind wir auf die Kraftquelle der Meditation angewiesen, auf die immer erneute Versöhnung von Geist und Seele. [...] Die wirklich großen Männer der Weltgeschichte haben alle entweder zu meditieren verstanden oder doch unbewusst den Weg dorthin gekannt, wohin Meditation uns führt. Die andern, auch die Begabtesten und Kräftigsten sind alle am Ende gescheitert und unterlegen, weil ihre Aufgabe, oder ihr ehrgeiziger Traum so von ihnen Besitz ergriff, sie so besaß und zu Besessenen machte, dass sie die Fähigkeit verloren, sich immer wieder vom Aktuellen zu lösen und zu distanzieren.«[22]

Auch mit den beiden Polen ***Weibliche Sexualität (Femininität)*** vs. ***Männliche Sexualität (Maskulinität)*** ist es so, wie mit allen Polaritäten des körperlichen Kreises: Sie sind immer auch mit den psychischen Bedürfnissen verbunden. Unser Sexualitätsbedürfnis hat viele Gesichter und Ausdrucksformen, so dass es im Gegensatz zum Tierreich im menschlichen Bereich meist nicht um das Bedürfnis nach Fortpflanzung geht, sondern das Sexualmotiv sich mit allen Motivfeldern aus dem psychischen Kreis verbinden kann. Verbunden mit dem Motivfeld *Freude/Genuss* will es hauptsächlich den Lustgewinn.

22 Hesse, H. (2012): Das Glasperlenspiel. Frankfurt a. M. (Suhrkamp)

Verbunden mit dem Motivfeld *Bindung/Gemeinschaft* gilt Sexualität als die intimste und intensivste Form von Liebe und Verbundenheit. In Kombination mit Motiven wie *Rache* oder *Macht* findet sie ihren Ausdruck in Vergewaltigungen. Verbunden mit dem *Neuheits-/Veränderungs-Motiv* und/oder mit dem *Freiheits-Motiv* führt sie zur Promiskuität, zur Polygamie, zum Fremdgehen usw. Kombiniert mit dem *Besitz-Motiv* führt sie zum eifersüchtigen Bewachen des Sexualpartners. In Kombination mit dem *Selbstwert-Motiv* geht es vor allem um den Beweis der eigenen Potenz bzw. der Bestätigung der sexuellen Attraktivität. Angesichts der Komplexität menschlichen Handelns ist Sexualität jedoch fast immer mit mehreren Motiven gleichzeitig verbunden. So ist z. B. bei einem unverbindlichen Flirt das Sexualmotiv in Form von Erotik verbunden mit den Motiven nach *Freude/Genuss, Individualität/Freiheit, Neuheit* und *Selbstwert/ Anerkennung.* Unter Erotik versteht man in engerem Sinn die geistig-seelische Entfaltung der Geschlechtlichkeit und das Spiel mit deren Reizen. Ihre starke Motivkraft wirkt in den Attraktivitäts-Idealen einer Gesellschaft, in der Werbung, der Publizistik, der Kunst, der Mode und natürlich in der mitmenschlichen Kommunikation.

Das Thema Sexualität ist im Allgemeinen so breit kommuniziert, dass ich dazu nur noch zwei Größen der Philosophie zu Worte kommen lassen möchte: Schopenhauer und Platon. Schopenhauer sieht in der Sexualität die stärkste und tätigste Triebfeder (wie später auch Sigmund Freud) und beschreibt sie hier vor allem als Kraft, die imstande ist, alle Vernunft zu überwältigen:

»Denn alle Verliebtheit, wie ätherisch sie sich auch geberden mag, wurzelt allein im Geschlechtstriebe, ja, ist durchaus nur ein näher bestimmter, specialisierter, wohl gar im strengsten Sinn individualisierter Geschlechtstrieb. Wenn man nun, dieses fest haltend, die wichtige Rolle betrachtet, welche die Geschlechtsliebe in allen ihren Abstufungen und Nuancen, nicht bloß in Schauspielen und Romanen, sondern auch in der wirklichen Welt spielt, wo sie, nächst der Liebe zum Leben, sich als die stärkste und thätigste aller Triebfedern erweist, die Hälfte der Kräfte und Gedanken des jüngeren Theiles der Menschheit fortwährend in Anspruch nimmt, das letzte Ziel fast jedes menschlichen Bestrebens ist, auf die wichtigsten Angelegenheiten nachtheiligen Einfluß erlangt, die ernsthaftesten Beschäftigungen zu jeder Stunde unterbricht, bisweilen selbst die größten Köpfe auf eine Weile in Verwirrung setzt, sich nicht scheut, zwischen die Verhandlungen der Staatsmänner und die Forschungen der Gelehrten, störend, mit ihrem Plunder einzutreten, ihre Liebesbriefchen und Haarlöckchen sogar in ministerielle Portefeuilles und philosophischen Manuskripte einzuschieben versteht, nicht minder täglich die verworrensten und schlimmsten Händel anzettelt, die werthvollsten Verhältnisse auflöst, die festesten Bande zerreißt, bisweilen Leben, oder Gesundheit, bisweilen Reichthum, Rang und Glück zu ihrem Opfer nimmt, ja, den sonst Redlichen gewissenlos, den bisher Treuen zum Verräther macht, demnach im Ganzen auftritt als ein feindseliger Dämon, der Alles zu verkehren, zu verwirren und umzuwerfen bemüht ist; – da wird man veranlaßt auszurufen: Wozu der Lerm? Wozu das Drängen, Toben, die Angst und die Noth? Es handelt sich ja bloß darum, daß jeder Hans seine Grete finde.«[23]

---

[23] Schopenhauer, A. (1977): Die Welt als Wille und Vorstellung. 4. Buch, Kap. 24: Metaphysik der Geschlechtsliebe. In: Werke in 10 Bänden. Zürcher Ausgabe. Zürich (Diogenes), Bd. 4, 624

Dass der Sexualtrieb nicht nur Hans zur Grete treibt, sondern auch Hans zu Hans und Grete zu Grete, findet seinen besonders poetischen Ausdruck bei Platon. In Platons *Gastmahl*[24] rühmt Aristophanes die Macht des Liebesgottes Eros und möchte mit seiner Erzählung von dem Kugelmenschen die Ursache für die Entstehung des starken sexuellen Begehrens aufdecken.

Seinen Ausführungen zufolge war die menschliche Natur ursprünglich ganz anders. Die Menschen hatten kugelförmige Rümpfe sowie vier Füße, vier Arme und Hände und einen Kopf mit zwei Gesichtern, die in entgegengesetzte Richtungen schauten und der auf einem kugelförmigen Hals saß. Es gab nicht nur zwei Geschlechter, sondern drei: Manche Kugelmenschen waren rein männlich, andere rein weiblich, wiederum andere (die Androgynen) hatten eine männliche und eine weibliche Hälfte.

Nun waren die Kugelmenschen aufgrund ihrer gewaltigen Kraft übermütig geworden und wollten zum Himmel und die Götter angreifen. Eine Beratung im Götterhimmel, wie man wohl am besten mit dem dreisten Menschengeschlecht umgehen sollte, ergab, dass die Götter es nicht vernichten wollten, weil sie Wert auf seine Ehrenbezeugungen und Opfer legten. Daher entschied sich Göttervater Zeus, die Kugelmenschen zu schwächen, indem er jeden von ihnen halbierte. Diese Hälften sind die heutigen zweibeinigen Menschen. Gott Apollo erhielt den Auftrag, die Gesichter zur Schnittfläche – der heutigen Bauchseite – hin umzudrehen und die Wunden zu schließen, indem er die Haut über die Bäuche zog und am Nabel zusammenband. Die Geschlechtsteile blieben auf der Rückseite. Da die jetzt zweibeinigen Menschen schwer unter der Trennung von ihren jeweiligen Hälften litten, umklammerten sich die Hälften in der Hoffnung, wieder zusammenzuwachsen. Sie begannen zu verhungern, weil sie nichts mehr sonst unternahmen, als sich zu umschlingen. Um ihr Aussterben zu verhindern, versetzte Zeus die Geschlechtsorgane nach vorn, damit sie durch die sexuelle Begegnung ihr Einheits- bzw. Ganzheitsbedürfnis vorübergehend befriedigen und so die Sehnsucht zeitweilig stillen können. Nun waren sie wieder lebenstauglich und fortpflanzungsfähig geworden, aber sie leiden weiterhin unter ihrer Unvollständigkeit. Die Sehnsucht nach der verlorenen Ganzheit zeigt sich in Gestalt des sexuellen Begehrens, das auf Vereinigung abzielt. Auf wen sich das erotische Begehren richtet, hängt davon ab, zu welchem der drei Geschlechter die Hälften einst gehörten: zu den rein männlichen Kugelmenschen, zu den rein weiblichen oder zu denen mit einer männlichen und einer weiblichen Hälfte. Je nach dieser ursprünglichen Beschaffenheit eines Kugelmenschen weisen dessen getrennte Hälften jetzt eine heterosexuelle oder homosexuelle Veranlagung auf. Damit erklärt Platons Aristophanes die Unterschiede in der sexuellen Orientierung: Nur die aus den zweigeschlechtlichen, androgynen Kugelmenschen entstandenen Menschen sind heterosexuell.[25]

Unabhängig davon, welchem Geschlecht wir angehören und wie wir dieses sowie unsere sexuelle Orientierung empfinden – alles, was wir tun oder erleben, wird von unserer femininen und maskulinen Energie durchdrungen. Wir bewegen uns auch hier ständig zwischen den Polaritäten und sind abwechselnd von femininer und maskuliner

---

24 Platon, 2008: Das Gastmahl. Stuttgart (Reclam)

25 Platon, a. a. O.

Energie bestimmt. In der chinesischen Philosophie wird die feminine Energie als Yin bezeichnet – die maskuline Energie als Yang. Feminine Energie bestimmt danach alles weiche, nachgiebige, zulassende, aufnehmende, einfühlende Verhalten. Maskuline Energie bewirkt tatkräftiges, bestimmendes, führendes, strebendes Verhalten. Allein diese Zuordnungen zeigen schon, dass, unabhängig von der Geschlechterzuordnung, jeder Mensch beide Energien in sich hat und eine ausgewogene Persönlichkeit sowohl ihre feminine als auch ihre maskuline Energie zum Ausdruck kommen lässt. Wie ich später noch ausführen werde, brauchen wir - in jeglicher geschlechtlichen Identität - für die Befriedigung unseres *Selbstwirksamkeits-/Macht-Bedürfnisses* maskuline Energie und für die Befriedigung unseres *Gelassenheits-/Hingabe-Bedürfnisses* feminine Energie.

Der körperliche Kreis umschließt die Kreise der psychisch-seelischen Primärbedürfnisse. So wie die Gehirnareale durch ein gigantisches Nervennetz miteinander verbunden sind, sind auch die Kreise und Felder der Bedürfniskreise durch ein gigantisches Netz von Verbindungen miteinander verwoben, dergestalt, dass nie nur ein Motiv wirksam wird, sondern wir immer von einem Bündel von Motiven bewegt werden.

Dass wir nie von nur einem Motiv gesteuert sind, liegt zum einen, wie gerade beschrieben, daran, dass sich unsere psychischen Bedürfnisse nur in Verbindung mit körperlichen Motiven befriedigen lassen. Zum anderen ist jedes Motiv entweder mit dem *Wirksamkeits-/Machtmotiv* oder mit dem *Hingabe-/Gelassenheitsmotiv* verbunden. Das heißt, wir wollen die Befriedigung entweder im Modus der Aktivität (dann ist das *Wirksamkeits-/Machtmotiv* mitbeteiligt) oder wir wollen die Befriedigung im Modus der Passivität (dann ist das *Hingabe-/Gelassenheitsmotiv* mitbeteiligt) erreichen. Dazu kommt noch, dass unsere Psyche sich generell sehr ökonomisch organisiert und immer versucht, mit einem Verhalten bzw. einer Handlung gleich mehrere Bedürfnisse zu befriedigen.

Die Bedürfnisse unseres Körpers zeigen uns in elementarer Weise, wie die Polaritäten unseres Seins zu einer Einheit gebracht werden müssen. Sie zeigen uns unerbittlich, dass wir sowohl nehmende als auch gebende Wesen sind und eine Störung im Ausgleich von Nehmen und Geben schnell zu einer tödlichen Gefahr für den Organismus werden kann. Im Atemrhythmus wird am deutlichsten, dass der Wechsel zwischen Einatmen und Ausatmen, zwischen Nehmen und Geben, nicht zu lange unterbrochen werden darf.

Die Polaritäten der psychisch-seelischen Bedürfnisse und Motive

Im Folgenden gebe ich einen kurzen Abriss der Grundbedürfnisse und -motive und ihrer Fixierungen. Eine vertiefte Betrachtung der einzelnen Bedürfnisfelder mit ihren Dominanzen und Fixierungen findet sich im Kapitel 6. Im Kapitel *Ein Blick Jahrtausende zurück* beschreibe ich die vielfältigen Ausprägungen und Masken, in denen sich die Grundbedürfnisse und -motive in verschiedenen historischen Epochen und unterschiedlichen Kulturen zeigen, und skizziere die Persönlichkeitseigenschaften, die sich als Folgen von Dominanzen und Fixierungen entwickeln.

Das zentrale Bedürfnis nach Ganzheit/Einheit

Im Zentrum des Bedürfniskreises steht das Bedürfnis nach Einheit und Ganzheit, dessen Gegenpol die Vielheit der anderen Bedürfnisse darstellt.

Das Bedürfnis nach Einheit und Ganzheit bezieht sich auf alle Aspekte der menschlichen Existenz und drängt uns zur Verwirklichung unserer Potenziale. Es kann auf der biologischen Ebene am deutlichsten wahrgenommen werden, wo alle Bedürfnispolaritäten trotz ihrer Gegensätzlichkeit als Einheit gelebt werden müssen. Die Folgen der Vernachlässigung eines Pols auf der körperlichen Ebene sind sehr schnell spürbar und führen zu Krankheit oder Tod. Erst durch das Befriedigen aller physischen Bedürfnispolaritäten und ihrer Integration zu einer Einheit sind wir lebensfähig.

Die Vernachlässigung von psychischen Bedürfnispolaritäten ist zwar nicht tödlich, verhindert jedoch, dass wir unser inhärentes Potenzial entwickeln. Mit dem Rhythmus, die Gegensätze immer wieder zu einer Ganzheit zu integrieren, entwickeln wir unser in den Bedürfnissen verstecktes schöpferisches Potenzial. Das Bedürfnisfeld **Ganzheit/ Einheit** enthält die Motivkraft, die aus der Indifferenz der Polaritäten Zustände entwickelt wie z. B. Gesundheit, Lebenssinn, Lebensfreude, Harmonie, Glück, persönliche Autorität, Weisheit und Spiritualität.

Wirksamkeit/Macht vs. Gelassenheit/Hingabe

Aus der naturgegebenen Abhängigkeit des Menschen ergibt sich zwangsläufig, dass er **Wirksamkeit/Macht** (Macht wertneutral gesehen) benötigt, um seine Bedürfnisse zu befriedigen. Ohne die Fähigkeit, die Befriedigung seiner elementaren Bedürfnisse zu erreichen, muss ein Mensch sich als Spielball der Umwelt, als ohnmächtig erleben. Unser *Wirksamkeits-/Machtmotiv* kommt somit in allen Aktivitäten und Handlungen zum Ausdruck, mit denen wir etwas erreichen, etwas bewirken wollen, und drückt sich in Sekundärbedürfnissen wie z. B. nach Erfolg, Einfluss, Führung, Leistung, Arbeit, Entscheiden, Gestalten usw. aus.

Zum Geben-Modus gehören alle Formen der Machtabgabe, vom Gehorsam gegenüber Autoritäten über Patientenvollmacht oder der Machtabgabe an Anwälte, Ärzte oder Regierungsvertreter bis zu kleinstem Alltäglichen, wenn wir z. B. unserem Partner die Macht geben, über das Fernsehprogramm des Abends zu entscheiden.

Das gegensätzliche Bedürfnis nach **Gelassenheit und Hingabe** ist charakterisiert durch Sekundärmotive wie Geschehen-Lassen, Nachgeben, Loslassen, Empathie, Mitleid. Wir leben dieses Bedürfnis sowohl in »großen« Zusammenhängen wie z. B. in der Liebe oder im Beruf – das sind die Zusammenhänge, mit denen man das Wort Hingabe schnell verbindet – als auch in den kleinsten alltäglichen Zusammenhängen: Wenn wir zum Beispiel jemandem aufmerksam zuhören, indem wir nicht schon während des Zuhörens unsere eigene Antwort innerlich formulieren, geben wir uns für diese Momente der Wirklichkeit des Anderen hin; wir befriedigen damit unser Hingabebedürfnis im Geben-Modus. Wenn andererseits uns jemand aufmerksam zuhört und sich auf unsere

Worte einlässt, dann wird unser Hingabebedürfnis im Nehmen-Modus befriedigt. Der Hingabe-/Gelassenheitspol entspricht in etwa dem berühmten wu wei (Tun im Nicht-Tun) der taoistischen Lebensphilosophie.[26]

Diese beiden gegensätzlichen Bedürfnisse bzw. Motive haben insofern einen besonderen Rang im Bereich der psychischen Bedürfnisse, als sie einerseits eigenständige Bedürfnisse und Motive sind und andererseits aber auch ständige Begleiter aller anderen Motive. Das heißt, wir haben immer zu jedem anderen Motiv, das unser Verhalten steuert, entweder das Wirksamkeitsmotiv oder das Gelassenheitsmotiv aktiv dabei. Wir sind aktiv oder wir sind passiv. Ist das Wirksamkeitsmotiv aktiv, dann wollen wir etwas bewirken, wir wollen etwas erreichen. Jedes zielgerichtete Handeln ist deshalb nicht nur von seinem Hauptmotiv, sondern auch vom Wirksamkeitsmotiv mitgesteuert. Dagegen ist jedes Ruhen, Abwarten, Zulassen, Loslassen und Nachgeben neben seinem Hauptmotiv auch vom Gelassenheitsmotiv mitgesteuert. Wir befinden uns also immer entweder im Wirksamkeits-Modus oder im Gelassenheits-Modus.

Verbinden sich diese beiden Pole zu einer Ganzheit, dann entsteht in der schöpferischen Indifferenz von Wirksamkeit und Gelassenheit ein innerer Zustand der Souveränität, verbunden mit relativ mühelosem Gelingen des angestrebten Erfolgs.[27]

Sicherheit/Beständigkeit versus Neuheit/Veränderung

Das Bedürfnis nach **Sicherheit und Beständigkeit** umfasst alle Bedürfnisse nach Schutz vor Bedrohung und Verletzung des Lebens (physischer und psychischer Art). Daraus ergeben sich die Sekundärbedürfnisse nach Verteidigung, nach Berechenbarkeit und Vorhersagbarkeit der Umstände, nach Kontrolle der Umwelt, nach Grenzen, Struktur und Ordnung sowie Tradition. Banale alltägliche Handlungen wie das Absperren der Wohnung sind ebenso vom Sicherheitsbedürfnis gesteuert wie Arbeiten, um den Lebensunterhalt zu sichern. Feste Strukturen, bekannte Gegebenheiten, vorgegebene Regeln und berechenbare Umstände geben psychische Sicherheit.

Das Sicherheitsbedürfnis im *Geben-Modus* zeigt sich z. B. im »Beschützerinstinkt« und in allen Handlungen, mit denen wir jemand anderem Sicherheit verschaffen, jemanden beschützen, sichern, retten, Struktur geben, Ordnung schaffen usw.

Neues und Veränderung dagegen impliziert automatisch Unsicherheit und steht damit dem Sicherheits-/Beständigkeitsbedürfnis entgegen. Das Neuheitsmotiv, die Neugierde, will Neues erfahren, experimentieren, Fremdes erkunden, zeigt sich in Lust auf Veränderung. Verbunden mit dem Wirksamkeitsmotiv werden neue Situationen als Herausforderung tatkräftig angegangen. Verbunden mit dem Hingabe-/Gelassenheitsmotiv gibt man sich gelassen einer Veränderung hin und lässt sie auf sich wirken.

---

26 vgl. Laotse (2010): Tao te King. Hamburg (Nikol)

27 Mit der Integration dieser beiden Pole beschäftigt sich mein Buch *Die Weisheit des Erfolgs. Von der Kunst, mit natürlicher Autorität zu führen.* (2008)

Die Wirklichkeit der neuheitsmotivierten Wahrnehmung ist das Gegenteil von der sicherheitsmotivierten: Wo das Wahrnehmungsraster eines sicherheitsmotivierten Menschen vor allem die Gefahrenpotenziale einer neuen Situation fokussiert und das entsprechende vorsichtige Handeln deshalb z. B. auf Schadensverhinderung oder -begrenzung zielt, richtet sich der Wahrnehmungsfokus eines neuheitsmotivierten Menschen auf die Faszination der neuen Situation, und das entsprechende Handeln zielt auf das Kennenlernen und Erforschen des Unbekannten.

Werden die beiden Pole Sicherheit und Neuheit gleichzeitig befriedigt, dann zeigt sich die schöpferische Indifferenz, z. B. im Zustand des »flow«, den Czikszentmihalyi[28] bezeichnenderweise als »Zustand jenseits von Angst und Langeweile« beschrieben hat, ein Zustand, in dem man Zeit und Raum vergisst.

Bindung/Gemeinschaft versus Freiheit/Individualität

Als soziale Wesen müssen wir in Kontakt mit anderen Menschen sein, um unser Mensch-Sein verwirklichen zu können. Wir brauchen unsere soziale Gruppe, um eine Sprache und mit ihr die Interpretation der Welt zu lernen und Verhaltensnormen zu kennen, mit denen wir uns in der Welt zurechtfinden.

Das **Bindungs-/Gemeinschafts-Motiv** umfasst alle Nähe-, Zugehörigkeits-, Liebes- und Freundschaftsbedürfnisse. Man möchte sich einer Person oder Gruppe zugehörig fühlen, lieben und geliebt werden, freundschaftliche Beziehungen erleben, sich geborgen und aufgehoben wissen und anderen Geborgenheit und Zugehörigkeit geben. Gelebten Ausdruck findet dieses Motiv in der Entwicklung von Anpassungsfähigkeit an die jeweilige Umwelt, in Gefühlen der Verbundenheit und sozialem Handeln.

Der Gegenpol **Freiheit/Individualität** ist gekennzeichnet durch unser Bedürfnis nach Unabhängigkeit, Selbstbestimmung, Autonomie, Selbstverantwortung. Das universale Bedürfnis nach Individualität und Freiheit ist nicht zu verwechseln mit dem Individualismus unserer abendländischen Neuzeit. Es geht bei diesem Bedürfnis um das Herausbilden eines Ich-Bewusstseins, mit dem eine Wahrnehmung eigener Bedürfnisse, eigener Gefühle und eines eigenen Willens einhergeht. (In den *vertiefenden Essays* zeige ich auf, dass sich dieses Grundbedürfnis schon in der altägyptischen Kultur der Pharaonenzeit nachweisen lässt, und im Kapitel *Ein Blick Jahrtausende zurück* zeigt die Motiv-Analyse des Gilgamesch-Epos ebenfalls, dass sich das Individualitäts- und Freiheitsbedürfnis zumindest soweit zurück nachweisen lässt, als wir Schriftzeugnisse haben).

Seinen ersten Ausdruck findet das Freiheitsmotiv schon in den frühesten Gehorsamsverweigerungen und Auflehnungen des Kleinkindes. Es möchte sich weder Essen aufzwingen lassen noch Schlafenszeiten. Das so genannte Trotzalter ist die Phase, in der wir in unserer Persönlichkeitsentwicklung erstmalig um unsere individuelle Freiheit ringen. Später zeigt sich das Freiheitsmotiv in jeglichem Handeln, das Bevormunden,

---

28 Csikszentmihalyi, M. (1991): Das Flow-Erlebnis. Stuttgart (Klett-Cotta)

Einschränkungen oder Zensierungen bekämpft und mit dem wir uns dagegen wehren, dass jemand anderes über uns bestimmt; es zeigt sich in jeglichem Handeln, mit dem wir Unabhängigkeit zu erreichen versuchen und Individualität beweisen wollen.

Im *Geben-Modus* zeigt sich das Motiv in Toleranz und indem wir anderen Meinungs- und Gestaltungsfreiheit geben oder lassen oder für die Freiheit anderer eintreten.

Eine geglückte Einheit der Befriedigung sowohl der Bedürfnisse nach individueller Freiheit als auch nach sozialer Bindung zeigen Menschen, die Maslow als »selbstverwirklichte Persönlichkeiten« beschreibt.[29] Sie haben ein hohes Maß an innerer Unabhängigkeit von den Meinungen und Normen anderer entwickelt, erleben sich authentisch in ihren Beziehungen und besitzen eine hervorragende Anpassungsfähigkeit und eine hohe Ausprägung von sozialer Verantwortung.

Gerechtigkeit/Ideale versus Freude/Genuss

Das Bedürfnis nach **Idealen**[30] ist vielschichtig, ebenso wie das Bedürfnis nach **Gerechtigkeit**. Und die beiden gehören so eng zusammen, dass sie ein Bedürfnisfeld bilden. Gerechtigkeit gehört nach Platon zu den vier Grundtugenden (neben Weisheit, Tapferkeit und Mäßigung), und für Aristoteles ist Tugend der Weg zur Glückseligkeit. Die Glückseligkeit wird dabei nicht verstanden als subjektives Glücksgefühl, sondern als geglücktes Leben. Das Leben glückt nach Aristoteles dann, wenn der Mensch die Möglichkeiten verwirklicht, die in ihm angelegt sind. In diesem Verständnis ist Gerechtigkeit als Ideal zu sehen wie alle anderen Ideale auch, nämlich als »Soll-Zustand«, der anzustreben bzw. zu entwickeln ist und aus dem sich einerseits Rechte ableiten und andererseits (im Geben-Modus) Pflichten und Schuldigkeiten entstehen. Rechte und Pflichten sind somit Sekundärmotive dieses Feldes.

An Idealen orientieren sich nicht nur die Ethiken von Gesellschaften, sondern auch als Individuen haben wir ein tiefes Bedürfnis nach Idealen. In seiner abstrakten Form zeigt sich dieses Bedürfnis in unserer Suche nach dem Richtigen, Guten und Wahren; in seiner personifizierten Form in unserer Suche nach Vorbildern, was sich z. B. auch darin zeigt, dass ein Großteil unseres Lernens Modelllernen ist.

Ob religiöse Ideale, Tugend-Ideale, Attraktivitäts-Ideale, Leistungs-Ideale, Erziehungs-Ideale, Ernährungs-Ideale, Beziehungs-Ideale usw. – unser Streben nach dem Ideal durchzieht alle Lebensbereiche. In Verbindung mit unserem Selbstwert-/Anerkennungs-Motiv im Nehmen-Modus bestimmt es unser Selbstwertgefühl, denn

---

29 Maslow, A. (1973): Psychologie des Seins. München (Kindler)

30 In meiner ersten Version des Motivrads (Kroschel 1996) hieß das Feld noch »Loyalität«, bis mir deutlich wurde, dass Loyalität nur ein Sekundärmotiv ist, das zu der großen Familie »Gerechtigkeit« gehört. Dann nannte ich das Feld »Gerechtigkeit und Verantwortung« (Kroschel 2008). Nach längerem Arbeiten mit diesem Begriffspaar erkannte ich, dass auch Verantwortung ein Sekundärmotiv ist, das zwar in dieses Feld gehört, aber nicht der Oberbegriff sein kann. Lange habe ich mich auch mit dem Begriff »Ethik« herumgeschlagen – um dann zu der Erkenntnis zu gelangen, dass sich die verschiedenen Ethik-Vorstellungen in unterschiedlichen Kulturen und Religionen jeweils an Idealen orientieren.

bewusst oder unbewusst vergleichen wir uns mit abstrakten oder personifizierten, äußeren oder inneren Idealen. Verbunden mit dem Selbstwert-/Anerkennungs-Motiv im Geben-Modus messen wir andere an unseren Idealen und geben oder verweigern entsprechend die Anerkennung und Wertschätzung.

Jeder Star-Kult, jede Helden-Verehrung (ob Kriegshelden, Fußballhelden oder die Verehrung eines Nelson Mandela) ist eine Befriedigung der Ideal-Bedürfnisse kombiniert mit der Befriedigung des Bedürfnisses *Anerkennung zu geben.*

Was richtig ist, was recht ist, wird von jeder Kultur und Gesellschaft anders bewertet und ist in ihren jeweiligen Ethiken und Gesetzen festgehalten. Während sich jedoch die Ethik-, Rechts- und Wahrheitsvorstellungen im Laufe der Menschheitsgeschichte immer wieder verändert haben und sich in den verschiedenen Kulturen und Gesellschaften sehr unterscheiden, gibt es eine Konstante des **Gerechtigkeitsbedürfnisses** über alle Zeiten und Kulturen hinweg. Diese Konstante ist der Aspekt der Vergeltung und des Ausgleichs. Wenn wir uns diese meist unterschätzte Bedeutung der Vergeltung vergegenwärtigen, dann wird klar, dass in dieses Feld als Sekundärmotive all diejenigen Motive gehören, die einen Ausgleich im Sinne von Gerechtigkeit herstellen: Dank, Lohn, Strafe, Rache und Sühne. Gerechtigkeit ist deshalb nicht nur ein Ideal. Der Gerechtigkeits*sinn* (hier weist ein physiologischer Begriff auf die grundlegende Bedeutung hin) hat dazu noch seine spezielle Bedeutung als Ausgleichsmotiv. Die zentrale Bedeutung dieses Bedürfnisses wird schon in den ältesten Texten der Welt ausgedrückt, wie ich im vertiefenden Essay zeigen werde.

Die Bedürfnisse des Feldes *Gerechtigkeit/Ideale* beziehen sich auf das, was man auch »den Ernst des Lebens« bezeichnen könnte, und im Gegensatz dazu steht der Bedürfnispol nach Freude und Genuss.

Das **Freude/Genuss-Feld** beinhaltet Frohsinn (Heiterkeit und Humor), den Spieltrieb und den Schönheitssinn (Ästhetik). Schon die Begriffe Froh*sinn*, Spiel*trieb* und Schönheits*sinn* verweisen auf ihre biologische Verankerung. Sich erfreuen, sich vergnügen, Freude bereiten, Spaß haben, Lachen, Spielen, Tanzen, Musizieren oder Musik hören, einen Roman lesen oder einen Film anschauen, sich an etwas Schönem erfreuen – immer, wenn wir keinen anderen Zweck verfolgen, als uns zu erfreuen und zu genießen, sind wir von diesem Grundbedürfnis motiviert.

Im *Geben-Modus* wollen wir jemand anderen erfreuen, ihn erheitern, ihm einen Genuss bereiten, Schönes bieten.

Die beiden Pole *Gerechtigkeit/Ideale* und *Freude/Genuss* stellen somit die Gegensätze vom Ernst des Lebens und der Leichtigkeit des Seins dar. Arbeit und Spiel, Schwere und Leichtigkeit, Ernst und Spaß. Kommt es bei dieser Polarität zu einer Ganzheit, dann entstehen aus der schöpferischen Indifferenz Lebensfreude, Zustände der freudigen Pflichterfüllung, Zufriedenheit mit dem eigenen sinnerfüllten Leben.

Besitz/Erkenntnis versus Selbstwert/Anerkennung

Unser Bedürfnis nach **Besitz** bezieht sich sowohl auf materielle Güter als auch immaterielle Güter wie Wissen und Fähigkeiten und Kompetenzen. Anfangs dachte ich, das Besitzbedürfnis (im Sinne von Eigentum) hätte sich erst vor zirka zehntausend Jahren mit der Entstehung der Ackerbau- und Viehzuchtkultur entwickelt. Vertiefte Beschäftigung mit dem Thema zeigte dann aber, dass sich schon in Steinzeitkulturen, in Jäger- und Sammler-Gesellschaften und bei Nomadenvölkern das Besitzbedürfnis nachweisen lässt. So bekam z. B. in der Steinzeitkultur der Aborigines jedes Neugeborene bei seiner Geburt einen Landbesitz.[31]

In Verbindung mit dem Sicherheits-/Beständigkeits-Motiv zeigt sich das Bedürfnis z. B. in ›Besitzstandswahrung‹ aller Art. In Verbindung mit dem Wachstums-Motiv wird es zum Bedürfnis nach Mehrung und Zugewinn und zeigt sich beim Sparen und Sammeln genauso wie beim Land- oder Aktienkauf oder sonstigen Tätigkeiten, die einen materiellen Gewinn zum Ziel haben.

Das Besitzbedürfnis richtet sich natürlich nicht nur auf materiellen Besitz – immaterieller Besitz wie Wissen, Bildung, Fertigkeiten, Kompetenzen gehören genauso in dieses Feld. Urheberrechte, Ausbildungsurkunden, Patente, Kompetenzbescheinigungen sind Beispiele für immaterielle Besitzbestätigungen. In Verbindung mit dem Neuheitsbedürfnis sind Bildungshunger bzw. das Streben nach Wissen und **Erkenntnis** Ausdrucksformen dieses Bedürfnisses.

Im *Geben-Modus* drückt es sich im Schenken, Spenden, Teilen und in Großzügigkeit aus, in seiner immateriellen Form z. B. im Weitergeben von Wissen, im praktischen Lehren und Schreiben.

Der Gegenpol dazu ist unser Bedürfnis nach **Selbstwert/Anerkennung**. Dieses Bedürfnis äußert sich in unserer Sehnsucht, im eigenen Sein gesehen zu werden, nach Wertschätzung, nach Respekt, Würde, Ehre, Prestige, Image, Status. Unser Selbstbild ist kein statisches Bild, sondern es ist ein ständiger, lebendiger Prozess. Wir gestalten unser Selbstbild und dabei zugleich unseren Selbstwert ständig neu im Vergleich mit unseren jeweiligen inneren Idealen sowie im Spiegel unserer Umwelt.

Das Bedürfnis, den eigenen Selbstwert immer wieder neu anerkannt zu erleben und sich selbst zu bestätigen, führt zu Ehrgeiz, Rivalität und Wettkampf. Der Wettkampf galt schon in der Antike als Möglichkeit, den eigenen Wert unter Beweis zu stellen.

Doch auch wenn wir mit Ehrgeiz und Wettkampf versuchen, unseren Selbstwert zu bestätigen und anerkannt zu werden, gilt die tiefere Sehnsucht dem Selbstwert im eigentlichen Sinn des Wortes. Wir möchten unabhängig von Besitz und Können etwas wert sein – vielen wird das erst bewusst, wenn sie ihren Besitz, Status oder ihre Fähigkeit verloren haben oder ihre Kompetenz nicht mehr gefragt ist. In der Liebe ist es den meisten Menschen deutlich: Wir möchten nicht geliebt werden, weil wir etwas haben oder können, sondern um unserer selbst willen.

---

31 vgl. Lawler, R. L. (1993): Am Anfang war der Traum. München (Droemer)

Im *Geben-Modus* zeigt sich das Bedürfnis in allen Handlungen, mit denen wir anderen unsere Wertschätzung und unseren Respekt bezeugen, sie anerkennen, würdigen oder ehren.

Bei dieser Polarität handelt es sich um das Gegensatzpaar von Haben und Sein. Werden sie zu einer Ganzheit, d. h. werden sie gleichzeitig gelebt, dann entstehen Selbstachtung, Würde und Weisheit.[32]

Fixierungen

Die Erde reicht für unsere Bedürfnisse, aber nicht für unsere Gier.

(Mahatma Gandhi)

Nun zeigt uns allerdings sowohl unser Alltag als auch die Menschheitsgeschichte, dass wir keineswegs unsere Bedürfnisse und Motive im idealen Maße sowie ausgeglichen im Geben und Nehmen befriedigen und leben. Würden wir das tun, wären wir ausgeglichene, zufriedene, weise, selbstbewusste und achtsame Individuen, die respektvoll mit ihrer Umwelt umgehen und wirkmächtig sowohl für ihr Eigenwohl als auch das Gemeinwohl sorgen.

Die Wirklichkeit sieht anders aus. Fixierungen in unserer Bedürfniswelt verhindern ein gesundes Gleichgewicht und verändern die Grundbedürfnisse und Motive zu maßlosen Begierden, Süchten, Zwängen, Rücksichtslosigkeit, Gewalt und Unterwerfung. Das heißt, diese veränderten Bedürfnisse gehören genauso zu den Grundzügen der menschlichen Existenz wie Krankheit. Sie sind die fixierten Formen der Grundbedürfnisse und -motive. Auch sie sind wichtig für unsere Persönlichkeits- und Kollektiv-Entwicklung. Sie sind zwar verantwortlich für das Leid und das sogenannte Böse im menschlichen Schicksal, doch die Auseinandersetzung mit ihnen ermöglicht uns erst die Entwicklung unserer Wahlmöglichkeit zwischen Gut und Böse, zwischen Freude und Leid. Der Moralphilosoph Immanuel Kant drückte dies so aus: »Dank sei also der Natur für die Unvertragsamkeit, für die mißgünstig wetteifernde Eitelkeit, für die nicht zu befriedigende Begierde zum Haben, oder auch zum Herrschen! Ohne sie würden alle vortrefflichen Naturanlagen in der Menschheit ewig unentwickelt schlummern. Der Mensch will Eintracht; aber die Natur weiß besser, was für seine Gattung gut ist; sie will Zwietracht. Er will gemächlich und vergnügt leben; die Natur will aber, er soll aus der Nachlässigkeit und untätigen Genügsamkeit hinaus, sich in Arbeit und Mühseligkeiten stürzen, um dagegen auch Mittel auszufinden, sich klüglich wiederum aus den letzteren herausauszuziehen.«[33]

---

32 Meine Überlegungen dazu sind, dass, wenn sich die Differenz von Haben und Sein aufhebt, Zustände von Weisheit (als hohe Entwicklungsform der Erkenntnis) bezüglich der selbstverständlichen Wertigkeit und Würde allen Seins entstehen.

33 Dieses Zitat von Kant stammt aus seiner »Idee zu einer allgemeinen Geschichte in weltbürgerlicher Absicht« und wurde im November 1784 erstmals veröffentlicht. Zit. nach Rossmann 1959, 50

Jede Sozialisation bringt es automatisch mit sich, dass uns bestimmte Bedürfnisfelder besonders wichtig erscheinen und wir alles daran setzen, diese Bedürfnisse zu befriedigen und die damit verbundenen Ziele zu erreichen. Das heißt, unsere Interessen richten sich besonders auf diese Dinge, Situationen und Menschen, von denen wir uns bewusst oder unbewusst eine entsprechende Bedürfnisbefriedigung versprechen. Führen diese Vorlieben und Bedeutsamkeiten dazu, dass dafür andere Bedürfnisfelder vernachlässigt werden oder gar aus unserer Wahrnehmung ausgeblendet werden, dann können wir von chronischen Dominanzen und Fixierungen sprechen. Solche Dominanzen und Fixierungen führen dann zur Ausprägung von persönlichen Eigenschaften. (Auf diese Ausprägungen gehe ich im Kapitel *Vertiefte Betrachtungen der Bedürfnisfelder* näher ein.)

Sämtliche Grundbedürfnisse können sich zu Begierden und Leidenschaften entwickeln. Überschreiten diese Begierden und Leidenschaften ein bestimmtes Maß bzw. eine bestimmte Stärke, dann wirken sie in zunehmendem Maße toxisch und zerstörerisch. Deshalb wird die Mäßigung bzw. »das richtige Maß« in vielen Philosophien so hoch bewertet.

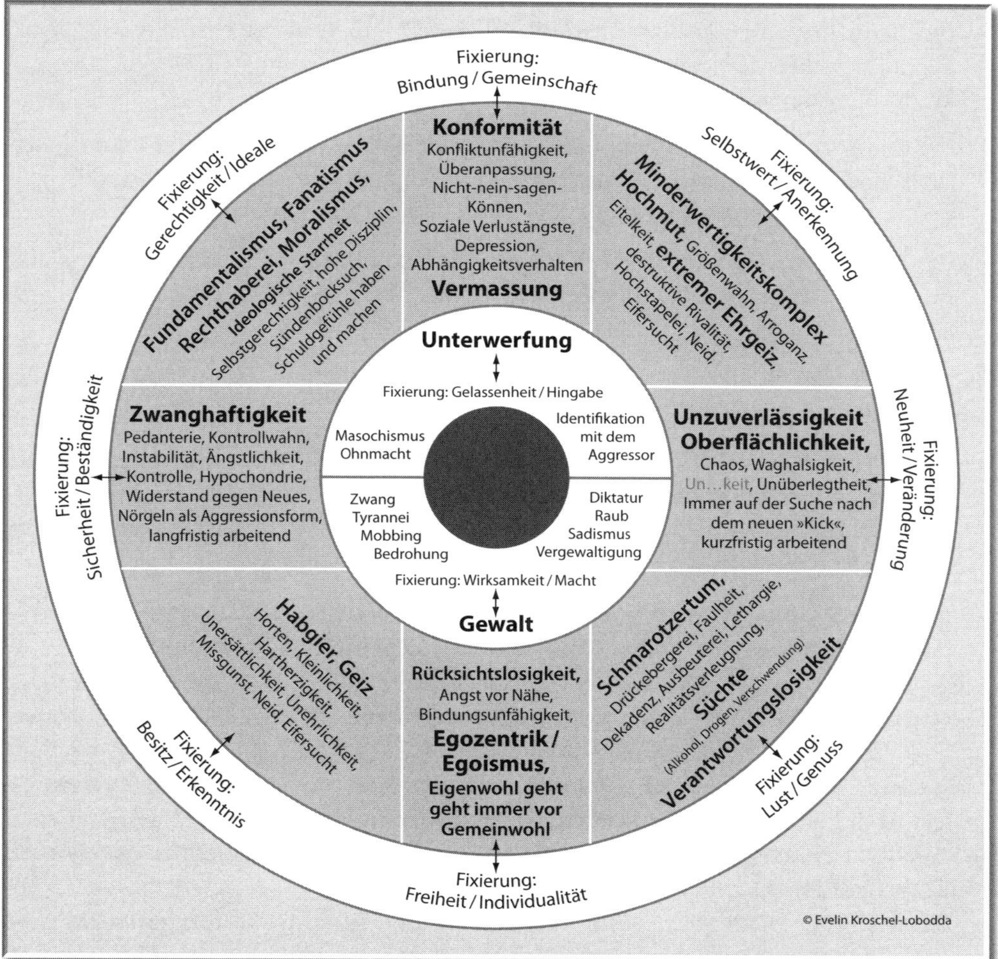

Abb. 2: Fixierter Bedürfniskreis / fixiertes Motivrad

Eine Fixierung auf ein Primärbedürfnis verändert nicht nur die Qualität des Bedürfnisses, es bewirkt auch eine Veränderung des Verhaltens und eine Veränderung der persönlichen Eigenschaften. Im Einzelnen bedeutet das:

- das Bedürfnis *Wirksamkeit/Macht* entwickelt sich zu Gewalt-, Tyrannei-, Sadismus-, Terror-, Diktatur;
- das Bedürfnis *Gelassenheit/Hingabe* entwickelt sich zu Selbstunterwerfung, Ohnmacht, Hilflosigkeit, Masochismus;
- das Bedürfnis *Sicherheit/Beständigkeit* entwickelt sich zu Kontrollzwang, Ordnungszwang, Pedanterie, Übervorsichtigkeit, Erstarrung im Traditionellen, chronischem Misstrauen;
- das Bedürfnis *Neuheit/Veränderung* entwickelt sich zu Oberflächlichkeit, Unstetigkeit, Unzuverlässigkeit, Rastlosigkeit, verantwortungsloser Risikobereitschaft, Tollkühnheit, »No-risk-no-fun«-Mentalität;
- das Bedürfnis *Bindung/Gemeinschaft* entwickelt sich zu Konformität, geistiger Inzucht, Ersticken der Individualität, unterdrückende Abhängigkeit, Massenmanipulation, Versklavung;
- das Bedürfnis *Freiheit/Individualität* entwickelt sich zu Egozentrik, Rücksichtslosigkeit, Bindungsunfähigkeit, Querulantentum, Unfähigkeit sich anzupassen, Unwilligkeit, sich an gemeinschaftliche Regeln zu halten; Teamunfähigkeit;
- das Bedürfnis *Selbstwert/Anerkennung* entwickelt sich zu krankhaftem Narzissmus, arroganter Überheblichkeit, eitlem Snobismus, Größenwahn, krankhaftem Ehrgeiz, ständiger Rivalität;
- das Bedürfnis *Besitz/Erkenntnis* entwickelt sich zu Habgier, Geiz, faustischem Erkenntnisdrang;
- das Bedürfnis *Freude/Genuss* entwickelt sich zu Trägheit, Verantwortungslosigkeit, Faulheit, Ausbeutung anderer, Schmarotzertum, Süchten aller Art, je nachdem, welche anderen Motive noch beteiligt sind (stoffliche Drogen, Sexsucht, Konsumsucht, Spielsucht, Sammelwut), konsumorientierten Aktionismus;
- das Bedürfnis nach *Gerechtigkeit/Idealen* entwickelt sich zu Fanatismus, Fundamentalismus, ideologischer Härte, Rechthaberei, Rachewahn, Sühnewahn.

Die Befriedigungsformen sowohl der Bedürfnisse als auch der fixierten Bedürfnisse und die daraus resultierenden Interessen und Ziele haben viele kulturelle und epochale Masken und hängen wesentlich davon ab, mit welchen weiteren Grundmotiven sie kombiniert sind. Doch trotz der unzähligen verschiedenen Interessen und Ziele, in denen sich die menschlichen Begehren ausdrücken – es handelt sich immer um die gleichen wenigen Grundbedürfnisse und ihre Fixierungen.

Doch nicht nur Individuen sind von diesen Bedürfnisstrukturen gesteuert – sie sind die Grundlage sämtlicher menschlicher Systeme, von Familien bis zu Völkern und Kulturen. Aus den Bedürfnissen entstehen alle Werte, alles Handeln und Nichthandeln.

Albert Einstein formulierte das so: »Alles, was von den Menschen getan und erdacht wird, gilt der Befriedigung gefühlter Bedürfnisse sowie der Stillung von Schmerzen. Dies muss man sich immer vor Augen halten, wenn man geistige Bewegungen und ihre Entwicklung verstehen will. Denn Fühlen und Sehnen sind der Motor alles menschlichen Strebens und Erzeugens, mag sich uns Letzteres auch noch so erhaben darstellen.«[34]

Die psychosomatische Macht der Bedürfnisse

Die Ergebnisse der Zusammenarbeit von Hirnforschung und Psychosomatik zeigen die Macht der Bedürfnisse innerhalb unseres Körpers. So hat man herausgefunden, dass die Hirnstruktur der Amygdala und ein Teil des präfrontalen Cortex für die sozialen Bedürfnisse zuständig sind. Hypothalamus, die Amygdala und die Hypophyse reagieren auf Mangel-Situationen wie z. B. den Verlust eines geliebten Menschen, mobbende Kollegen, mangelnde Wertschätzung für die getane Arbeit, Ohnmachtssituationen, Ausgrenzungs- und Angriffssituationen usw. als Bedrohung für den Organismus (negativen Stress) und kurbeln spezielle Reaktionen an: Botenstoffe werden ausgeschüttet und derjenige Nerv wird aktiviert, der den Körper auf Kampf und Flucht einstellt – der Sympathikus. Aus der Nebennierenrinde wird Cortisol freigesetzt. Die Folgen: Der Puls nimmt zu, das Herz wird anfälliger für Rhythmusstörungen, die Gefäße im Körper verengen sich, der Blutdruck steigt. Die Entzündungsstoffe nehmen zu und die Gerinnungsneigung des Blutes erhöht sich. Die Herzkranzgefäße ziehen sich zusammen, so dass das Herz mit weniger Sauerstoff versorgt wird.

Wenn bei bestimmten psychischen Bedürfnissen ein chronischer Mangelzustand herrscht – z. B. beim Verlust eines geliebten Menschen oder des sozialen Status, bei andauerndem Misserfolg, ständigem Konflikt mit dem Ehepartner, Kindern, Kollegen oder dem Chef, beim Verlust des Besitzes oder der Heimat, bei Überforderung durch Unvereinbarkeit von Beruf und Familie, sehr unbefriedigende Arbeits- oder Lebenssituationen – und wenn dementsprechend häufig Gefühle wie Angst, Aufregung, Wut, Erschöpfung, Ohnmacht, Trauer oder Trübsinnigkeit erlebt werden, dann überfluten Stresshormone den Körper, lassen das Herz-Kreislaufsystem permanent auf Hochtouren laufen, lassen Nieren versagen, bilden Gallensteine oder Magengeschwüre, verursachen Bandscheibenvorfälle oder aufgrund von Aufmerksamkeitsstörungen Unfälle usw.

In unserer Alltagssprache ist ein tiefes Wissen um psychosomatische Zusammenhänge unserer Bedürfnisse und unseres Körpers verankert. So drücken wir z. B. die Befriedigung eines Bedürfnisses in Sätzen aus wie »da ist mir das Herz aufgegangen« oder »da hatte ich Schmetterlinge im Bauch«. Genauso bei der Frustration von Bedürfnissen, wenn wir zum Beispiel sagen: »das hat er sich zu Herzen genommen; der Kummer hat ihr fast das Herz gebrochen; da ist mir vor Schreck das Herz stehen geblieben; das ist mir an die Nieren gegangen; ihr ist eine Laus über die Leber gelaufen; das hat ihm das Kreuz gebrochen; das schlägt mir auf den Magen; da läuft mir die Galle über usw.

34 Einstein, A. (2005): Mein Weltbild. Berlin (Ullstein)

Die Macht unserer psychischen Bedürfnisse ist nicht nur ein immaterielles, subjektiv beschreibbares Phänomen, sondern eine messbare, beobachtbare Tatsache. Wollen wir auf die destruktiven Abläufe einwirken, die bei Mangel und Bedrohung der Bedürfnisbefriedigung in unserem Körper entstehen, dann geht das nur über ein tieferes Verstehen unserer Gefühle und ein Erkennen ihrer Ursachen. Wenn wir den Gefühlen mehr Beachtung schenken, sie mehr in den Aufmerksamkeitsfokus nehmen und ihre Sprache lernen, dann können wir leichter zu den eigentlichen Bedürfnissen unserer Psyche und zu unseren Motiven vordringen.

4. Zur universalen Dimension des Bedürfniskreises

Die Wissenschaft und die Vernunft haben im Leben der Völker immer, heutzutage und seit Urzeiten, nur eine zweitrangige und dienende Rolle gespielt; so wird es auch bis in alle Ewigkeit bleiben. Eine andere Kraft bildet und bewegt die Völker, eine gebietende und herrschende, deren Ursprung aber unbekannt und unerklärlich ist.

F. Dostojewskij[1]

Wenn wir Familien, Organisationen, Völker und Staaten betrachten, wird deutlich, dass der Kreis der Grundbedürfnisse bzw. das Motivrad nicht nur für den einzelnen Menschen gilt, sondern für jedes System, das aus Menschen besteht – für jede Gesellschaft, jede Kultur und zu jeder Zeit. Die individuelle Bedürfnisstruktur ist mit der kollektiven Bedürfnisstruktur identisch – Individuum und Gesellschaft sind nicht zwei getrennt existierende Objekte, sondern zwei verschiedene Aspekte des Menschseins.[2]

Individuum und Kollektiv: Auf Gedeih und Verderb verbunden

Die Bedürfnisstruktur der menschlichen Psyche bildet die unerschütterliche Grundlage jeder Gesellschaft, weil getrennt weder Individualpsychologie noch Soziologie noch Anthropologie eine befriedigende Erklärung bieten können, warum Menschen so sind, wie sie sind, so fühlen, wie sie fühlen und so handeln, wie sie handeln.

Ein Einzelmensch kann nicht überleben, wenn er nicht eine Gemeinschaft hat, die ihn in seiner hilflosen Zeit als Säugling und Kleinkind nährt, versorgt und schützt. Das war vor Tausenden von Jahren so und ist noch heute so. Die kleinste Zelle dieser Gemeinschaft ist die Familie – und sie ist wiederum eingebunden in die Gemeinschaft des Stammes, des Dorfes, des Staates. Insofern ist die Einwirkung der Gemeinschaft auf das Individuum unausweichlich, und kein Mensch entkommt in seiner Entwicklung der Indoktrination durch seine soziale Gruppe. Die Sozialisation eines Menschen, d.h. was er denkt, was er will, was er tut und was er lässt, was er als Gut und was als Böse definiert, geschieht von Beginn der Persönlichkeitsentwicklung an mittels Introjektion (etwas unreflektiert in sich aufnehmen). Wir introjizieren die Werte und Unwerte unserer unmittelbaren Gemeinschaft, die uns nährt, schützt und lehrt, sanktioniert, straft oder demütigt. Und zugleich prägen wir mit unseren Verhaltensweisen und unserem Handeln, in denen sich diese introjizierten Werte ausdrücken, wiederum unsere Gemeinschaft.

Der jungianische Psychoanalytiker Erich Neumann drückt diese Interdependenz von individueller und kultureller Entwicklung so aus: »Alle menschlichen Kulturen in ihrer unübersehbaren Fülle sind nicht vorgegebene Gestaltung, wie zum Beispiel die soziale

---

1 Dostojewskij, F.M. (2008): Die Dämonen. München (dtv), 284f.

2 vgl. dazu auch Elias, N. (1997): Über den Prozess der Zivilisation. Frankfurt a.M. (Suhrkamp), 158

Welt der Ameisen oder Bienen, sondern Ausdruck der dauernd gestaltenden Potenz der menschlichen Psyche, deren Repräsentant das handelnde, wollende, empfindende und intuitierende, denkende und fühlende Ich ist, welches die menschliche Ganzheit vertritt.«[3]

Der Bedürfniskreis in Organisationen und Unternehmen

Wie Familien, Ethnien oder Staaten sind auch Organisationen und Unternehmen lebendige Systeme mit eigenen Bedürfnissen. Sie haben einen Kopf und funktionale Organe, die jeweils durch Menschen vertreten werden. Ganz gleich, wie groß oder wie klein, zentralistisch oder demokratisch organisiert, gemeinnützig oder auf Gewinn bedacht: Sie haben die gleiche Bedürfnisstruktur wie ein Individuum. Die Bedeutung der Bedürfnispolaritäten und ihrer Balance ist für Organisationen und Unternehmen genauso grundlegend wie für Individuen. Wenn wir die Bedürfnisstruktur einer Organisation betrachten, dann sehen wir das Gleiche wie bei einem Individuum: Organisationen und Unternehmen brauchen Sicherheit und Beständigkeit; sie brauchen Ideale und Gerechtigkeit; sie brauchen Bindung und Gemeinschaft; sie brauchen Selbstwert und Anerkennung; sie brauchen Neuheit und Veränderung; sie brauchen Freude und Genuss; sie brauchen Individualität und Freiheit, sie brauchen Besitz und Erkenntnis – und sie brauchen sowohl Wirksamkeit/Macht als auch Gelassenheit/Hingabe. Und das alles in der Polarität von Nehmen bzw. Haben und Geben.

Natürlich drücken sich diese Grundbedürfnisse bei Organisationen in anderen Zielen und Interessen aus als bei Individuen:

- Ihr *Sicherheits-/Beständigkeits-Bedürfnis* drückt sich aus in den Interessen nach Rechtssicherheit des Standorts, nach Arbeitssicherheit der Produktionsweisen, nach Planungssicherheit, Auftragssicherheit, nach Sicherheit der Infrastruktur, nach Sicherheitssystemen in Bezug auf Daten, Bauwerke, Feuerschutz, nach Schutz vor Spionage und Enteignung usw.
- Das *Besitz-/Erkenntnisbedürfnis* bezieht sich auf Wissen, Kompetenzen, Erfindungen, Patente, Urheberrechte, Lizenzrechte, Immobilien, Produktionsgeräte, Geld, Subventionen usw.
- Die *Ideale-/Gerechtigkeits-Bedürfnisse* finden ihren Ausdruck im Interesse nach fairem Umgang zwischen den Geschäftspartnern, d. h. Kunden und Lieferanten; im fairen Umgang zwischen Arbeitgebern und Arbeitnehmern; im Pflichten- und Lastenkatalog aller Beteiligten; in der Festschreibung von Rechten und Pflichten der Beschäftigten; in Verträgen; in den Leitlinien der Organisation; in ihren Werten. Dass es dabei eine Diskrepanz zwischen postulierten Idealen und gelebter Wirklichkeit (heimlichen Spielregeln) gibt, ist in Organisationen ebenso Tatsache wie bei Individuen und Kulturen (vgl. weiter unten *Werte contra Wirklichkeit*).

---

3 Neumann, E. (1992): Die Psyche als Ort der Gestaltung. Frankfurt a. M. (Fischer), 110

- Das *Bindungs-/Gemeinschaftsbedürfnis* von Unternehmen zeigt sich in der Notwendigkeit treuer Kunden, zuverlässiger Lieferanten und loyaler Mitarbeiter; im Eingebundensein in Verbänden, Vereinigungen, Staaten, im Pflegen von Beziehungsnetzwerken. Ohne Befriedigung dieses Bedürfnisses gibt es keine Arbeitsbeziehungen, keine Geschäftsbeziehungen, keine Kooperationen.
- Das *Selbstwert-/Anerkennungsbedürfnis* findet seinen Ausdruck im Interesse an Image und Prestige der Organisation. Der Ruf eines Unternehmens ist von entscheidender Bedeutung für den Erfolg. Ohne Anerkennung des Wertes einer Organisation oder eines Unternehmens gibt es keine Aufträge, keine Kredite, keine Mitgliedschaften, keine Kooperationen, keine Aktienkäufe, keine Subventionen.
- Das *Neuheits-/Veränderungsbedürfnis* verwirklicht sich in Erfindungen, Innovationen, neuen Märkten, neuen Produkten, Umstrukturierungen, im Eingehen von Risiken und im Verwirklichen von Visionen. In der Ökonomie gibt es den geflügelten Satz »Stillstand ist Rückschritt« – darin drückt sich aus, dass die Fähigkeit eines Unternehmens, sich an die sich ständig verändernde Umwelt mit eigenen Veränderungen anzupassen, überlebensnotwendig ist.
- Das *Freude-/Genuss-Bedürfnis* findet seinen Ausdruck in der Ästhetik von Räumen, Gebäuden und Umgebungen, in Gelegenheiten zum Feiern, in einer heiteren Arbeitsatmosphäre. (Die Bedeutung der Befriedigung dieses Bedürfnisses für die Kreativität der Beschäftigten hat z. B. die Firma Google erkannt und sich viel dazu einfallen lassen – von der Möglichkeit, während der Arbeit zu spielen bis zum Angebot kulinarischer Genüsse usw.). Der Spieltrieb wird als große Ressource bei der Entwicklung von Software-Lösungen genutzt. Das, was wir als intrinsische Motivation bezeichnen, also die Freude am Tun, entspringt dem Freude-/Genuss-Bedürfnis. Ohne Freude an und bei der Arbeit gehen Leidenschaft, Innovation, Engagement und Loyalität verloren.
- Das *Individualitäts-/Freiheitsbedürfnis* bezieht sich auf Gründung und individuelle Gestaltung der Organisation, auf ihre Identität und ihr Alleinstellungsmerkmal, auf Produktionsweisen, Verträge, die Wahl der Geschäftspartner, die Möglichkeit der Märkte, auf Unabhängigkeit von fremden Einmischungen usw. Die Vehemenz, mit der sich Unternehmen bzw. Branchen gegen staatliche Regeln oder Einschränkungen ihrer Freiheit wehren, ist dem Freiheitsbedürfnis (komplex vernetzt mit dem Besitz- und Machtbedürfnis) geschuldet.
- Das *Wirksamkeits-/Macht-Motiv* ist bei sämtlichen zielstrebigen Aktionen und Tätigkeiten beteiligt, da sonst nichts passieren würde.
- Und das *Gelassenheits-/Hingabe-Motiv* zeigt sich bei allem Tun, das durch Empathie, Zuhören, Nachgeben, Loslassen, Ruhe bewahren, Nicht-Handeln usw. charakterisiert ist. Jede erfolgreiche Verhandlung bzw. Kommunikation braucht sowohl Wirksamkeit als auch Gelassenheit.

Diese Ausführungen stellen natürlich nur einen groben Überblick dar, der zeigen soll, wie sich die universalen Grundbedürfnisse in Zielen und Interessen von Organisationen ausdrücken. Auch bei Organisationen braucht es eine Balance zwischen den gegensätzlichen Bedürfnissen, was nicht heißt, dass für eine Balance alle Bedürfnisfelder quantitativ gleich befriedigt sein müssen. Je nach Branche sind Dominanzen einzelner Felder wichtig. So braucht z. B. ein Chemie-Unternehmen oder ein Atomkraftwerk eine starke Dominanz auf dem Sicherheitsfeld, während etwa für ein Marketing-Unternehmen eine Dominanz des gegenteiligen Neuheitsfeldes mit ständig neuen Ideen und viel Kreativität notwendig ist. Trotz dieser Unterschiede in den Schwerpunkten muss jedoch immer auch das jeweils gegensätzliche Bedürfnisfeld berücksichtigt werden. Ein Chemie-Unternehmen ohne Innovationen und Kreativität würde bald ins Hintertreffen geraten, und ein Marketing-Unternehmen ohne Sicherheit und Schutz bezüglich seiner Verträge und Urheberrechte oder ohne Planungssicherheit bei Aufträgen wäre auch dem Untergang geweiht.

Natürlich bezieht sich die polare Bedürfnisstruktur nicht nur auf Wirtschaftsunternehmen, sondern auf Organisationen jeglicher Art: Gewerkschaften, Stiftungen, Nicht-Regierungs-Organisationen, Parteien und Staaten.

Ein Vergleich der Kulturen

Der Organisations-Anthropologe Geert Hofsteede hat in seiner sehr interessanten kulturvergleichenden Forschung[4] vier Dimensionen gefunden, in denen sich Kulturen unterscheiden. Diese Dimensionen sind Merkmale, die er mit Machtdistanz, Unsicherheitsvermeidung, Kollektivismus vs. Individualismus sowie Maskulinität vs. Femininität bezeichnet. Jede dieser vier Dimensionen wurde mit einer Index-Skala von 0 bis 100 quantifiziert, und der jeweilige Indexwert zeigt an, wie stark dieses Merkmal in der jeweiligen Kultur ausgeprägt ist. Die Unterschiede zwischen den Ländern gründen sich auf Stichproben von Personen mit gleichen Tätigkeiten und auf gleichem Bildungsniveau in der gleichen Firma (IBM) in 50 Ländern und drei Regionen.

Als ich diese Dimensionen daraufhin analysierte, welche Grundbedürfnisse sich darin jeweils ausdrücken, konnte ich feststellen, dass sich alle Polaritäten des Bedürfniskreises darin finden, in unterschiedlichen Kombinationen und Ausprägungen. Die Beschreibung der Dimensionen gibt einen interessanten Einblick in die Ausdrucksformen, mit denen sich die verschiedenen Bedürfnispolaritäten in großen Systemen (Kulturen bzw. Gesellschaften) ausdrücken.

Die Dimension Individualismus vs. Kollektivismus entspricht der Bedürfnis-Polarität *Individualität/Freiheit vs. Bindung/Gemeinschaft.*

In der Studie wird diese Dimension so definiert: »Individualismus beschreibt Gesellschaften, in denen die Bindungen zwischen den Individuen locker sind: man erwartet

---

4 Hofstede, G. (1997): Lokales Denken, globales Handeln. Kulturen, Zusammenarbeit und Management. München (Beck); vgl. Hofstede, G. (1993): Organisationsentwicklung in verschiedenen Kulturen. In: G. Fatzer (Hrsg.): Organisationsentwicklung für die Zukunft. 3. Aufl. Bergisch Gladbach 2004 (EHP), 327–348

von jedem, dass er für sich selbst und seine unmittelbare Familie sorgt. Sein Gegenstück, der Kollektivismus, beschreibt Gesellschaften, in denen der Mensch von Geburt an in starke, geschlossene Wir-Gruppen integriert ist, die ihn ein Leben lang schützen und dafür bedingungslose Loyalität verlangen.«[5]

In Ländern mit einem hohen Individualitäts-Index dominieren die individuellen Interessen vor kollektiven Interessen; jeder hat ein Recht auf Privatsphäre; man erwartet von jedem seine eigene Meinung; Selbstverwirklichung eines jeden Individuums stellt eines der höchsten Ziele dar; die eigene Identität ist im Individuum begründet; Kinder lernen in Ich-Begriffen denken; seine Meinung zu äußern ist Kennzeichen eines aufrichtigen Menschen; Übertretungen führen zu Schuldgefühl und Verlust der Selbstachtung.

Dagegen dominieren in Ländern mit einem niedrigen Individualismus-Index kollektive Interessen vor individuellen Wünschen; das Privatleben wird von der Gruppe beherrscht; Meinungen werden von der Gruppenzugehörigkeit vorbestimmt; Harmonie und Konsens in der Gesellschaft stellen höchste Ziele dar; die eigene Identität ist in dem sozialen Netzwerk begründet, dem man angehört; Kinder lernen in Wir-Begriffen denken; man sollte immer Harmonie bewahren und direkte Auseinandersetzungen meiden; Übertretungen führen zu Beschämung und Gesichtsverlust für einen selbst und die Gruppe.

Zur Dimension Maskulinität vs. Femininität stellt Hofstede voraus, dass Geschlecht und Geschlechterrollen zu den fundamentalsten Aspekten menschlichen Daseins gehört. Während mit den Begriffen »männlich« und »weiblich« der biologische Unterschied gemeint ist, bezeichnen »maskulin« und »feminin« die sozialen, kulturell vorherbestimmten Rollen. Letztere Begriffe sind relativ. Ein Mann kann eher feminine und eine Frau eher maskuline Verhaltensweisen haben, und das bedeutet dann lediglich, dass dieses Verhalten von den jeweiligen gesellschaftlichen Konventionen abweicht. Was nun als feminin und was als maskulin angesehen wird, ist sowohl in den traditionellen als auch in den modernen Gesellschaften verschieden. Trotz der großen Unterschiede lässt sich sowohl in traditionellen wie in modernen Gesellschaften ein gemeinsamer Trend feststellen, der nach den Ergebnissen über die erfassten Unterschiede zwischen Gesellschaften zu folgender Definition führte:

»Maskulinität kennzeichnet eine Gesellschaft, in der die Rollen der Geschlechter klar gegeneinander abgegrenzt sind: Männer haben bestimmt, hart und materiell orientiert zu sein, Frauen müssen bescheidener, sensibler sein und Wert auf Lebensqualität legen. Femininität bezeichnet eine Gesellschaft, in der sich die Rollen der Geschlechter überschneiden: sowohl Frauen als auch Männer sollten bescheiden und feinfühlig sein und Wert auf Lebensqualität legen.«[6]

In maskulinen Kulturen sind die vorherrschenden Werte materieller Erfolg und Fortkommen; das Ideal ist die Leistungsgesellschaft; Geld und Dinge sind wichtig; von Männern wird erwartet, dass sie bestimmt, ehrgeizig und hart sind; von Frauen erwartet

5 Hofstede, G. (1997): Lokales Denken, globales Handeln. Kulturen, Zusammenarbeit und Management. München (Beck), 66

6 ebd., 113

man, sensibel zu sein und die zwischenmenschlichen Beziehungen zu pflegen; Mädchen weinen, Jungen nicht; Jungen sollen zurückschlagen, wenn sie angegriffen werden, Mädchen nicht; Sympathie mit den Starken; bester Schüler ist die Norm; Versagen in der Schule ist eine Katastrophe; Lehrer werden für hervorragendes Fachwissen geschätzt; Jungen und Mädchen wählen verschiedene Fächer; von Vorgesetzten erwartet man, dass sie entschlussfreudig und bestimmt sind; die Betonung liegt auf Fairness, Wettbewerb unter Kollegen und Leistung; die Befreiung der Frau bedeutet, dass Frauen Zugang zu Positionen haben, die früher von Männern besetzt waren. In der Dimension Maskulinität zeigt sich die Kombination der Bedürfnispole *Wirksamkeit/Macht* mit *Besitz/Erkenntnis*.

Die Dimension Femininität ist dagegen charakterisiert durch die Kombination des Bedürfnispols *Bindung/Gemeinschaft* mit dem Pol *Gelassenheit/Hingabe*. In femininen Kulturen sind die vorherrschenden Werte das Kümmern um Mitmenschen und Gleichwertigkeit der Geschlechter; das Ideal ist der Wohlfahrtsstaat; Menschen und intakte Beziehungen sind wichtig; von jedem wird erwartet, bescheiden zu sein; sowohl Männern wie Frauen wird zugestanden, sensibel und um zwischenmenschliche Beziehungen bemüht zu sein; Jungen und Mädchen dürfen weinen, sollen aber nicht kämpfen; Sympathie mit den Schwachen; ein durchschnittlich guter Schüler ist die Norm; Versagen in der Schule ist nicht so schlimm; freundliche Lehrer werden geschätzt; Jungen und Mädchen wählen die gleichen Fächer; von Vorgesetzten erwartet man soziale Kompetenz und das Anstreben von Konsens; die Betonung liegt auf Gleichheit, Solidarität und Qualität des Arbeitslebens; die Befreiung der Frau bedeutet, dass die Arbeit am Arbeitsplatz und zuhause zu gleichen Anteilen auf Frau und Mann verteilt ist.

Der Dimension »Unsicherheitsvermeidung« fehlt der Gegenpol, da Hofsteede nicht in Polaritäten gedacht hat. Bei dieser Dimension sind die zwei Bedürfnispole *Sicherheit/Beständigkeit* und *Ideale/Gerechtigkeit* vermischt und stehen den beiden Gegenpolen *Neuheit/Veränderung* und *Freude/Genuss* gegenüber.

Hofsteede definiert Unsicherheitsvermeidung als den »Grad, in dem die Mitglieder einer Kultur sich durch ungewisse oder unbekannte Situationen bedroht fühlen. Dieses Gefühl drückt sich u. a. in nervösem Stress und einem Bedürfnis nach Vorhersehbarkeit aus: ein Bedürfnis nach geschriebenen und ungeschriebenen Regeln.«[7]

In Ländern mit hoher Unsicherheitsvermeidung wird die dem Leben innewohnende Unsicherheit als ständige Bedrohung empfunden, die es zu bekämpfen gilt; es gibt eine Akzeptanz bekannter Risiken, jedoch Angst vor uneindeutigen Situationen und unbekannten Risiken; viele exakte Gesetze und Regeln; Präzision und Pünktlichkeit werden als natürliche Eigenschaften empfunden; Widerstand gegen Innovationen; Konservatismus, Extremismus, Recht und Ordnung; Nationalismus, Xenophobie, Unterdrückung von Minderheiten; es gibt nur eine Wahrheit – und wir haben sie; hoher Stellenwert für Experten und Spezialisierung; emotionales Bedürfnis nach Geschäftigkeit; innerer Drang nach harter Arbeit.

---

7 ebd., 156

In Ländern mit niedriger Unsicherheitsvermeidung wird die Ungewissheit und Unsicherheit als normale Erscheinung im Leben gesehen und hingenommen, wie sie gerade kommt; uneindeutige Situationen und unbekannte Risiken werden akzeptiert; es sollte nicht mehr Regeln geben, als unbedingt notwendig; Präzision und Pünktlichkeit müssen, wenn nötig, gelernt werden; Toleranz gegenüber abweichenden Gedanken, Einstellungen und Innovationen; anstelle von Nationalismus herrscht Regionalismus, Internationalismus, Versuche zur Integration von Minderheiten; die Wahrheit einer Gruppe darf man anderen nicht aufzwingen; Wohlbefinden bei Müßiggang; harte Arbeit nur, wenn erforderlich.

Der Dimension »Machtdistanz« fehlt ebenfalls der Gegenpol. Diese Dimension zeigt die Polarität von *Wirksamkeit/Macht* vs. *Gelassenheit/Hingabe*. Machtdistanz wird definiert »als das Ausmaß, bis zu welchem die weniger mächtigen Mitglieder von Institutionen bzw. Organisationen eines Landes erwarten und akzeptieren, dass Macht ungleich verteilt ist.«[8] Der Machtdistanz-Index wird dabei aus der Werthaltung der weniger mächtigen Mitglieder eines Landes heraus gebildet gemäß der Erkenntnis, dass Autorität nur dann bestehen kann, wenn sie auf Gehorsam trifft. Ein hoher Machtdistanz-Index zeigt eine Dominanz des Machtbedürfnisses im Geben-Modus bei den weniger Mächtigen (Macht wird abgegeben an jemanden, der als »höherwertiger« definiert ist in Verbindung mit einer *Fixierung des Gelassenheits-/Hingabe-Bedürfnisses* – eine Fixierung, die zur Selbstunterwerfung und Autoritätshörigkeit führt) und einer Dominanz im Nehmen-Modus bei den Mächtigen.

Kulturen mit hoher Machtdistanz zeichnen sich durch folgende Grundüberzeugungen und Praktiken aus: Macht geht vor Recht; wer die Macht hat, ist legitimiert dazu und ist gut; Fähigkeiten, Wohlstand und Macht lassen sich nicht trennen; die Mächtigen genießen verdientermaßen Privilegien und unterstreichen ihre Macht durch ihr Auftreten; innenpolitische Konflikte führen oft zu Gewalt; große Unterschiede im Einkommen, die durch die Steuergesetzgebung noch vergrößert werden; es gibt nur eine kleine Mittelschicht; Hierarchie und Einteilung der Gesellschaft in Klassen wird von den vorherrschenden Religionen und/oder der philosophischen Gedankenwelt unterstützt.

Entsprechend gilt in Ländern mit niedriger Machtdistanz: Der Einsatz von Macht muss legitimiert sein, und danach wird beurteilt, was gut und was böse ist; Fähigkeiten, Wohlstand und Macht gehören nicht unbedingt zusammen; alle haben gleiche Rechte, und die Mächtigen treten weniger mächtig auf, als sie sind; Gewalt wird innenpolitisch selten eingesetzt; geringe Unterschiede im Einkommen, die durch die Steuergesetzgebung begünstigt werden; es gibt eine große Mittelschicht; die vorherrschenden Religionen und philosophischen Systeme betonen die Gleichheit.

Die Hofsteede-Studie war für mich eine erste, bedeutsame Offenbarung in Bezug auf Kulturvergleiche[9] und eine ausgesprochen wertvolle Unterstützung bei der Analyse von

---

8 ebd., 32

9 vgl. auch sein erstes Buch zum Thema: Hofstede, G. (1980): Culture's Consequences: International Differences in Work-Related Values. Beverly Hills u. a. (Sage)

Problemen in Organisationen. So konnte ich bei einem Coaching z. B. erkennen, warum ein neuer, kooperativer Chef in seiner Abteilung keinen Fuß auf den Boden bekam und es mit der teilautonomen Gruppenarbeit nicht klappte. Er war mir von den Mitarbeitern (zum größten Teil aus türkischen und osteuropäischen Männern bestehend) als Weichei, als entscheidungsunfähig und als Nicht-Chef geschildert worden (dass er z. B. mit dem Rad zur Arbeit kam, hatte sein Ansehen in den Augen dieser Männer völlig ruiniert). Durch Hofsteedes Ausführungen zur Machtdistanz wurde mir klar, dass diese Männer aus Kulturen mit hoher Machtdistanz stammen und deshalb offenbar nur einen Chef akzeptieren, der seine Macht durch Statussymbole demonstriert und klare Anweisungen gibt, was zu tun ist. Als wir diese kulturellen Unterschiede in die Betrachtung einbezogen und die jeweiligen impliziten Lerngeschichten und kulturellen Vorurteile hinter den Konflikten und Unzufriedenheiten explizit offenlegen konnten, entwickelte sich eine gegenseitige Akzeptanz und in der Folge eine den Aufgaben angemessene Gruppendynamik.

Werte – die bevorzugten Grundbedürfnisse

Der Ethnologe Claude Levi-Strauss sieht das Wesen seiner Arbeit in der »Suche nach den invarianten (unveränderlichen) Elementen unter den Verschiedenheiten der Oberfläche«.[10] Bei meiner Suche nach den invarianten Elementen unter den Verschiedenheiten der Oberfläche bezüglich der menschlichen Grundmotive zeigte sich deutlich, dass sich alle unsere polar strukturierten Grundbedürfnisse in den kulturellen Werten spiegeln.

Die Werte in einer Kultur, einer Gesellschaft, einer Gruppe, einer Familie und letztendlich in einem Individuum werden dadurch geprägt, welche von den universalen psychischen Grundbedürfnissen, von der jeweils herrschenden Religion, Philosophie bzw. den Eliten und politischen Mächten als besonders wertvoll definiert werden.

Dass sich die Werte in den unterschiedlichen Gesellschaften unterscheiden, liegt nicht daran, dass die Menschen in den verschiedenen Gesellschaften verschiedene Grundbedürfnisse hätten; der Unterschied liegt darin, dass jede Gesellschaft bestimmte Grundbedürfnisse zu höchsten Werten erklärt und andere Grundbedürfnisse als »unwichtig« oder »schlecht« und »unwert« deklariert.

Ein aktuelles Beispiel ist der in unserer westlichen Gesellschaft gerade sehr in den Vordergrund gestellte Wert der Transparenz und Unbestechlichkeit. Sogenannte ›Vetternwirtschaft‹ gilt in unserer individualistischen Leistungsgesellschaft als verwerflich und somit als Unwert, der bekämpft wird. In kollektivistischen Gesellschaften dagegen gilt es als verwerflich, seine Familienmitglieder und engen Verbündeten nicht vorrangig zu begünstigen.

Diese unterschiedlichen Bewertungen führen dann zu einem entsprechenden Belohnungs- und Sanktionssystem in der Sozialisation, so dass bestimmte Grundbedürfnisse stark befriedigt werden dürfen, während die Befriedigung der als unwert bezeichneten Bedürfnisse geächtet, geahndet oder bestraft werden und in der Folge entweder bewusst

10 Levi-Strauss, C. (1980): Identität. Stuttgart (Klett-Cotta)

unterdrückt werden oder sogar so weit ins Unbewusste verdrängt werden, dass sie nicht mehr wahrgenommen werden. Völlig verdrängte Bedürfnisse können sich dann nur noch durch Symptome ausdrücken, während die bewusst unterdrückten Bedürfnisse sich meist in doppelmoralischen Haltungen und Handlungen ausdrücken. So kommt der Anthropologe Robert Edgerton zu dem Ergebnis, dass keineswegs »jede dauerhafte, traditionelle Überzeugung oder Praxis in einer überlebensfähigen Gesellschaft adaptiv ist. [...] Kulturelle Anpassungen sind selten die bestmögliche Lösung und nie vollkommen rational.«[11]

Durch die Fixierung von einzelnen Bedürfnisfeldern werden die jeweils gegenteiligen Bedürfnisfelder unterdrückt und ausgeblendet oder ihrerseits ebenfalls pathologisch überhöht. So führen starke Überbewertungen von einzelnen Grundbedürfnissen nicht nur beim Individuum, sondern auch bei Systemen (Familie, Organisation, Gesellschaft, Kultur) zu Instabilität und Störungen. Beim Individuum drücken sich solche Ungleichgewichte in persönlichen Misserfolgen, sozialen Schwierigkeiten, psychischen Störungen und/oder somatischen Krankheiten aus. Bei Systemen führen sie zu wirtschaftlichen Misserfolgen, sozialen Gesellschaftsproblemen, zu innenpolitischen Krisen und Kriegen oder schließlich zum Zusammenbruch.

Gerade in unserer derzeitigen weltpolitischen Situation wird viel von »Werten« gesprochen – und ich habe den Eindruck, dass ein sehr reduziertes Verständnis darüber vorhanden ist, was unsere Werte eigentlich sind und vor allem, wie sie entstehen und was sie bewirken. Wir leben in einer Zeit, von der häufig gesagt wird, sie sei eine Zeitenwende. Alte Werte und Normen gelten angeblich nicht mehr – neue Werte und Normen seien noch nicht in Sicht oder hätten noch keine ordnende Kraft. Bei dieser Formulierung wird deutlich, dass der fundamentale Unterschied zwischen Werten und Normen nicht berücksichtigt ist. Normen sind Verhaltensvorschriften, die gemacht werden, damit die postulierten Werte sich in Handlungen verwirklichen und sich in Einstellungen, Haltungen, Praktiken, Ritualen und Institutionen verfestigen. Doch was sollen »neue« Werte sein? Es geht immer um die gleichen Jahrtausende alten psychisch-seelischen Grundbedürfnisse, deren Befriedigungen einer Gemeinschaft (bzw. deren herrschenden Elite) als besonders dienlich erscheinen und die dann zu den Werten dieser Gemeinschaft werden.

Die unterschiedlichen Ausprägungen werden bestimmt durch Gewichtungen und Kombinationen einzelner Grundbedürfnisse, die eine jeweilige Gesellschaft vornimmt und durch die der Einzelne in der Entwicklung seiner Werthaltung entscheidend geprägt wird und damit dann wieder auf die Gemeinschaft einwirkt.

Kollektive Werte-Fixierungen

In allen Kulturen und Gesellschaften lassen sich Fixierungen erkennen. Claude Levi-Strauss kam durch das Studium vieler Gesellschaften zu der Überzeugung, dass keine

---

11 Edgerton, R. (2002): Traditionelle Überzeugungen und Praktiken. In: L. Harrison / S. Huntington: Streit um Werte. Wie Kulturen den Fortschritt prägen. Hamburg (Europa), 180

Gesellschaft vollkommen ist: »Jede enthält ihrer Natur nach eine Unreinheit, die sich mit den Normen, die sie verkündet, nicht vereinbaren lässt und die sich konkret in einem bestimmten Maß an Ungerechtigkeit, Gefühllosigkeit oder Grausamkeit ausdrückt. Beim Vergleich einer kleinen Zahl von Gesellschaften wirken die Unterschiede im Maß bzw. der Menge der Ungerechtigkeiten sehr groß, diese Unterschiede verringern sich jedoch, sobald das Forschungsfeld erweitert wird. Keine Gesellschaft ist grundlegend gut und keine ist grundlegend schlecht.«[12]

So wurde z. B. in der abendländischen Kultur das Grundbedürfnis nach *Individualität/Freiheit* zum höchsten Wert erklärt (in den vertieften Betrachtungen zu diesem Bedürfnisfeld gehe ich näher auf diese Entwicklung ein). Das führte zu einer Abwertung und teilweiser Ausblendung des gegensätzlichen Grundbedürfnisses nach *Bindung/Gemeinschaft*. Die Fixierung auf den Wert *Individualität/Freiheit* (Individualismus) hat zu zunehmender individueller Rücksichtslosigkeit und Bindungslosigkeit geführt, in der dem Gemeinwohl immer weniger Bedeutung geschenkt wird.

Im Gegensatz dazu ist in nicht-westlichen Kulturräumen das Grundbedürfnis nach *Bindung/Gemeinschaft* (Kollektivismus) häufig zum höchsten Wert erklärt worden und damit ebenfalls in eine Fixierung geraten. Mit der Folge, dass dort *Individualität/Freiheit* sehr eingeschränkt ist. So wird beispielsweise bei einer Fixierung auf Kollektivität das Bedürfnis nach individueller Freiheit (insbesondere bei Frauen) als Unwert erklärt. Durch komplexe und jeweils fixierte Motivkonstellationen kommt es dann zu schweren Sanktionen bis zu so genannten Ehrenmorden,[13] falls eine Frau ihre individuelle Freiheit anstrebt. Die Motive der Täter sind fixierte Selbstwertmotive (die eigene Ehre muss verteidigt werden), fixierte Machtmotive (mit Gewalt wird der eigene Wille durchgesetzt), fixierte Gemeinschaftsmotive (die Frau muss in den Werte-Kodex der Gemeinschaft gezwungen werden) und *fixierte Ideale-/Gerechtigkeitsmotive* (das eigene Ideal wird als einzig richtige Wahrheit dogmatisiert und daraus das Recht und die Pflicht abgeleitet, andere dieser Wahrheit zu unterwerfen).

In seiner kollektiven Ausprägung begünstigt eine Fixierung auf *Bindung/Gemeinschaft* (d. h. Ausblendung der *Individualitäts-/Freiheits-Bedürfnisse* im Geben-Modus) verbunden mit einer Machtfixierung eine Versklavungskultur. Flaig[14] beschreibt in seiner *Weltgeschichte der Sklaverei*, wie tief verwurzelt seit Tausenden von Jahren das Versklaven in allen Kulturen nachzuweisen ist. Für uns Menschen in den westlichen Industrienationen gilt die Freiheit von Sklavenschaft bzw. Leibeigenschaft als selbstverständlich. Wie neu und fragil diese erkämpfte Errungenschaft ist, wird klar, wenn wir bedenken, dass es noch keine 150 Jahre her ist, als in Amerika (und zwar nicht nur in den Südstaaten, sondern auch an der Ostküste) und in Afrika, vor allem auch in Arabien, noch offiziell Sklaverei herrschte. Und es ist erst 100 Jahre her, dass in Russland die Leibeigenschaft abgeschafft wurde. Wenn man die blutigen Kämpfe um diese Freiheit in Europa und

---

12 Levi-Strauss, C. (1980): Identität. Stuttgart (Klett-Cotta)

13 vgl. dazu auch Htun, M. N. (2002): Kultur, Institutionen und Ungleichheit der Geschlechter in Lateinamerika. In: L. Harrison / S. Huntington: Streit um Werte. Wie Kulturen den Fortschritt prägen. Hamburg (Europa), 251 ff.

14 vgl. Flaig, E. (2011): Die Weltgeschichte der Sklaverei. München (Beck)

Amerika betrachtet, mutet es umso erstaunlicher an, dass in China die Kaiser bis zum achtzehnten Jahrhundert (also noch vor den Europäern und Amerikanern) die Sklaverei de facto zum Verschwinden gebracht haben – mit rein administrativen Maßnahmen, ohne prinzipielle Begründung, d. h. ohne die individuelle Freiheit zu einem Ideal erhoben zu haben.[15]

Trotz der weltweiten Ächtung der Sklaverei zeigen Nachrichten aus aller Welt, dass sie nicht wirklich ausgerottet ist. Die neuesten Nachrichten aus Katar berichten davon, wie die ausländischen Arbeiter wie Sklaven gehalten und ausgebeutet werden. Aus China werden immer wieder Fälle bekannt, in denen junge Männer aus Dörfern entführt werden und in Ziegeleien, Steinbrüchen usw. als Sklaven gehalten werden. Aus Afrika hören wir, wie z. B. in Diamantenbergwerken kleine Kinder als Sklaven in den niedrigen und engen Stollen arbeiten müssen. Wie Mistrati[16] berichtet, kostet ein Sklavenkind aus Burkina Faso für die Arbeit auf einer Kakaoplantage an der Elfenbeinküste 230 Euro, mit Feilschen noch weniger. Das ist im Vergleich zu Indien aber noch sehr teuer, wo Mädchen schon für umgerechnet einen Euro verkauft werden.[17] In Indien leben nach Schätzungen 12,5 Millionen Kinder als moderne Sklaven. Ein Großteil wird von den eigenen Familien verkauft.

Selbst in Europa können wir erkennen, wie brüchig heute noch die Freiheit von Sklaverei ist, wenn wir von den vielen verschleppten Mädchen und Frauen aus den osteuropäischen Staaten und aus Asien hören, die bei uns in einer Art Sklavenschaft zur Prostitution gezwungen werden. Eine Sklaverei, die zwar illegal, aber in unserer Gesellschaft offensichtlich möglich und lohnend ist.

Die Religions-Geschichte ist voll von Wertefixierungen. Ein Beispiel, das in unserer heutigen Gesellschaft eine weitreichende Wirkung erzeugt, ist die Wertefixierung des Calvinismus. Im Calvinismus wurde das Bedürfnisfeld *Freude/Genuss* zu einem Unwert erklärt, und der fixierte Pol *Ideale/Gerechtigkeit* mutierte zu einer terroristischen Tugend-Ideologie, so dass eine freudlose und lustfeindliche Lebenshaltung entstand und die Fähigkeit zur Freude und zum Genießen verkümmerte. Eine daraus folgende Ausprägung ist z. B. die Abwertung von Muße (sie wird dann als Faulheit bezeichnet) zugunsten von unermüdlicher Arbeit (Fleiß als Tugend), die nicht selten in Freudlosigkeit und Erschöpfungssyndromen münden. Dass bei einer Fixierung immer auch der Gegenpol pathologisiert ist (entweder durch Ausblendung oder durch eine weitere Fixierung), zeigt sich in diesem Fall derzeit durch eine Fixierung des *Freude/Genuss*-Pols in Form einer Konsum- und Spaßgesellschaft mit einer von Animation und rastlosem Aktionismus geprägten Lebenshaltung.

Auch eine andere Fixierung des Calvinismus hat weiterhin erhebliche Wirkung: Die Fixierung auf *Besitz/Erkenntnis* auf Kosten des Gegenpols *Selbstwert/Anerkennung*.

15 vgl. Flaig, E.: Der Bruch in der Geschichte. Essay in der *FAZ* vom 8.1.2011

16 Mistrati, M. (2013): Dokumentarfilm *Schmutzige Schokolade*. In: Plus drei

17 Backhaus, A.: Ein Euro für ein Mädchen. *Der Spiegel* 38/2013

Die kalte Welt der Besitz-/Erkenntnis-Fixierung

Eine Fixierung auf den *Besitz-/Erkennntis*-Pol verändert nicht nur dieses Bedürfnisfeld, das sich in Habgier und/oder Geiz verwandelt. Diese Fixierung verändert auch das gegensätzliche Bedürfnisfeld *Selbstwert/Anerkennung* negativ. Aus dem Grundbedürfnis nach *Selbstwert/Anerkennung* entsteht bei Individuen extremer Ehrgeiz und gestörter Narzissmus. Das Sein in seinem Selbstwert wird wenig geachtet – es zählt nur, was jemand hat oder kann – dadurch paart sich die Habgier mit Profilierungszwang. Auf der kollektiven Ebene entsteht bei solcherart fixierten Systemen und Gesellschaften eine extreme Wettkampf-Kultur (beschönigend wird das dann Wettbewerbskultur genannt) mit tödlicher Rivalität. Das heißt, der Kampf mit dem Wettbewerber ist nicht mehr fair, sondern es wird versucht, ihn zu vernichten. Ein derartiger Wirtschaftskrieg wird beschönigend mit dem Begriff der »Marktbereinigung« bezeichnet.

Erich Fromm hat sich in seinem Werk *Haben oder Sein* intensiv mit dem Bedürfnis nach Besitz im Haben-wollen-Modus auseinandergesetzt und beschreibt die kollektiven Auswirkungen einer diesbezüglichen Fixierung: »Denn solange die Völker aus Menschen bestehen, deren hauptsächliche Motivation das Haben und die Gier ist, werden sie notwendigerweise Krieg führen. Es ist unvermeidlich, dass sie einem anderen Volk neiden, was dieses hat, und versuchen, das was sie begehren, durch Krieg, ökonomischen Druck und Drohungen zu bekommen. Hauptsächlich werden sie diese Methoden gegen schwächere Völker anwenden, und sie werden Bündnisse mit anderen Staaten schließen, um stärker zu sein als ein stärkeres Volk, das angegriffen werden soll. Sogar wenn nur eine leidliche Chance besteht zu gewinnen, wird ein Volk Krieg führen, nicht weil es ihm wirtschaftlich schlecht geht, sondern weil das Verlangen, mehr zu haben und zu erobern, tief in der Existenzweise des Habens verwurzelt ist.«[18]

Was Fromm vor siebzig Jahren formuliert hat, ist heute gültiger denn je. Und wir können die Aussage über die Völker ungeniert auf Konzerne übertragen. Die feindlichen Übernahmen in unserer globalisierten Wirtschaftswelt sind lediglich eine andere und kleinere Spielart des Krieges; Machenschaften wie z. B. die des kanadischen Konzerns Monsanto, der Kleinbauern ihre über Jahrhunderte gezüchteten Agrarsorten wegnimmt, indem er diese für sich patentieren lässt, sind moderne Ausdrucksform archaischer Raubzüge.

Nicht nur bei Wirtschaftsunternehmen, auch bei kirchlichen Organisationen lässt sich die Besitzfixierung sehen: Unter dem Titel *Reich und heilig in Uganda* berichtet die französische Journalistin Anouk Batard, wie evangelikale Kirchen in die eigene Tasche missionieren. Jede versucht, die meisten Gläubigen auf ihre Seite zu bringen, und als Ziel nennt David Kyeyuni von der ugandischen Bischofskonferenz »die Gewinne maximieren«. Manche Evangelikalen richten ihr »Angebot« direkt nach der Höhe des gebotenen Betrags. Für umgerechnet fünf Euro gibt es nur ein Gemeinschaftsgebet von einem zweitrangigen Pastor; wenn der offizielle Prophet für einen persönlich betet, kostet das schon umgerechnet 25 Euro und für seinen direkten Rat muss man umgerechnet

---

18 Fromm, E. (2005): Haben oder Sein. München (dtv)

50 Euro berappen. »Wo immer sich eine Gelegenheit bietet, ergreifen die Evangelikalen das Wort und verbreiten ihr – auch schon von frühen protestantischen Reformatoren verkündetes – Evangelium des Wohlstands, das im Reichtum ein Zeichen des göttlichen Segens sieht.«[19]

Wie sich diese kollektive *Besitz-/Erkenntnis-Fixierung* gesellschaftlich auswirkt, zeigt auch eine amerikanische Untersuchung von Yuppies (Young-Urban-Professionals), die 60 Prozent der Mittelklasse repräsentieren. Viele dieser in der Wirtschaft beschäftigten Akademiker, die dort als Manager, Anwälte, Berater, Makler usw. tätig sind, litten bereits in den 80er-Jahren als Studenten an einem so genannten »vorzeitigen Pragmatismus«. Das heißt, dass sie jegliches humane Ideal ablehnten und den finanziellen Wohlstand als höchstes Ziel ansahen. Für die Armen oder für die Berufe, in denen nicht Höchstgehälter erreichbar waren, fehlte ihnen jegliches Interesse. Nur Studienfächer wie Wirtschaft oder Recht kamen deshalb für sie in Frage. »Der Bilderbuch-Yuppie hatte ein ausländisches Auto für 40.000 Dollar, fuhr zu jeder Jahreszeit energisch in Urlaub, und sein Traum war eine Eigentumswohnung mit einer Ehrfurcht gebietenden Anschrift. Doch auch wer sich den wahren Luxus – Eigentumswohnung und Porsche – nicht leisten konnte, gönnte sich im Alltag ein paar extravagante Kleinigkeiten: Salatdressing aus Himbeeressig und Walnussöl, Mineralwasser aus Frankreich, [...] Die Art und Weise, wie Yuppies Geld ausgaben, war eine beispiellose Kapitulation vor der Konsumkultur: ein zwanghafter, an Sucht grenzender Drang zum Erwerb, [...].«[20]

Doch nicht nur das Bedürfnis nach der materiellen Form des Besitzes ist in die Fixierung geraten. Das gleiche gilt auch für Wissen und Erkenntnis, die immateriellen Formen von Besitz. Ein prominentes Beispiel aus der Literatur zeigt eine Fixierung auf Erkenntnis in ihrer Reinform: Goethes Faust.[21] Faustens Erkenntnisdrang war so fixiert, dass er mit dem Teufel in Gestalt des Mephistopheles einen Pakt schloss und für die magischen Erkenntnisse seine Seele verkaufte.

Wenn die Weisheit fehlt, den unbedingten Wert des menschlichen Seins zu erkennen, droht die kollektive Fixierung auf Erkenntnis in einen kalten, menschenverachtenden Wissenschaftsbetrieb zu entarten. Beispiele schlimmster Art dafür sind die medizinischen Menschenversuche an KZ-Insassen während der Nazi-Herrschaft in Deutschland, die Atomversuche auf den pazifischen Inseln oder die Infizierung der indigenen Bevölkerung mit verschiedenen Viren in den USA – alles Beispiele, in denen Menschen geopfert wurden, um das fixierte Erkenntnisbedürfnis zu befriedigen. Wobei natürlich zu berücksichtigen ist, dass es nie um nur ein Motiv geht. Verbunden ist das fixierte Erkenntnismotiv meist auch mit dem Machtmotiv, mit dem materiellen Besitzmotiv sowie den Anerkennungsmotiven der jeweiligen Forscher. Besonders deutlich wird das auch in der gegenwärtigen Praxis, den Forschungsbetrieb an Universitäten zunehmend mit Drittmitteln aus der Industrie zu finanzieren, was einen unheilvollen Einfluss auf

---

19 Batard, A. (2008): Reich und heilig in Uganda. *Le Monde diplomatique*

20 Ehrenreich, B. (1994): Angst vor dem Absturz. Das Dilemma der Mittelklasse. Reinbek (Rowohlt), 225

21 v. Goethe, J.W. (2009): Faust. Frankfurt a.M. (Suhrkamp)

Forschungsziele und -ergebnisse hat. Wenn Forschung zunehmend von den Gewinn-Interessen der Wirtschaftsunternehmen dominiert wird, wird auch die Seriosität von Forschungsergebnissen immer fragwürdiger. Felix Hasler beschreibt in seinem Buch *Neuromythologie* als Insider sehr offen und mit konkreten Beispielen, wie Forschungen und ihre Ergebnisse manipuliert werden, um die jeweiligen Interessen sowohl der Pharmaindustrie als auch der Wissenschaftler (denen es häufig um Reputation und Deutungsmacht geht) durchzusetzen.[22]

Die Ethik-Diskussionen (vor allem bezüglich der Gen- und der Atomtechnik sowie der Digitalisierung aller Lebensbereiche) werfen die Frage auf, ob der Erkenntnisdrang in den Wissenschaften von der nötigen Weisheit begleitet ist oder ob er in der Fixierung einem apokalyptischen Ende entgegen treibt.

Die Fixierung auf den Bedürfnispolen *Besitz/Erkenntnis*, *Individualität/Freiheit* und *Freude/Genuss* hat diese Bedürfnisfelder entgleisen lassen zu Habgier, Rücksichtslosigkeit und verantwortungslosem Konsumrausch, zur Entwertung der Menschen zu einem rein ökonomischen Faktor – nur wer dem Verwertungsprozess der Wirtschaft dienlich ist, hat Wert; nur wer sich definierte Statussymbole leisten kann, bekommt Respekt, nur im Konsum und Aktionismus liegt Genuss.

Nun wäre es sehr naiv, angesichts der herrschenden Wertefixierung zu erwarten, dass sich global agierende Wirtschaftskonzerne freiwillig um das Gemeinwohl kümmern. Die Verantwortung liegt bei der Politik, und die hat es bisher versäumt, durch Gesetze eine Besteuerung für international tätige Konzerne durchzusetzen, wie sie für jedes kleine nationale Unternehmen gilt, nämlich in dem Land Körperschafts- und Gewerbesteuer zu zahlen, in dem produziert oder eine Dienstleistung erbracht wird, und in dem Land Umsatz- und Gewinnsteuer zu zahlen, in dem Umsätze und Gewinn gemacht werden.

Der französische ehemalige Résistance-Kämpfer und Diplomat Stephane Hessel formulierte sein Entsetzen über diese Entwicklung 2011 in seinem viel beachteten Büchlein *Empört Euch* so: »Man wagt uns zu sagen, der Staat könne die Kosten dieser sozialen Errungenschaften nicht mehr tragen. Aber wie kann heute das Geld dafür fehlen, da doch der Wohlstand so viel größer ist als zur Zeit der Befreiung, als Europa in Trümmern lag? Doch nur deshalb, weil die Macht des Geldes – die so sehr von der Résistance bekämpft wurde – niemals so groß, so anmaßend, so egoistisch war wie heute, mit Lobbyisten bis in den höchsten Ränge des Staates. In vielen Schaltstellen der wieder privatisierten Geldinstitute sitzen Bonibanker und Gewinnmaximierer, die sich keinen Deut ums Gemeinwohl scheren. Noch nie war der Abstand zwischen den Ärmsten und den Reichsten so groß. Noch nie war der Tanz um das goldene Kalb – Geld, Konkurrenz – so entfesselt.«[23]

---

22 Hasler, F. (2012): Neuromythologie. Eine Streitschrift gegen die Deutungsmacht der Hirnforschung. Bielefeld (Transcript)

23 Hessel, S. (2011): Empört Euch! Berlin (Ullstein), 9

Das fixierte Bankensystem

Die Finanzkrise hat uns sehr klar vor Augen geführt, was passiert, wenn Systeme aus der Balance geraten. Das Bankenwesen ist auf vier Pole fixiert: auf Macht, Besitz, Freiheit und Neuheit. Die Fixierung auf Macht bewirkt Gewalt und Unterwerfung (die Finanzwirtschaft hat Regierungen und Realwirtschaften unterworfen); die Fixierung auf Besitz bewirkt Habgier (die auch vor kriminellen Machenschaften nicht zurückschreckt); die Fixierung auf Freiheit bewirkt egoistische Rücksichtslosigkeit (gegenüber der Welt-Gemeinschaft); die Fixierung auf Neuheit bewirkt kurzfristige Orientierung und verantwortungslose Risikobereitschaft (bei den Akteuren) und Chaos (in den Produkten). Die jeweiligen Gegenpole sind dadurch auch entartet: der Selbstwert-Pol in Größenwahn, Narzissmus und Arroganz (der Akteure); die Pole *Sicherheit/Beständigkeit* und *Bindung/Gemeinschaft* sind ausgeblendet – es zeigt sich eine erschreckende Missachtung gegenüber den Kunden und ein vollständiger Mangel an Verantwortung gegenüber dem Gemeinwohl; der Pol *Ideale/Gerechtigkeit* ist fixiert in die Ideologie des Geldes und eine menschenverachtende Selbstgerechtigkeit.

Diese Fixierungen hätten zum Zusammenbruch des Bankensystems geführt, wenn dieser nicht durch die exorbitanten staatlichen Gelder verhindert worden wäre.

Postulierte Werte contra Wirklichkeit

Das Verständnis der Entstehung und Entgleisung von Werten in einer Gesellschaft berührt in unserer Zeit nicht nur das Schicksal des einzelnen Menschen oder einer einzelnen Gruppe. Ob und wie wir die Grundbedürfnisse, die den verschiedenen Werten zugrunde liegen, in eine gesunde Balance bringen können, könnte zu einer Überlebensfrage der Menschheit werden.

Es hat immer schon die Fronten von feindseligen, sich bekämpfenden Völkern und Gesellschaften gegeben, doch das zur Verfügung stehende Vernichtungspotenzial war nie so überwältigend wie heutzutage. Wenn wir verhindern wollen, dass sich die derzeitigen Fronten zu einem beispiellosen Vernichtungskampf entwickeln, muss die Entstehung von Werten und ihre Verankerung in der menschlichen Bedürfnisstruktur verstanden und politisch berücksichtigt werden.

Abgesehen davon, dass verschiedene Gesellschaften bzw. Kulturen verschiedene Werte und Normen postulieren, werden diese Werte auch innerhalb ihres Geltungsbereichs sehr oft nicht gelebt. Die Barbarei der spanischen und portugiesischen Eroberer an den Ureinwohnern des südamerikanischen Kontinents im Mittelalter, die Genozide an den australischen und nordamerikanischen Ureinwohnern, die Barbareien jüngeren Datums in Armenien, im Nazideutschland, in Ruanda, in Darfur oder Bosnien standen und stehen sicher nicht in Einklang mit den christlichen oder den islamischen Werten, die in den beteiligten Gesellschaften galten bzw. gelten.

War die Barbarei der Menschenopfer bei den Azteken noch in den offiziellen Werten der Azteken verankert, insofern als ihre Götter durch diese Menschenopfer versöhnlich gestimmt werden sollten, so haben sich in der modernen Welt die postulierten Werte zwar humanisiert – die tatsächlichen Handlungen unterscheiden sich jedoch nicht von den Taten der so genannten barbarischen oder archaischen Gesellschaften. Denn worin unterscheiden sich Menschenopfer, die in der Vorstellung der Azteken dazu dienen sollten, den Schutz der Götter für die Gemeinschaft zu erlangen, von unseren modernen Menschenopfern in Form von so genannten Kollateralschäden bei Bombardierungen, die in der Vorstellung moderner Regierungen gebracht werden müssen, um in einem Kampf zu siegen?

Die Akademie von Dijon stellte 1749 die Preisfrage: »Hat die Erneuerung der Künste und Wissenschaften dazu beigetragen, die Sitten zu läutern?« Für Jean-Jacques Rousseau wurde diese Frage zum Wendepunkt seines Lebens. Die Suche nach der Antwort führte ihn zu den Widersprüchen des gesellschaftlichen Systems und letztlich zu einer ethischen Lehre.[24]

Rousseau kam zu der Überzeugung, dass die Gesellschaft bzw. der Staat weder als Erzeuger und Hüter von Glück zu fungieren habe, noch als Bewahrer und Mehrer von Macht. In seinem ethisch-politischen Ideal ging es ihm um die Würde des Menschen und ihre Sicherung und Verwirklichung. Die Würde des Menschen sah er in der Selbstständigkeit des Willens, in der Freiheit vor fremdem Gebot und fremder Willkür. Offenbar erkannte er später, dass mit der einseitigen Postulierung der individuellen Freiheit als höchstem Wert ein ungesundes Ungleichgewicht entstehen würde, und so paarte er zehn Jahre später zum hohen Wert der Freiheit den gleich hohen Wert der gerechten Gemeinschaft und entwickelte die Idee des Rechtsstaates.

Die westliche Welt hat die Idee des Rechtsstaates in ihren Demokratien verankert. Doch trotz der in Verfassungen und Religionen postulierten Werte sehen die Wirklichkeiten in vielen unserer Lebenswelten nicht so aus, als ob diese Werte auch das tatsächliche Handeln bestimmen würden. Das lässt die Preisfrage von 1749 erneut entstehen: Handeln wir heute moralischer als die Menschen vor 4000 Jahren?

Der Friedensnobelpreisträger Elie Wiesel, der als Kind das Konzentrationslager im Gegensatz zu seinem Vater überlebte, und der den amerikanischen Präsidenten Barack Obama beim Besuch der Gedenkstätte Buchenwald begleitete, sagte dort in seiner Rede: »Ich dachte, eines Tages werde ich wiederkommen und zu meinem Vater sprechen. Dann wollte ich ihm erzählen von der Welt, die die meine geworden war. Aber was kann ich ihm erzählen? Hat die Welt gelernt? Die Welt hat nicht gelernt. Hätte die Welt gelernt, es hätte kein Kambodscha gegeben und kein Ruanda und kein Darfur und kein Bosnien.«[25]

Mir scheint, dass wir es noch mit den gleichen menschlichen Unzulänglichkeiten, Grausamkeiten, Bösartigkeiten und Egoismen zu tun haben, wie sie schon in dreitausend Jahre alten Texten beschrieben werden. Gerade das 20. Jahrhundert lässt in ungeheuerlichem Ausmaß in psychische Abgründe blicken, ob in Hitlers Deutschland, in Stalins Sowjetunion, in Mao Tse Tungs China, in Pol Pots Kambodscha usw. Und auch der

---

[24] Cassier, E. (1989): Drei Vorschläge Rousseau zu lesen. Frankfurt a. M. (Fischer)

[25] aus der Rede des Friedensnobelpreisträgers Elie Wiesel anlässlich des KZ-Besuchs von Barack Obama 2009

Beginn des 21. Jahrhunderts lässt diesbezüglich nichts Gutes ahnen, wenn wir in den Irak, nach Palästina oder Syrien schauen. Oder wenn wir an die Foltermethoden der modernen Geheimdienste denken – unterscheiden sie sich wirklich wesentlich von den mittelalterlichen Inquisitionsfoltern oder den Grausamkeiten in der Antike?

Eine Kernthese der Philosophie von Jürgen Habermas ist, dass es, trotz sich wiederholender Gewalt und Schrecken in der menschlichen Geschichte, einen »Fortschritt in der sozialen Evolution des Menschheitsgeistes« gäbe. Wenn wir jedoch die selbstzerstörerischen Tendenzen und Erschöpfungen der modernen und postmodernen Gesellschaften anschauen, wenn wir betrachten, welche barbarischen Geschehnisse in jüngster Zeit passieren, oder auch wie die Ökonomie als »Kolonialmacht ohne Gewissen« sich alle Traditionen und Lebenswelten unterwirft, dann möchte ich diese These stark in Zweifel ziehen.

Wir können es zwar als »Fortschritt in der sozialen Evolution des Menschengeistes« betrachten, dass offiziell in Teilen der Welt die Charta der Menschenrechte (bei der übrigens der Gegenpol, die Menschenpflichten fehlen) anerkannt wird und dass es eine weltweite Ächtung der Sklaverei gibt. Doch wenn wir die konkrete Anzahl der einzelnen Menschen betrachten, die in ihrem Geist und Handeln diesen Fortschritt vollzogen haben und in Beziehung setzen zur Anzahl der Weltbevölkerung, die derzeit rund sieben Milliarden beträgt, dann frage ich mich, ob wir als Menschheit wirklich einen Fortschritt erkennen können, oder ob es nicht vor zweitausend Jahren mit ungefähr 300 Millionen Weltbevölkerung (laut UNO) prozentual genauso viele »sozial fortschrittliche Geister« gegeben hat.

Es erscheint mir wahrscheinlicher, dass wir es mit einer ewigen Wiederkehr derselben Begierden, Bestrebungen und Entgleisungen sowohl bei Individuen als auch bei Kollektiven zu tun haben - ein Blick Jahrtausende zurück mag dies an zwei Beispielen kurz beleuchten.

5. Ein Blick Jahrtausende zurück

»Wir sind noch die archaischen Menschen von damals,
nur in einer modernen Verkleidung,
und wir tun zeitlebens nicht viel anderes,
als die Menschen in grauer Vorzeit getan haben:
uns selbst und unsere Art nach dem ›Prinzip Eigennutz‹ erhalten,
herumlaufen und suchen, für Nahrung und Trinken sorgen,
fortpflanzen, Besitz anhäufen, Macht und Erweiterung
unseres Territoriums anstreben, streiten,
Kriege führen, Übergangsrituale vollziehen,
erkunden, palavern, spielen, tanzen, singen.«

Lutz Müller[1]

Dass ich von der ewigen Wiederkehr der gleichen Begehren und Entgleisungen überzeugt bin, hat mit meiner Beschäftigung mit der Weltliteratur zu tun. Nachdem ich in meiner psychologischen Arbeit immer wieder auf die gleichen Grundbedürfnisse und Motive gestoßen war – sowohl was Individuen als auch Kollektive angeht – wollte ich herausfinden, ob diese Bedürfnisse und Motive menschheitsweit gelten, ob sie auch schon früher und in anderen Kulturen zu finden sind. Deshalb habe ich mich mit den ältesten Schriften der Welt, wie z. B. dem sumerischen Gilgamesch-Epos, dem altägyptischen Totenbuch, dem Alten Testament, dem indischen Mahabharata, der griechischen Ilias und Odyssee, den chinesischen Weisheitsbüchern, den Mythen des Ostens und des Westens beschäftigt. Ich wollte herausfinden, welche menschlichen Gefühle, Bedürfnisse, Motive und Werte sich in diesen Werken aus verschiedenen Kulturen und Epochen offenbaren.

Was ich gefunden habe, ist eine ähnliche Gewissheit, wie sie der legendäre Mythenforscher Joseph Campbell[2] beschreibt. Er hat in seinem dreibändigen Werk *Die Masken Gottes* mit Hilfe der Forschungen und Erkenntnisse aus Archäologie, Religionswissenschaften und Ethnologie die ältesten Zeugnisse mythischen Denkens der Urvölker sowie des Ostens und des Westens zusammengetragen und gezeigt, dass die Mythen seit Urzeiten das widerspiegeln, was die Menschen im Innersten bewegt. Dazu sagte er am Ende seiner zwölfjährigen Forschungsarbeit, ihr Hauptergebnis bestehe darin, dass er Gewissheit gefunden habe für »den Glauben an die Einheit der ganzen Menschheit, nicht nur in ihrer biologischen Beschaffenheit, sondern auch in ihrer Seelengeschichte«.

Die Überzeugung, die ich während der Lektüre der Weltliteratur und den Erfahrungen in meiner psychologischen Arbeit gewonnen habe, ist, dass die psychischen Grundbedürfnisse und ihre Dynamik genauso wie die körperlichen Bedürfnisse menschheitsweit gleich sind. Natürlich ist jede einzelne Psyche individuell unterschiedlich entwickelt, und dementsprechend drücken sich die psychisch-seelischen Grundbedürfnisse in ganz unterschiedlichem Maße und in ganz unterschiedlichen

1 Müller, L. (1986): Suche nach dem Zauberwort. Identität und schöpferisches Leben. Stuttgart (Kreuz)

2 Campbell, J. (1991): Die Masken Gottes. Basel (Sphinx)

Interessen und Zielen aus – immer auch entsprechend den kulturellen und historischen Bedingungen, denen diese Entwicklung unterworfen ist.

Doch so vielfältig die Vorstellungen und Erfahrungen von Mächten und Kräften auch sind, die von innen und außen auf den menschlichen Willen einwirken – immer geht die Verbindung über die universale Bedürfnisstruktur, immer und überall werden die gleichen Grundbedürfnisse aktiviert und in Motive verwandelt, die dann unsere Wahrnehmung und die Zielrichtungen unseres Handelns bestimmen.

So erzählt zum Beispiel schon das fünftausend Jahre alte sumerische Gilgamesch-Epos von all den Bedürfnissen, Motiven und fixierten Motiven, die wir heute noch genauso kennen; von Macht, Tyrannei und Hingabe, von Loyalität und Rivalität, von Großmannssucht und Weisheit, von Fanatismus und Gelassenheit, von Rücksichtslosigkeit und Liebe, von Mitleid und grausamer Rache, von Freiheitsdrang und Intoleranz, von Großzügigkeit und Habgier, von Lebensfreude und Pflichterfüllung, vom Streben nach Genuss und der Suche nach Beständigkeit (Unsterblichkeit). Im Alten Testament, zwischen zwei- und dreitausend Jahre alt, finden wir unzählige Geschichten über Gerechtigkeit und Hinterlist, über Liebe, Ehre, Rache, Gewalt, Besitz- und Machtstreben sowie den Drang nach Freiheit. Sowohl in den homerischen Epen Ilias und Odyssee, zirka 2800 Jahre alt, als auch im indischen Mahabharata-Epos, zirka 2400 Jahre alt, erfahren wir die ganze Bandbreite der Psychologie des antiken Menschen, die sich in ihren Motiven in nichts von der heutigen unterscheidet, außer dass die Schwerpunkte anders lagen (so wird z. B. in der Bagdavadgita die Pflichterfüllung als höchster Wert beschrieben). Das chinesische I Ging (Buch der Wandlungen), dessen älteste Versionen auf ein Alter von über dreitausend Jahren geschätzt werden, beschreibt in seinen vierundsechzig Hexagrammen und dreihundertvierundachtzig möglichen Wandlungslinien alle Grundaspekte des menschlichen Handelns mitsamt seinen Folgen, wie wir es auch heute kennen. Im ältesten shintoistischen Mythos der Sonnengöttin Amaterasu Omi kami aus Japan wird schon die Bedeutung von Selbstachtung, Einfühlsamkeit und Weisheit hervorgehoben und die Wirkung von Kränkung und Rache beschrieben. Amaterasu Omi kami, Japans höchste Gottheit (die Sonne im Wappen Japans führt auf sie zurück), hat drei Symbole ihrer Macht: Spiegel, Schwert und Perle. Wie ich andernorts näher ausführte,[3] bedeuten diese Symbole Selbsterkenntnis (Spiegel), Entscheidungsmut (Schwert) und Weisheit (Perle).

Die immer gleichen Bedürfnisse bzw. Motive sind in den verschiedenen Epochen und Kulturen natürlich an unterschiedlichen Interessensobjekten ausgerichtet und vor allem mit unterschiedlichen Schwerpunkten und Bewertungen versehen, die sich in den jeweiligen Ethiken ausdrücken. Die Interessensobjekte und Ethiken sind historisch, religiös und kulturell bestimmt. Die Interessensobjekte eines Steinzeitmenschen, mit denen er z. B. sein Sicherheitsbedürfnis befriedigen wollte, waren bestimmt ganz andere als die eines modernen Mitteleuropäers. Und ein armer indischer Bauer richtet sein Interesse zur Befriedigung seiner Sicherheitsbedürfnisse vermutlich auf etwas anderes als ein

3 Kroschel, E. (1996): Die Weisheit des Erfolgs. Von der Kunst, mit natürlicher Autorität zu führen. Korr. Aufl. München 2008 (EKL-Edition); Neuaufl. Gevelsberg 2017 (EHP)

amerikanischer Großstadtbewohner. Selbst innerhalb der modernen Industrienationen variiert der kulturelle Einfluss die Interessensobjekte: So liegt es beispielsweise den meisten Menschen in Europa heutzutage fern, ihr Sicherheitsbedürfnis durch Waffenbesitz befriedigen zu wollen, während sich offenbar das Sicherheitsinteresse vieler Amerikaner genau darauf richtet.

Ich möchte auf zwei Werke der Weltliteratur vertieft eingehen, um an ihrem Beispiel genauer aufzuzeigen, dass sich die Bedürfnisstruktur der menschlichen Psyche seit Jahrtausenden nicht verändert hat.

Das Gilgamesch-Epos

Das sumerische Gilgamesch-Epos gilt als ältestes Werk der Weltliteratur, das der Bibel und den großartigen Epen von Homer gleichkommt. Ein literarisches Meisterwerk, dessen älteste Fragmente mehr als viertausend Jahre alt sind und deren jüngere Fassungen auf ca. 1700 bis 1200 v. Chr. datiert werden. Die gebrannten Tontafeln, auf denen die Geschichte in Keilschriftzeichen geritzt wurde, lagen als Bruchstücke quer durch den Nahen Osten unter dem Schutt von untergegangenen Städten begraben. Erst 1853 wurden die ersten Bruchstücke in den Ruinen von Ninive gefunden. Und es dauerte nochmals fast zwanzig Jahre, bis die Wissenschaftler die Keilschrift auf den 25 000 Tontafel-Scherben entziffern konnten, die im Britischen Museum gelandet waren.

Es ist die Geschichte einer Heldenreise, in der die immerwährenden Themen der Menschheit ausgedrückt werden: Die Entfaltung vom Tiermenschen zum bewussten Ich-Menschen, die Entartung von Stärke und Macht in Tyrannei, die verändernde Macht der Sexualität und der Liebe, der rivalisierende Kampf um Anerkennung »wer ist der Stärkste?«, die Sehnsucht nach Freundschaft, das Bedürfnis nach Anerkennung und Ruhm, das Begehren nach Rache als Ausgleich für Demütigung. Es erzählt von schuldhaftem Vergehen, vom Versagen des menschlichen Mitleids-Impulses, von Gerechtigkeit und Idealen, von Großzügigkeit und Nachgiebigkeit, von Täuschung und Selbsttäuschung, von Todesfurcht und Weisheit.

Schon die Beschreibungen der Stadt Uruk mit ihrer großen Schutzmauer und den prächtigen Gebäuden offenbaren die Bedürfnisse nach Sicherheit, nach Schönheit, Lebensfreude und Genuss: *»Komm, sagte Schamchat, gehen wir nach Uruk [...] Du wirst die große Stadt sehen mit ihrer enormen Mauer, du wirst die jungen Männer sehen, gekleidet in ihre Pracht, in das feinste Leinen und stickereiverzierte Wolle, leuchtend bunt; [...] Jeden Tag ist ein Fest in Uruk, da tanzen und singen die Menschen in den Straßen, spielen Musikanten auf, mit ihren Leiern und Trommeln.«*[4]

Der Held des Epos war ein historischer König, der in der mesopotamischen Stadt Uruk um etwa 2750 v. Chr. regierte. Gilgamesch, als zu zwei Drittel göttlich und einem Drittel menschlich beschrieben, war mit all seinem Mut, seiner Stärke, seiner unerschöpf-

4 Mitchell, S. (Hrsg.) (2006): Gilgamesch. München (Goldmann), 97

lichen Energie und seinem anmaßenden Verhalten zu einem tyrannischen Herrscher geworden, der sein Volk drangsalierte und unterdrückte. Als das Volk klagend zum Himmel schrie, rührte dies das Herz der Götter, so dass Aruru, die Mutter der Schöpfung, Enkidu schuf, der Gilgamesch an Mut und Stärke gleich sein sollte, damit dieser durch einen Gefährten gebändigt würde und Uruk Frieden habe.

- Das Epos beginnt mit der Beschreibung der beiden zentralen Motivfelder Wirksamkeit/Macht und Gelassenheit/Hingabe: Das Machtmotiv Gilgameschs war in seiner Fixierung entgleist zu Gewalt und Tyrannei. Das Hingabemotiv zeigt sich in Form von Empathie und Mitleid der Götter.

Enkidu, so riesig und kräftig, dass die Menschen bei seinem Anblick von Scheu ergriffen wurden, war ein Gegenbild zu Gilgamesch: zu zwei Dritteln tierisch und zu einem Drittel menschlich. Durch die Liebeskunst der Tempelpriesterin Schamchat wurde er den Tieren entfremdet und gezähmt. Als er nach sechs Tagen und sieben Nächten Beischlaf von ihrem Genuss satt war und wieder zu seinen Tieren wollte, flohen die Tiere, und er selbst konnte nicht mehr so schnell laufen wie zuvor. *»Er kehrte zu Schamchat um und beim Gehen erkannte er, dass sein Verstand und Sinn sich irgendwie geweitet hatten, nun kannte er Dinge, die kein Tier kennen kann. Er setzte sich zu Schamchat und verstand alles, was sie sagte.«*[5]

- In der Beschreibung der Zivilisierung Enkidus wird – viertausend Jahre vor Darwin – die Entwicklung beschrieben vom tierischen Instinktbewusstsein zu einem menschlichen Ich-Bewusstsein, das sich durch Sprache auszeichnet und das sich erst durch den Kontakt mit einem Gegenüber – im Spiegel eines Du– entwickelt.

Die Priesterin forderte Enkidu nun auf, mit ihr nach Uruk zu gehen und Gilgamesch kennen zu lernen; sie pries dabei dessen Stärke und Großartigkeit. Daraufhin wurde sich Enkidu seiner Sehnsucht nach einem Freund bewusst und er erwiderte: *»Ja, ich will hin, Schamchat. Nimm mich mit dir zum großummauerten Uruk, zu Ischtars Tempel, zum Palast Gilgameschs, des mächtigen Königs. Ich will ihn herausfordern. Ich will ihm ins Gesicht schreien: ›Ich bin der Mächtigste! Ich bin der Mann, der die Welt erzittern lassen kann! Ich bin überragend!‹«*[6]

- Kaum hatte Enkidu Ich-Bewusstsein entwickelt, zeigte er sofort die Bedürfnisse nach Bindung in Form von Sehnsucht nach Freundschaft, sowie nach Macht und nach Selbstwert, ausgedrückt durch Aggression, Rivalität und Ehrgeiz.

Schamchat forderte nun Enkidu auf, sein Rivalitätsgebahren zu lassen und schlug ihm vor, unter dem Blickwinkel der Wertschätzung vor Gilgamesch zu treten, und erzählte ihm von der Sehnsucht Gilgameschs nach einem Freund und Bruder. Dar-

---

5 ebd., 96

6 ebd., 97

aufhin wurde Enkidu friedlich, und sie gingen nach Uruk. Dort trafen sie auf einen Mann, der auf dem Wege zu einem Hochzeitshause war und davon erzählte, dass sich Gilgamesch bei Hochzeiten das Recht der ersten Nacht mit der Braut herausnimmt. Enkidu erbleichte.

- Da in dem Epos nach dem Erbleichen neun Verse fehlen, deuteten die Gelehrten, dass dieses Erbleichen Zorn bedeuten müsse, denn in den folgenden Versen geht es weiter vor dem Hochzeitshaus, wo Enkidu erzürnt auf Gilgamesch losging.

  Hier kommt ein Gerechtigkeitsbedürfnis (im Geben-Modus), verbunden mit einem Wirksamkeits-/Machtbedürfnis zum Ausdruck – Enkidu empfindet das Privileg Gilgameschs offenbar als Unrecht und reagiert mit zornigem Angriff.

Die beiden kämpften miteinander, wobei Gilgamesch letztlich den Kampf gewann. Sie drückten sich gegenseitig ihre Bewunderung aus und schlossen innige Freundschaft.

- Die nun folgenden Verse des Buches III sind Glanzstücke an psychologischer Beschreibung der Bedürfnisse nach Ruhm und Anerkennung sowie nach Macht und Abenteuer und ihrer raffinierten Begründung vor den Ältesten von Uruk.

»Gilgamesch öffnete seinen Mund und sprach zu Enkidu: ›Im Wald wohnt der fürchterliche Humbaba, ich und du, wir wollen ihn töten, und damit aus dem Lande tilgen jegliches Böse! Lass uns fällen den Zedernbaum!‹«[7]

- Zur Bedeutung der Zeder schreibt Bottéro: »Die Zeder war das luxuriöse Holz par exellence – duftend, fest, hochwüchsig und fein gemasert – für die prächtigsten öffentlichen Gebäude, Paläste und Tempel.«[8] Der grimmige Humbaba war von Gott Enlil, dem Gott der Erde, als Wächter eingesetzt worden, den Zedernwald vor den Menschen zu hüten und sie mit seinem feuerspeienden Atem zu verschrecken. Es ist im ganzen Epos mit keinem Wort erwähnt, dass Humbaba irgendwann den Zedernwald verlassen und Unheil angerichtet hätte. Die Notwendigkeit, die Ausbeutung der Natur vor der Gier der Menschen zu schützen, wurde also schon vor viertausend Jahren thematisiert.

Dem Volk von Uruk verkündete Gilgamesch nun sein Vorhaben mit den Worten: *»Hört mich, Älteste des groß ummauerten Uruk. Ich muss jetzt zum Zedernwald reisen, wo der grimmige Unhold Humbaba haust. Ich will ihn besiegen im Zedernwald, ich will den Baum fällen, ich will Humbaba töten, die ganze Welt wird erfahren, wie mächtig ich bin. Ich will mir einen dauerhaften Namen machen, ich will meinen Ruhm für immer ins Menschheitsgedächtnis prägen.«*[9]

---

7 ebd., Kapitel III

8 Bottéro, J. (Hg.) (1992): L'Épopée de Gilgameš. Paris (Gallimard), 123; zit. nach Mitchell (2006): Gilgamesch. München (Goldmann), 241

9 ebd., 108

- Gilgamesch äußerte damit explizit drei Motive: Er möchte seine Macht beweisen, er möchte unvergänglichen Ruhm erwerben und er möchte den wertvollen Zedernbaum besitzen. Um sein Volk für sein Handeln zu begeistern und die Zustimmung und Unterstützung der Ältesten zu bekommen, bediente er sich der Begründung, das Böse aus der Welt schaffen zu wollen – eine immer wieder gleiche Begründung für die Motive Macht, Ruhm und Besitz, die wir durch die Jahrtausende bis in die jüngste Zeit verfolgen können.

Enkidu und die Ältesten von Uruk versuchten nun, Gilgamesch von dem Vorhaben abzubringen. Doch Gilgamesch schlug alle Warnungen in den Wind und überredete Enkidu zum Mitkämpfen. Er ließ sich riesige Waffen schmieden, und dann zogen beide los zum Zedernwald. Sie trafen dort auf Humbaba und nach schrecklichem Kampf besiegten sie ihn.

Humbaba flehte um Gnade, doch während Gilgamesch zögerte, feuerte Enkidu ihn an: »*[…] ›Lieber Freund, rasch, bevor ein weiterer Moment verstreicht: Töte Humbaba, hör nicht auf seine Worte, zögre nicht, schlacht ihn ab, schlitz ihm die Kehle auf, bevor der große Gott Enlil uns daran hindern kann, […] Begründe deinen Ruhm, damit forthin die Menschen von Gilgamesch, dem Kühnen, reden, der Humbaba im Zedernwald zu Tode brachte.‹ Wissend, dass er verloren war, rief Humbaba aus: ›Ich verfluche Euch beide. Weil ihr dies begangen habt, möge Enkidu sterben, möge er unter Qualen sterben, möge Gilgamesch untröstlich sein, möge sein erbarmungsloses Herz zermalmt sein von Kummer.‹*«[10]

Wieder zögerte Gilgamesch, doch nach weiterer mörderischer Hetze durch Enkidu schlug er Humbaba den Kopf ab. Anschließend fällte Gilgamesch die mächtigen Zedern und Enkidu behaute die Stämme zu Bauhölzern. Dann banden sie die Baumstämme zu einem Floß und lenkten es den großen Strom hinab – und Gilgamesch trug Humbabas Kopf als Trophäe.

- Neben dem Bedürfnis Humbabas nach Erbarmen und Mitleid zeigt sich hier sehr ausdifferenziert der innere Konflikt Gilgameschs zwischen zwei Bedürfnissen – dem Mitleid und dem Ruhm – sowie die zerstörerische Wirkung von Hetze, die zum Versagen des Mitleid-Motivs führte und das Bedürfnis nach Ruhm siegen ließ.

  Das Rachebedürfnis Humbabas findet im Fluch seinen Ausdruck.

Nach Uruk zurückgekehrt, badete Gilgamesch und legte prächtige Gewänder an. So erblickte ihn die Göttin Ischtar und schaute mit Verlangen auf Gilgameschs Schönheit. Sie versuchte ihn zu verführen, doch er wies sie demütigend zurück, indem er rüde aufzählte, wie vernichtend sie bisher mit Liebhabern umgegangen war. Daraufhin stieg sie rasend und weinend vor Wut in den Himmel hinauf und beklagte sich bei ihrem Vater, Gott Anu, dass Gilgamesch schreckliche, unverzeihliche Dinge gesagt habe. Darauf antwortete Gott Anu: »*Aber könntest du das nicht provoziert haben?*

---

10 ebd., 136 f.

Hast du versucht, ihn zu verführen? Oder fing er einfach an, dich völlig grundlos zu beschimpfen?«[11]

- Mit seiner Frage lässt Gott Anu ein Gerechtigkeitsbedürfnis erkennen.

Ischtar ging auf die Frage nicht ein, sondern antwortete: »*Bitte, Vater, ich fleh dich an, gib mir den Himmelsstier, bloß eine kurze Zeit lang. Ich möcht ihn auf die Erde bringen. Ich möchte, dass er diesen Lügner Gilgamesch tötet und seinen Palast zerstört. Sagst du Nein dazu, dann werde ich die Pforten der Unterwelt zerschlagen und eine Million ausgehungerter Ghulen werden emporsteigen, um die Lebenden zu verschlingen, und die Toten werden den Lebenden an Zahl überlegen sein.*«[12]

- Das ist ein schönes Beispiel für die Maßlosigkeit des Rachebedürfnisses, ausgelöst durch eine Demütigung. Die Rache richtet sich nicht mehr nur auf den Kränker, sondern dehnt sich gleich auf eine Vielzahl von Unschuldigen aus. Eine psychische Dynamik, die auch heute noch nach Jahrtausenden sowohl im Individuellen als auch im Kollektiven überall sichtbar ist.

Gott Anu sorgte sich nun um die Bevölkerung Uruks (wenn der Himmelsstier auf die Erde kommt, gibt es sieben Jahre Dürre), versicherte sich, dass Ischtar genügend Vorräte für die Leute hatte und überließ ihr dann den Himmelsstier.

- Durch Gott Anu wird das Motiv Mitleid und Fürsorge für die Menschen ausgedrückt.

Ischtar führte den Himmelsstier nun zur Erde, wo er wütete und Erdbeben und Trockenheit verursachte (der Pegel des Euphrats sank ab um zehn Fuß) – doch Enkidu und Gilgamesch gelang es in wildem Kampf, den Himmelsstier zu töten. Im Triumphmarsch zogen sie durch die Stadt und ließen sich feiern als die schönsten aller Männer und tapfersten aller Helden.

- Hier zeigen sich bei Gilgamesch und Enkidu die Motive Selbstwert und Anerkennung in ihrer narzisstischen Fixierung.

Doch am nächsten Morgen erzählte Enkidu angstvoll: »*Ich träumte, wir hätten die Götter gekränkt, sie hielten eine Ratssitzung ab, und Anu sagte: ›Sie haben den Himmelsstier geschlachtet und Humbaba getötet, den Wächter des Zedernwaldes. Daher muss einer von den beiden sterben.‹ Darauf sagte Enlil zu ihm: ›Enkidu ist's, der sterben muss, nicht Gilgamesch.‹*«[13]

---

[11] ebd., 145

[12] ebd., 145

[13] ebd., 150

- Der Traum drückt das Bedürfnis der Götter nach Gerechtigkeit/Ausgleich aus – die Tode von Humbaba und des Himmelsstieres sollen gerächt werden. Die Angst von Enkidu ist Ausdruck seines bedrohten Sicherheitsbedürfnisses.

Gilgamesch versuchte nun, Enkidu zu beruhigen, indem er den Traum positiv umdeutete. Der Traum wurde jedoch umgehend wahr, Enkidu erkrankte und starb qualvoll.

- Im positiven Umdeuten des Traums drückt sich Gilgameschs Sicherheitsbedürfnis im Geben-Modus aus – er wollte Enkidu beschützen vor seiner Angst und der Bedrohung. Doch nun verwirklicht sich der Fluch, den Humbaba ausgesprochen hat.

Gilgamesch war untröstlich, verließ nach dem Begräbnis Uruk und durchstreifte bitterlich weinend und klagend die Wildnis.

- In der qualvollen, untröstlichen Trauer verwirklicht sich der zweite Teil von Humbabas Fluch.

Neben der untröstlichen Trauer um den Freund wurde Gilgamesch jetzt von Todesfurcht erfasst: »*Muss auch ich sterben? Muss ich so leblos werden wie Enkidu? Wie kann ich diesen Gram ertragen, der mir am Magen nagt, diese Todesfurcht, die mich rastlos weitertreibt?*«[14]

- Todesfurcht ist der existenziellste Ausdruck der Bedrohung unseres Bedürfnisses nach Sicherheit und Beständigkeit. Schon Gilgamesch weiß um den psychosomatischen Zusammenhang von Gram und Magen.

Gilgamesch begab sich nun auf die Suche nach Utnapischtim, den die Götter unsterblich gemacht hatten, um zu erfahren, wie man Unsterblichkeit erlangen kann. Als er nach vielen überstandenen Gefahren bei Utnapischtim ankam und sein Leid klagte, entgegnete dieser: »*Wozu deinen Gram noch länger hegen, Gilgamesch? Hast du schon mal innegehalten und dein glückliches Los mit dem eines Narren verglichen? Du wurdest aus dem Fleisch von Göttern und dem von Menschen geschaffen, die Götter haben dich überhäuft mit ihren Gaben, als ob sie deine Väter und Mütter wären. […] Siehst du denn nicht ein, was für ein Glück du hast? Du hast dich aufgerieben durch unablässiges Streben, du hast deine Muskeln mit Schmerz und Qual erfüllt. Und was hast du erreicht, außer dich einen Tag näher ans Ende deiner Tage zu bringen?*«[15]

- In dieser Antwort kommt eine Gelassenheit und Weisheit zum Ausdruck, die zum Innehalten und Perspektivwechsel auffordert und das unablässige Streben nach immer Mehr in Frage stellt. Utnapischtim will Gilgamesch zu einer Erkenntnis verhelfen – sein Bedürfnis bzw. Motiv ist Erkenntnis im Geben-Modus.

---

14 ebd., 165

15 ebd., 180 ff.

Als Gilgamesch nun Utnapischtim befragte, wie es dazu gekommen war, dass er als Sterblicher von den Göttern ewiges Leben bekommen hatte, erzählte dieser, dass er einst König war, vor langer Zeit, als die großen Götter beschlossen, die Sintflut zu schicken. Und dass einer der Götter (Gott Ea) ihn gewarnt habe: »*... reiß dein Haus ab und bau ein großes Schiff, lass deine Habe zurück, rette dein Leben. [...] Dann sammle Exemplare von jeder lebenden Kreatur und bring sie an Bord des Schiffes.*«[16]

- Gilgameschs Motiv der Frage ist wohl ein Gemisch aus Neuheits- und Erkenntnismotiv im Nehmen-Modus. Die Geschichte zeigt zum einen das Rachemotiv der großen Götter und zum anderen das Mitleids-Motiv des Gottes Ea.

Nun folgen viele Verse, in denen Utnapischtim die verheerende Sintflut beschreibt, in der das Unwetter die Erde zerstörte. »*Am siebten Tag hörte der Regenguss auf. Der Ozean beruhigte sich. Kein Land war zu sehen, nur Wasser ringsumher, so flach wie ein Dach. Keine Spur Leben war da. Das Menschengeschlecht hatte sich in Lehm verwandelt.*«[17]

- Als 1872 ein junger Kurator des Britischen Museums erkannte, dass eines der Tontafel-Fragmente die Geschichte von einem babylonischen Noah erzählt, der die von den Göttern geschickte große Flut überlebte, war dies eine spektakuläre Entdeckung, weil man durch dieses unabhängige Textzeugnis die Historizität der in der Bibel geschilderten Sintflut als bestätigt ansah.

Als Gott Enlil zornig entdeckte, dass seine Entscheidung, das Menschengeschlecht zu vertilgen, durch Gott Ea vereitelt worden war, sagte dieser in seiner Rechtfertigungsrede zu Enlil: »*Du, der weiseste und tapferste der Götter – wie kam es dazu, dass du so leichtfertig die Große Flut schicktest zur Vertilgung der Menschheit? Es ist richtig, den Sünder für seine Sünden zu bestrafen, den Verbrecher für sein Verbrechen zu bestrafen, doch sei barmherzig, lass nicht zu, dass alle Menschen sterben wegen der Sünden einiger von ihnen.*«[18] Daraufhin ging Enlil an Bord und segnete Utnapischtim: »*Hört mich, ihr Götter: Bis jetzt war Utnapischtim ein sterblicher Mensch. Aber von nun an sollen er und seine Frau Götter sein wie wir.*«[19]

- Hier zeigen sich bei Gott Ea die Motive Wirksamkeit/Macht (er will überzeugen), ein Wertschätzungsmotiv sowie Gerechtigkeit und Mitleid (im Inhalt der Überzeugungsrede). Gott Enlil drückt durch seinen Zorn zuerst sein frustriertes Machtbedürfnis aus und nachher durch seinen nachgiebigen, großmütigen Segen das Motiv Wirksamkeit/Macht in Einheit mit dem Gelassenheits-/Hingabemotiv.

---

[16] ebd., 184

[17] ebd., 188

[18] ebd., 191

[19] ebd., 192

Nach seiner Erzählung von der Sintflut ging Utnapischtim auf den Wunsch Gilgameschs nach Unsterblichkeit ein und fragte ihn, warum wohl die Götter auch ihm das ewige Leben gewähren sollten. *»Woher sollten sie wohl wissen, dass du es verdienst? Besteh erst diese Prüfung: Bleib einfach nur sieben Tage lang wach. Behaupte dich gegen den Schlaf, dann, allenfalls, magst du dich gegen den Tod behaupten.«*[20]

- Im Stellen der Prüfungsaufgabe zeigt sich ein Komplex von Motiven. Zum einen zeigt sich Mitgefühl mit den Wünschen Gilgameschs – er bekommt eine Chance. Zum anderen drückt sich das Motiv nach Wirksamkeit/Macht aus – Utnapischtim bestimmt die Regeln; und dann ist auch noch das Motiv Gerechtigkeit/Ideale im Spiel – eine Prüfung muss bestanden werden, um in den Genuss des Erstrebten zu kommen.

Gilgamesch setzte sich an die Wand, um mit der Prüfung zu beginnen, doch kaum hatte er sich hingesetzt, da schlief er schon ein. Utnapischtims Frau wollte, dass sie ihn wecken, damit er abreisen und wohlbehalten zurückkehren solle in sein eigenes Land. *»Utnapischtim sagte: ›Alle Menschen sind Lügner. Sieh dir an, wie er uns zu täuschen versucht, wenn er aufwacht. Drum back ein Brot für jeden Tag, den er schläft, leg sie in einer Reihe neben ihn und mach für jedes Brot ein Zeichen an der Wand.‹ Sie buk die Brote und legte sie neben ihn, sie machte ein Zeichen für jeden Tag, den er schlief. [...] das siebte Brot war noch auf der Kohlenglut, als er die Hand ausstreckte und ihn berührte. Gilgamesch schrak aus dem Schlaf auf und sagte: ›Ich war schon fast am Einschlafen, als ich deine Berührung spürte.‹«*[21]

- Die Aussage von Utnapischtim, dass alle Menschen Lügner seien und seine List, Gilgamesch mit den Broten zu beweisen, dass er sehr wohl eingeschlafen war, zeigt das Wissen um die menschliche Selbsttäuschung und dass ihr meist nur mit unwiderlegbaren Fakten beizukommen ist.

Nachdem Gilgamesch eingesehen hatte, dass er die Prüfung nicht bestanden hatte, wurde er gebadet, sein Körper mit süßriechendem Öl befeuchtet, in edle, königstaugliche Gewänder gekleidet und auf die Heimreise geschickt. Seine letzte Chance, ein Kraut für ewige Jugend nach Hause zu bringen, scheiterte an seiner Unvorsichtigkeit bei einer Rast – eine Schlange roch das zur Seite gelegte Kraut und entwendete es. Gilgamesch kehrte nach Uruk zurück. Er blickte dankbar auf die Schönheit der Stadt und rühmte ihre Mauer, die Paläste und Tempel, die Parkanlagen und Obstgärten, die Läden und Märkte, die Häuser und öffentlichen Plätze.

- Die letzte Rede Gilgameschs zeugt von seiner Versöhnung mit seiner Sterblichkeit und der neugewonnenen Haltung, das menschliche Leben, wie es sich z. B. in der geschaffenen Stadt manifestiert, dankbar zu würdigen und sich daran zu erfreuen.

---

20 ebd.

21 ebd., 194

Das beinhaltet einen Komplex von Motiven und die gleichzeitige Befriedigung gegensätzlicher Bedürfnisse: Die Versöhnung mit seiner Sterblichkeit zeigt die Einheit von Erkenntnis mit Selbstwert = Selbsterkenntnis und Weisheit. Das menschliche Leben zu würdigen und sich daran zu erfreuen, zeigt die Einheit von Gerechtigkeit/Ideale mit Freude/Genuss = dankbare Lebensfreude.

In dem uralten Epos kommt eine außergewöhnlich differenzierte moralische Haltung zum Ausdruck. Es legt großen Wert auf unparteiische Balance und zeigt an mehreren Stellen, wie gefährliche Gewissheiten in Sachen Gut und Böse anzuzweifeln sind. Es ist ein Meisterstück, das seine Aktualität nicht verloren hat in den darauf folgenden viertausend Jahren mit ihren polarisierten Fundamentalismen, wo jede Seite fanatisch an die eigene Rechtschaffenheit glaubt und sich in Kriegen und auf Kreuzzügen oder Dschihads gegen das befindet, was sie jeweils als bösen Feind wahrnimmt bzw. als »das Böse« bezeichnet.

Das beschriebene Motiv Gilgameschs *»Ich will mir einen dauerhaften Namen machen, ich will meinen Ruhm für immer ins Menschheitsgedächtnis prägen,«*[22] ist das gleiche Motiv, das viertausend Jahre später C. G. Jung befürchtete, als er in Bezug auf die durch Atombomben und chemische Kampfwaffen mögliche Apokalypse schrieb: »Der Entschluss eines unbesonnenen Momentes in einem herostratischen Kopfe kann genügen, um die Weltkatastrophe auszulösen.«[23] (Herostrates zerstörte im Jahre 365 v. Chr. den Tempel der Artemis in Ephesus, um seinen Namen zu verewigen.)

In dem Epos wird der gesamte Bedürfniskreis mit seinen Fixierungen beschrieben. Die einzelnen Gefühle, Motive und Handlungen von Menschen und Göttern entsprechen noch genau den heutigen, wenn wir die epochenabhängigen Elemente der Interessen übersetzen – z. B. Zedern durch Öl ersetzen. Wenn z. B. die Göttin Ischtar für ihre Rache den Himmelsstier fordert, der dann große Verwüstung bei der Bevölkerung Uruks anrichtete, so können wir das Motiv in die Moderne übersetzt hinter jede Bombardierung (Kollateralschäden) oder Sippenhaft legen, wenn sich für die Tat einzelner an vielen Unschuldigen gerächt wird.

Die Josephsgeschichte im Alten Testament

Das Alte Testament wurde in den Jahrhunderten 1000–500 v. Chr. geschrieben und greift auf Geschichten zurück, die schon lange zuvor mündlich überliefert wurden. Auch hier finden wir Hochaktuelles.

In der Josephs-Geschichte[24] erfahren wir, dass seine Brüder aus Eifersucht und Missgunst den vom Vater am meisten geliebten Sohn für zwanzig Silberstücke an eine midianitische Karawane verkauften und dem Vater dann ein mit Tierblut getränktes Gewand Josephs mitbrachten und ihm vorlogen, dass Joseph wohl von einem wilden

---

22 ebd., 109

23 Jung, C. G. (2009): Antwort auf Hiob. München (dtv), 96

24 Erstes Buch Moses (39,6–47,27)

Tier zerrissen worden sei. Untröstlich beweinte der Vater seinen Sohn; die Midianiter aber verkauften Joseph nach Ägypten an Potiphar, einen Hofbeamten des Pharao, den Obersten der Leibwache. Joseph war dort nun in allem, was er tat, sehr erfolgreich und fand so großes Wohlgefallen bei Potiphar.

»Er gab alles in die Hand Josephs, kümmerte sich neben ihm um nichts als um die Speise, die er aß. Joseph aber war schön von Gestalt und Aussehen. Kurz darauf warf die Frau seines Herrn ihre Augen auf Joseph und sprach: ›Lege Dich zu mir hin!‹ Er aber weigerte sich und sagte zur Frau seines Herrn: ›Siehe, mein Herr kümmert sich neben mir um nichts, was in seinem Hause ist, und sein ganzes Besitztum hat er mir übergeben. Er selbst ist in diesem Hause nicht größer als ich. Nichts hat er mir vorenthalten als dich, weil du seine Frau bist. Wie sollte ich dieses große Unrecht tun und wider Gott sündigen?‹ Und obwohl sie tagtäglich auf Joseph einredete, hörte er nicht auf sie und legte sich nicht zu ihr, um mit ihr Umgang zu pflegen. Eines Tages nun kam Joseph in das Haus zur Arbeit. Niemand von den Hausangestellten war im Gebäude. Da fasste sie ihn an seinem Kleide und sprach: ›Lege dich zu mir!‹ Er aber ließ sein Kleid unter ihrer Hand und floh ins Freie.« (39,6–12).

Für die beharrliche Zurückweisung ihres Liebesbegehrens rächte sich Potiphars Frau nun, indem sie ihre Kleider zerriss und ihn der versuchten Vergewaltigung bezichtigte. Potiphar glaubte seiner Frau, wurde sehr zornig und ließ Joseph ins Gefängnis werfen. Auch im Gefängnis machte sich Joseph beliebt und fand wiederum gnädiges Wohlgefallen beim Obersten des Gefängnisses, so dass er auch hier bald schalten und walten konnte. In dieser Zeit deutete er die Träume des Mundschenks und des Bäckers des Pharao, die beide in Ungnade gefallen waren und sagte dem Mundschenk voraus, dass er bald wieder in alle Ehren eingesetzt würde und dem Bäcker sagte er voraus, dass er aufgehängt werden würde. Beides traf so ein, wie Joseph die Träume gedeutet hatte.

»Es war zwei Jahre später, da hatte der Pharao einen Traum: Er stand am Nil. Aus dem Flusse stiegen sieben schön aussehende und fettfleischige Kühe und weideten im Riedgras. Nach ihnen stiegen aber aus dem Nil sieben schlecht aussehende und magere Kühe. Dann fraßen die schlecht aussehenden und mageren die sieben schön aussehenden und fetten Tiere. Hierauf erwachte der Pharao. Er schlief wieder ein, und es träumte ihm ein zweites Mal: Siehe, sieben Ähren wuchsen empor auf einem Halm, dick und schön. Da sprossen nach ihnen sieben magere und vom Ostwind ausgetrocknete Ähren empor. Es verschlangen die mageren die sieben fetten und vollen Ähren. Der Pharao erwachte, und siehe es war nur ein Traum. Am Morgen aber war sein Geist ruhelos hin und hergetrieben. Er schickte hin und ließ alle Wahrsagepriester und Weisen Ägyptens zusammenrufen. Dann erzählte er ihnen seine Träume, keiner aber war da, der sie dem Pharao deuten konnte.« (41,1–8)

Nun erinnerte sich der Mundschenk an Joseph und er erzählte dem Pharao von dessen richtigen Traumdeutungen. Daraufhin ließ der Pharao Joseph aus dem Gefängnis holen und sich seine Träume deuten. Joseph deutete die Träume prophetisch als sieben Jahre mit sehr guten Ernten, denen sieben Jahre mit Missernten folgen werden. Er riet dem Pharao, in den guten Jahren Kornspeicher und somit für die mageren Jahre Vorräte anzulegen. Außerdem riet er ihm, sich nach einem verständigen und weisen Mann umzusehen und ihn über das Land Ägypten einzusetzen.

»Die Rede gefiel dem Pharao und allen seinen Dienern. Der Pharao sprach zu seinen Dienern: ›Finden wir wohl einen Mann, in dem Gottes Geist so wäre wie in diesem?‹ Zu Joseph gewandt, sagte er: ›Nachdem dich Gott dies alles wissen ließ, gibt es niemand, der so verständig und weise wäre wie du! Du sollst über meinem Hause stehen, deinem Munde soll mein ganzes Volk gehorchen, nur um den Thron will ich größer als du sein!‹ Der Pharao fuhr zu Joseph fort: ›Siehe, ich setze dich über ganz Ägypten.‹ Dann zog der Pharao seinen Siegelring vom Finger und steckte ihn an Josephs Finger. […] So stieg Joseph empor über das ganze Land Ägypten.« (41,37–45)

Es kam, wie Joseph vorhergesagt hatte. Die Hungersnot wütete in allen Ländern; nur im ganzen Lande Ägypten gab es Brot. Da auch in Kanaan, wo Josephs Vater und Brüder lebten, Hunger herrschte, kamen auch Josephs Brüder nach Ägypten, um Getreide zu kaufen. Joseph verzieh seinen Brüdern und holte die gesamte Familie nach Ägypten, wobei sich der Pharao als sehr großzügig erwies: *»Der Pharao sprach zu Joseph: ›Befiehl deinen Brüdern: Tut folgendes: Beladet eure Esel und zieht dann ins Land Kanaan! Holt euren Vater und eure Familien und kommt zu mir! Ich will euch das Beste des Ägypterlandes geben. Ihr sollt das Fett des Landes verzehren!‹«* (45,17–19)

Mit vielen Geschenken versehen reisten die Brüder nun nach Kanaan und holten den Vater und ihre Familien nach Ägypten. *»Joseph siedelte seinen Vater und seine Brüder an und gab ihnen Grundbesitz im Ägypterland, im besten Teil des Landes, nämlich in der Gegend von Ramses, wie es der Pharao geboten hatte.«* (47,11)

»Die Hungersnot in den Ländern Ägyptens lastete schwer. Nachdem die Menschen alles Geld für Getreidekäufe ausgegeben hatten, aber immer noch Getreide brauchten, sagte Joseph: ›Gebt Eure Herden, und ich will euch dafür Brot geben, wenn das Geld zu Ende ist.‹ Sie brachten ihre Herden zu Joseph; er gab ihnen Nahrung als Tausch für die Pferde und ihre Bestände an Kleinvieh, an Großvieh und an Eseln. Er brachte sie mit Brot um den Preis ihres ganzen Viehs durch jenes Hungerjahr gut hindurch. Jenes Jahr ging zu Ende. Sie kamen aber im nächsten Jahr wieder und sagten ihm: ›Wir können es unserem Herrn nicht mehr verbergen, dass unser Geld zu Ende ist und dass unsere Viehbestände bei unserem Herrn sind; wir können unserem Herrn nichts mehr anbieten als uns selbst und unsere Grundstücke. […] Kaufe uns unsere Grundstücke um Brot ab, dann wollen wir und unser Land dem Pharao dienstbar sein!‹ […] Joseph erwarb nun alles Land in Ägypten für den Pharao; denn von den Ägyptern verkaufte jedermann sein Grundstück, weil der Hunger stark auf sie drückte; das Land wurde des Pharao Eigentum. Und das Volk machte er ihm leibeigen von einem Ende Ägyptens bis zum anderen. Nur das Land der Priester kaufte er nicht; denn die Priester hatten vom Pharao ein festes Einkommen, und sie lebten von ihrem Einkommen, das der Pharao ihnen gab; darum verkauften sie ihr Land nicht. Joseph sprach zu dem Volke: ›Seht, ich habe jetzt euch und euer Land für den Pharao erworben; da habt ihr Saatgut, bestellt damit den Acker! Aber den fünften Teil von den Erträgnissen müsst ihr dem Pharao abliefern; vier Teile sollen euch zum Besäen des Ackers dienen und zu eurer, eurer Familien und eurer Kinder Ernährung.‹« (47,16–24).

Obwohl die dargestellte Geschichte von Ereignissen handelt, die vor fast 3000 Jahren aufgeschrieben wurden, sind die Motive der handelnden Personen in ihren Ausdrucksformen nicht anders als in zeitgenössischen Geschehen. Wir lesen von der Bevorzugung eines Kindes durch den Vater, die eine Kränkung für die anderen Brüder bedeutet; von Rache, Eifersucht, Neid und Verrat (die Brüder gegen Joseph und den Vater); von sexuellem Verlangen und Rache für Zurückweisung (die Frau Potiphars); von Loyalität und Ethik (Joseph gegenüber Potiphar); von Gerechtigkeit, Vergebung, Liebe und Großmut (Joseph gegenüber seiner Familie), von Großzügigkeit (Pharao gegenüber Joseph und seiner Familie); von Macht- und Besitzstreben (Pharao und Joseph).

Die Erzählung unterscheidet sich nicht von den Geschichten, wie wir sie heute täglich erfahren können: von Eifersucht, Neid und Rache, die sich in allen möglichen Lebenssituationen zeigen, in denen Grundbedürfnisse frustriert werden; von abgründigen Lügen, um sich Vorteile zu verschaffen; von der Rache einer zurückgewiesenen Frau und Rufmord; von ungerechter Verurteilung; vom Wiedererlangen der Ehre und vom Aufstieg; von Großmut und Verzeihen innerhalb eines Familienverbandes. Ähnelt die Position der Priester des Pharao, die weder ihr Land noch ihre Arbeitskraft verkaufen mussten, nicht der Situation einer privilegierten Schicht in einem modernen Staat? Wie unterscheiden sich das Anlegen der Kornspeicher und ihre anschließende Verwertung zur Reichtums- und Machtmehrung des Pharao von den Strategien unserer globalisierten Wirtschafts- und Finanzwelt, die sich wertvolle Güter und Ressourcen sichert? Damals wie heute werden Besitz und Arbeitskraft verkauft, um das Überleben zu sichern. Und damals wie heute sind die Motive der jeweiligen Käufer, ihren Besitz und ihre Macht zu mehren.

Marx vertrat die Auffassung, dass der Mensch mit seinem Fortschritt in der Naturbeherrschung immer komplexere Güter herstellt und daraus eine immer anspruchsvollere Bedürfnisbefriedigung und komplexere Persönlichkeitsentwicklung folgt. Doch ist das wirklich so? Haben unsere heutigen komplexeren Güter eine generell komplexere Persönlichkeitsentwicklung im Sinne von Integrität bewirkt?

6. Vertiefte Betrachtungen der polaren Bedürfnisfelder

In den unterschiedlichen Kulturen und historischen Epochen zeigen sich die Grundbedürfnisse und -motive in vielfältigen Ausprägungen und Masken und in sehr unterschiedlichen Gewichtungen. Als Folge von Dominanzen und Fixierungen auf einzelnen Polen entwickeln sich bestimmte Persönlichkeitstypen und -eigenschaften.

Jede Zeit und jede Kultur hat einzelne Bedürfnispole als besonders wertvoll und andere als unwichtig oder gar verwerflich hervorgehoben und damit auch die Werte des jeweiligen Kollektivs geprägt, so dass sich daraus kollektive Eigenheiten entwickelt haben. Diese kollektiven Ausprägungen werden im Kapitel *Zur universalen Bedeutung des Bedürfniskreises* ausführlich behandelt.

Nachfolgend sollen die vielfältigen Ausprägungen und Masken, in denen sich die Grundbedürfnisse und -motive zeigen, beschrieben werden sowie die Folgen von Dominanzen und Fixierungen.

Sicherheit/Beständigkeit

Unser Bedürfnis nach Sicherheit hat viele Dimensionen und Ausdrucksformen. Die tiefste und archaischste Dimension betrifft den Schutz und die Sicherung unseres körperlichen und psychischen Lebens und erweist sich auf dieser Ebene als »Überlebenstrieb«. Dieser Überlebenstrieb sorgt normalerweise dafür, dass wir in gefährlichen Situationen instinktiv so handeln, dass wir unser physisches und psychisches Leben schützen. Unser Nervensystem ist so ausgerichtet, dass bei wahrgenommenem Angriff oder sonstiger Gefahr eine sogenannte »Stressreaktion« uns physiologisch für »Flucht oder Kampf« ausstattet. In Bruchteilen von Sekunden gehen viele unserer körperlichen Funktionen aus dem Normalniveau in Alarmbereitschaft. Blutdruck, Puls und Eiweißproduktion steigen, die Muskelanspannung verstärkt sich, Verdauungstätigkeit setzt aus usw. – alles, was unmittelbar zur besonderen körperlichen Anstrengung, unser Leben zu retten, notwendig ist, wird gesteigert; alles, was dazu nicht unmittelbar gebraucht wird, sinkt oder setzt vorübergehend aus. Wir sind also schon rein körperlich darauf ausgerichtet, unser Leben zu sichern.

Es geht bei diesem Bedürfnis in seiner archaischen Bedeutung nicht nur um den Schutz vor Tod und Verletzung des Körpers, sondern auch um den Schutz des geistigen und seelischen Lebens. So ist z.B. das Sicherheitsbedürfnis auch beteiligt an Erinnerungsausfällen oder -verfälschungen, wenn es darum geht, unsere Selbstachtung vor der Erinnerung an Taten zu schützen, die mit unserem Selbstbild und Gewissen bzw. unseren Idealen nicht vereinbar sind.

Das Sicherheitsbedürfnis von Menschen in Kriegsgebieten und von Menschen in von Hungersnot heimgesuchten Teilen der Welt bezieht sich auf das elementare Überleben. Hier können schon das Versteck in einer Berghöhle oder der Schutz und die Versorgung in einem Flüchtlingscamp eine hohe Befriedigung des Sicherheitsbedürfnisses bedeuten.

Bei Menschen, die keiner solchen archaischen Bedrohung ausgesetzt sind, richtet sich das Sicherheitsbedürfnis auf die Sicherung des alltäglichen Lebens. Jetzt geht es nicht mehr nur um das pure Überleben, sondern um die Absicherung all dessen, was einem lieb und wichtig ist. Das Ziehen von Mauern und Zäunen, das Errichten von Grenzen, die Unterhaltung einer Armee und Polizei, das Benutzen von Absperrschlössern, das Installieren von Safes, das Abschließen von Versicherungen aller Art, der Arztbesuch zur Krebsvorsorge, die Impfung gegen eventuelle Krankheiten, das Anlegen des Sicherheitsgurts im Auto, die Installation eines Airbags – so unterschiedlich diese Handlungen sind, sie dienen alle der Befriedigung des Sicherheitsbedürfnisses und sind vom Sicherheitsmotiv gesteuert.

Bei diesen Beispielen ist der Bezug zur Lebenssicherung noch gut zu erkennen – auch wenn es dabei nicht nur um die körperliche Unversehrtheit geht, sondern auch um die Sicherung des eigenen Besitzes, der eigenen Gesundheit oder des eigenen Selbstwertes (hier zeigt sich die Vernetzung der verschiedenen Bedürfnisse und Motive).

Das Sicherheitsbedürfnis bezieht sich jedoch auch auf die Sicherung von abstrakteren Dimensionen der Gegenwart und Zukunft. Hier haben wir die Ebene der Beständigkeit und Tradition, der Ordnung, der Struktur, der Hierarchie und der Regeln, der Planung und der Berechenbarkeit – das sind die Parameter, die das gegenwärtige Leben und das vorgestellte Leben in der Zukunft sichern sollen und Chaos und Risiko (das allem Neuen und jeder Veränderung anhaftet) minimieren soll.

Tradition vermittelt die Sicherheit des Bekannten, des Vertrauten, des Gewohnten. Dass Gewohnheiten (von kleinen Verhaltensweisen bis zu kulturellen Gewohnheiten) so schwer zu verändern sind, liegt an ihrem hohen Befriedigungswert für das (oft unbewusste) Sicherheits-/Beständigkeitsbedürfnis.

Alle Gegebenheiten, die Sicherheit bieten, werden somit Sekundärbedürfnisse des Sicherheitsbedürfnisses: Beständigkeit, Grenzen, Tradition, Regeln, Routine, Ordnung, Berechenbarkeit, Planung, Kontrolle, Verlässlichkeit, Verschwiegenheit, Vertrauen. Außerdem dienen viele Sekundärbedürfnisse aus anderen Bedürfnisfeldern ebenfalls dem Sicherheitsbedürfnis. Das sind z. B. Normen und Gesetze (die aus dem Bedürfnisfeld Gerechtigkeit/Ideale stammen) oder die Zugehörigkeit zu einer schützenden Gruppe (Bindungs-/Gemeinschaftsfeld) oder Besitz und Wissen. Das heißt, Bedürfnisbefriedigungen aus anderen Motivfeldern dienen auch häufig zugleich der Befriedigung des Sicherheitsbedürfnisses.

Ordnung, Struktur, Hierarchie und Regeln schützen vor Chaos und Beliebigkeit, vermitteln Gewissheiten (wenn auch oft nur scheinbar), verhelfen zu dem Gefühl, »sich auf etwas verlassen zu können«, und schützen durch den festen Rahmen, den sie geben. Planung und Berechenbarkeit sollen uns vor unliebsamen Überraschungen und unwägsamen Risiken schützen und sollen uns die Sicherheit bringen, dass die jeweils geplante Zukunft so sein wird, wie wir uns das vorstellen und berechnen. So ist eine Verteidigungsarmee aufzustellen oder eine Feuerwehr vorzuhalten auf der gesellschaftlichen Ebene genauso sicherheitsmotiviert wie eine Unfall- oder Rentenversicherung abzuschließen auf der individuellen Ebene.

Das Sicherheitsbedürfnis ist jedoch auch in ganz alltäglichen Mikro-Situationen aktiv, auch wenn das meist nicht bewusst wahrgenommen wird. Wenn z. B. jemand sicher sein kann, dass er von seinem Gesprächspartner weder ironisch noch zynisch noch unhöflich oder rüde behandelt wird, dann wird in diesem persönlichen Kontakt in hohem Maße sein Sicherheitsbedürfnis befriedigt, auch wenn er sich dessen nicht bewusst ist. Umgekehrt wird das Sicherheitsbedürfnis (neben dem Selbstwertbedürfnis) sehr frustriert, wenn durch ironisches, hänselndes, unfreundliches oder rüdes Verhalten die psychischen Grenzen attackiert werden. Das Gehirn registriert dann einen Mangelzustand an Sicherheit und schüttet entsprechend Stresshormone aus, d. h. es kommt zu körperlichen Stressreaktionen – von Muskelverspannungen bis Bluthochdruck. Als psychische Reaktion kommt es dadurch zu einer Verminderung der Lernfähigkeit und der kreativen Energie. Das Sicherheitsbedürfnis ist also nicht nur aktiviert (und wirkt als steuerndes Motiv), wenn es um größere Bedrohungen oder Unsicherheiten geht, sondern auch in kleinsten Alltagssituationen.

Da die beständigen Dinge des Lebens einem bekannt und vertraut sind und man meist gelernt hat, mit ihnen umzugehen, vermitteln sie ein besonderes Gefühl von Sicherheit. Wenn eine Beständigkeit unfreiwillig verändert wird, d. h. wenn die Beständigkeit von Lebensorten, von Partnerschaften, von Arbeitsplatz oder eines Arbeitsablaufs verloren geht, ohne dass der Anstoß zur Veränderung von dem Betroffenen selbst kommt, dann wird dies als eine schwere Frustration des Sicherheits-/Beständigkeits-Bedürfnisses erlebt mit der Folge, dass gegen das Neue ein erheblicher innerer und/oder äußerer Widerstand entwickelt wird. Das ist eine emotionale Gegebenheit, die z. B. in Organisationen viel zu wenig beachtet wird, wenn Mitarbeiter bei ständigen Umstrukturierungen und (häufig genug unsinnigen) Veränderungen Neuem ausgesetzt sind. Jede Veränderung, die wir nicht selbst anstreben, sondern die uns aufgezwungen wird, ist eine Frustration des Beständigkeitsbedürfnisses.

Das Wahrnehmungsraster eines sicherheitsmotivierten Menschen fokussiert vor allem auf die Gefahrenpotenziale einer neuen Situation, und das entsprechende vorsichtige Handeln zielt deshalb auf Schadensverhinderung oder -begrenzung, die im Neuen liegen könnte. Auch bei Aufgeschlossenheit gegenüber Neuem wird Risiko genau abgewogen, und es herrschen eher die Sprüche: »Wer sich in Gefahr begibt, kommt darin um!« und »Vertrauen ist gut, Kontrolle ist besser!«

Eine gute Befriedigung der Sicherheitsbedürfnisse bewirkt Vertrauen und Souveränität im Umgang mit der Welt sowie eine Toleranz gegenüber Unsicherheiten und Fehlern und eine Aufgeschlossenheit gegenüber Veränderung und Neuem.

Auf mangelnde Sicherheit reagieren wir mit Angst. Auf der psychischen Ebene löst wahrgenommene Gefahr das Gefühl der Angst bzw. Furcht aus und hat entweder erhöhte Konzentration, angespannte Vorsicht und intensive Handlungsbereitschaft zur Folge oder aber Lähmung und Resignation (vielleicht ein Überbleibsel des Totstellreflexes als Überlebensstrategie).

Steht das Sicherheits-/Beständigkeitsbedürfnis im Vordergrund, dann werden Angebote, die Befriedigungen für das Neuheits-/Veränderungsbedürfnis wären, als aversiv und frustrierend erlebt. So erlebt z. B. ein Mensch, der die Sicherheit des festen Bodens braucht, das Geschenk einer Floßfahrt nicht als Befriedigung, sondern als Frustration seines Sicherheitsbedürfnisses.

Bei einer **Dominanz** des Sicherheitsbedürfnisses, d. h. wenn ein Mensch viel häufiger vom Sicherheitsbedürfnis motiviert ist als vom Neuheitsbedürfnis, dann wird so jemand in seiner Mentalität eher vorsichtig, genau, ordentlich, berechenbar, zuverlässig, beständig, beharrlich, traditionsbewusst und beschützend sein, Struktur- und Planungsfähigkeit besitzen, Entscheidungen genau überlegen und bei Neuem erst mal misstrauisch sein. Riemann[1] spricht in diesem Zusammenhang vom »typischen Trockenkursler des Lebens«. Ein überwertiges Sicherungsbedürfnis führt dazu, dass jemand sehr an Altem, Gewohntem und Bekanntem festhält und deshalb allem Neuen gegenüber sehr skeptisch ist und mit einem ausgeprägten Vor-Urteil an das Neue herangeht. Der Vorteil dabei ist, nicht in blindem Fortschrittsglauben auf alles mögliche Unausgegorene hereinzufallen, die große Gefahr jedoch ist, dem Neuen gegenüber nicht offen genug zu sein und damit die Entwicklung – auch die eigene – zu blockieren, zu hemmen oder sogar zu verhindern.

Ist das Sicherheitsbedürfnis aber chronisch übermächtig im Verhältnis zum Neuheitsbedürfnis, dann bedeutet das, dass das Sicherheitsmotiv fixiert im Vordergrund steht. Bei einer **Fixierung** werden aus den positiven Eigenschaften zerstörerische: Aus Vorsicht wird chronisches Misstrauen und Kontrollzwang, aus Beharrlichkeit und Beständigkeit wird Erstarrung, Blockade und Lähmung, aus Genauigkeit und Ordentlichkeit wird zwanghafte Pedanterie, aus Berechenbarkeit und Traditionsbewusstheit wird Sturheit, aus Struktur- und Planungsfähigkeit wird Reglementierungstyrannei.

Gefühle und Eigenschaften, die zeigen, dass das Sicherheitsmotiv fixiert im Spiel ist, sind z. B. chronische Angst, Unsicherheit, Ängstlichkeit, Skepsis, Perfektionismus, Pedanterie, Zwänge jeglicher Art (Kontrollzwang, Waschzwang usw.), Lähmung, Starrheit, Erstarrung, Veränderungsresistenz.

Als Gegenpol zu Sicherheit wird, vor allem in der Politik, häufig Freiheit genannt. Gerade in der Auseinandersetzung über die Notwendigkeit von Einschränkungen bürgerlicher Freiheiten wird die angeblich notwendige Wahl zwischen Sicherheit und Freiheit ins Feld geführt. Das ist eine falsche Gegensätzlichkeit. Sicherheit und Freiheit sind keine Gegensätze, sondern oft genug unterstützen sie einander (z. B. wenn Menschen aus Kriegsgebieten die Freiheit bekommen, sich in Sicherheit zu flüchten oder umgekehrt, wenn sichere Lebensumstände die Freiheit zur eigenen Lebensgestaltung geben).

Der Gegensatz zu Sicherheit/Beständigkeit ist nicht Freiheit, sondern Neuheit/Veränderung. Alles Neue und jede Veränderung stellt die Sicherheit und Beständigkeit des Alten in Frage. Dieser Gegensatz ist nun neuerdings durch neurophysiologische Studien bestätigt worden. Das Forscherteam des Center for Economics and Neuroscience (CENs) der Universität Bonn hat in Zusammenarbeit mit der Universität Zürich

1 Vgl. Riemann, F. (1985): Grundformen der Angst. München (Reinhardt), 107

erstmals die neurobiologischen Zusammenhänge zwischen individuellen Risikopräferenzen, Risikowahrnehmung und Gehirnregionen untersucht. Dabei zeigte sich, dass bei zur Sicherheit neigenden Menschen zwei bestimmte Hirnregionen stärker aktiviert werden als bei den risikofreudigen Testpersonen. Es handelt sich dabei um das *ventrale Striatum* und den *Inselcortex*. »Offenbar nehmen die Menschen, die über eine stärkere Aktivierung dieser Gehirnregionen verfügen, Risiken deutlicher wahr und belegen sie negativer als die Risikofreudigen«, fasst Sarah Rudorf die Ergebnisse zusammen.[2]

Im ***Geben-Modus*** drückt sich das Sicherheitsbedürfnis z. B. in unserem Beschützerinstinkt aus. Wenn wir jemanden vor Gefahr beschützen, ihm Sicherheit bieten, wenn wir verlässlich und vertrauenswürdig sind, wenn wir ehrlich und offen sind, dann befriedigen wir nicht nur das Sicherheitsbedürfnis der anderen im Nehmen sondern zugleich auch unser eigenes Sicherheitsbedürfnis im Geben. Verlässlichkeit, Ehrlichkeit, Vertrauenswürdigkeit, Glaubwürdigkeit, Pünktlichkeit, Ordentlichkeit sind Eigenschaften und Verhaltensweisen, mit denen das Sicherheitsbedürfnis befriedigt wird – sowohl unser eigenes als auch das unserer Mitmenschen.

Neuheit/Veränderung

Ohne Neuheitsmotiv säße die Menschheit noch in Höhlen und bestünde aus Jägern und Sammlern – es gäbe keinen Fortschritt in der Entwicklung von Lebensumständen, keine Entwicklung von Wissen und Erkenntnis.

Das Neuheitsmotiv will Grenzen überschreiten, es will die Grenzen des Alten überwinden und in neue Gefilde, welcher Art auch immer, vordringen – es ist die Antriebsfeder zum Erlernen neuer Fähigkeiten und Kompetenzen, zur Erkundung unserer Umwelt, zur Entwicklung von Kunst, Wissenschaft und Technik, zum Ausprobieren neuer Methoden und Techniken, zur Entdeckung neuer Länder und Kontinente. Unser Bedürfnis nach *Neuheit und Veränderung* drückt sich schon in unserer alltäglichen Neugier aus, wenn wir Neuigkeiten austauschen, die Zeitung lesen oder Nachrichten hören. Natürlich auch im Erforschen, Experimentieren und Erkunden, in der Reiselust, im Entdeckungs- und Eroberungsdrang, in Abenteuerlust und Risikobereitschaft, in Lese- und Lernhunger, in der Suche nach Überraschungen, Herausforderungen, Utopien, Visionen usw.

Die neuheitsmotivierte Wahrnehmung der Wirklichkeit ist geprägt von Interesse und Faszination; sie sucht nach Unbekanntem, nach Erregendem, will die Grenzen der bisherigen Welt erweitern. Die Welt wird wahrgenommen als potenzielles Spielfeld vieler Möglichkeiten und als unerschöpfliches Lern- und Experimentierfeld. Vor allem jene Wirklichkeitsteile werden wahrgenommen, die Neues versprechen, Grenzerweiterungen und -überschreitungen zulassen, die Gelegenheit bieten, Altes hinter sich zu lassen und

---

2 Die Ergebnisse sind im renommierten »Journal of Neuroscience« veröffentlicht. Informationsdienst Wissenschaft – Pressemitteilung, Rheinische Friedrich-Wilhelms-Universität Bonn, Johannes Seiler, 22.11.2012

neue Horizonte zu erkunden. So richtet sich der Wahrnehmungsfokus eines neuheitsmotivierten Menschen auf die Chancen einer neuen Situation, und das entsprechende Handeln zielt risikobereit auf das Bewerkstelligen der Veränderung. Hier gelten eher die Sprüche: »Wer nicht wagt, der nicht gewinnt!« und »no risk, no fun«.

Menschen mit einer **Dominanz** auf dem Neuheitspol fühlen sich schnell gelangweilt, mögen keine Routine. Wenn jemand in seinen Handlungen dominant durch das Neuheitsbedürfnis bestimmt ist und das Sicherheitsbedürfnis etwas im Hintergrund bleibt, dann entwickeln sich Eigenschaften wie z. B. Neugierde, Wissensbegierde, Experimentierfreudigkeit, Improvisationsfähigkeit, Kreativität, Risikobereitschaft, Flexibilität, Mobilität und Mut.

Steht das Neuheitsmotiv jedoch so fixiert im Vordergrund, dass das Sicherheitsbedürfnis ausgeblendet ist, dann verändern sich durch die **Fixierung** die positiven Eigenschaften in selbstzerstörerische oder für die Umwelt gefährliche: So wird dann aus Risikobereitschaft Verantwortungslosigkeit, für ein Experiment oder Abenteuer werden andere Menschen in Gefahr gebracht, aus Mut wird Tollkühnheit, Mobilität wird zur Rastlosigkeit, Veränderungsbereitschaft wird zur Orientierungslosigkeit, statt Flexibilität herrscht Oberflächlichkeit. Kreativität mündet im chaotisch Fragmentarischen, weil die Fähigkeit zur Beständigkeit, die notwendig ist, um etwas auch zum Abschluss zu bringen, unterentwickelt ist.

Unser Neuheitsbedürfnis im ***Geben-Modus*** drückt sich in allen Handlungen aus, in denen wir jemand anderem Neues bzw. eine Veränderung bieten, sein Neuheitsbedürfnis befriedigen, z. B. wenn wir Neuigkeiten erzählen, oder wenn wir jemanden etwas lehren, was ihm bisher unbekannt war. Wenn wir z. B. jemanden überraschen möchten –- also etwas Unerwartetes bieten wollen – befriedigen wir damit nicht nur das Bedürfnis des Anderen, sondern genauso unser eigenes Neuheitsbedürfnis im Geben.

Eine **Dominanz oder Fixierung des Neuheitsbedürfnisses im Geben-Modus** zeigen z. B. Menschen, die nichts für sich behalten können. Sie müssen jede Neuigkeit, die sie selbst erfahren haben, unbedingt weitergeben – selbst dann, wenn sie gebeten wurden, diese Neuigkeit für sich zu behalten. Meist ist dieses Motiv dann verbunden mit dem Anerkennungsbedürfnis (sich wichtig machen wollen mit der Neuigkeit) oder mit dem Bindungsbedürfnis (»Ich sage Dir das im Vertrauen«).

Bindung/Gemeinschaft

Als soziale Wesen müssen wir in Kontakt mit anderen Menschen sein, um unser Mensch-Sein verwirklichen zu können. In unserer Hilflosigkeit zu Beginn unseres Lebens benötigen wir dringend die Zugehörigkeit zu jemandem, der sich um uns kümmert, damit wir überhaupt überleben. Wir brauchen unsere soziale Gruppe, um eine Ich-Identität zu entwickeln, eine Sprache zu lernen und mit ihr die Interpretation der Welt zu bekommen und Verhaltensnormen zu lernen, mit denen wir uns in der Welt zurechtfinden. Ohne eine Zugehörigkeit bekämen wir keine Sozialisation oder kulturelle Identität. Auch wenn wir uns im Zuge einer späteren Individuation und Persönlichkeitsentwicklung mit dieser Sozialisierung und kulturellen Identifizierung kritisch auseinanderzusetzen haben – ohne eine Sozialisation sind wir verlorene Wesen wie ein Kaspar Hauser.

Mit der Befriedigung unserer Bindungsbedürfnisse entwickeln wir unseren Gemeinsinn, unsere Fähigkeit zu lieben und zur Fürsorge und unsere Anpassungsfähigkeit an menschliche Gemeinschaft.

Das Bindungs-/Gemeinschafts-Bedürfnis umfasst alle Nähe-, Zugehörigkeits-, Liebes- und Freundschaftsbedürfnisse. Man möchte sich einer Person oder Gruppe zugehörig empfinden, lieben und geliebt werden, freundschaftliche Beziehungen erleben, sich geborgen und aufgehoben fühlen und anderen Geborgenheit und Zugehörigkeit geben. Heimatverbundenheit und Patriotismus gehören in dieses Feld genauso wie Liebe, Freundschaft, Solidarität, Kollegialität und Kooperation. Institutionen, die Bindungsbedürfnisse befriedigen, gelten als besonders wertvoll und schützenswert, wie z. B. Ehe, Kirche, Gewerkschaft, Vereine usw.

Jegliches Empfinden und Handeln, bei dem uns andere Menschen wichtig sind oder das »die Meinung der anderen« in irgendeiner Form berücksichtigt oder bei dem wir eigene Wünsche hinter die Bedürfnisse von anderen Menschen zurückstellen, ist vom Bindungs-/Gemeinschafts-Bedürfnis motiviert. Gelebten Ausdruck findet dieses Motiv in der Entwicklung von Anpassungsfähigkeit an die jeweilige Umwelt, Gefühlen der Verbundenheit und sozialem Handeln. Gemeinschaftssinn und Übernahme von Verantwortung für die Gemeinschaft gehören ebenso dazu wie das Vermitteln und Erleben von emotionaler Geborgenheit.

Aus der Befriedigung der Bindungsbedürfnisse entwickeln sich Gefühle von Geborgenheit und Aufgehoben-Sein, Gefühle der Stärke und Wichtigkeit und die Gewissheit, ein Teil der Gemeinschaft zu sein. Das wiederum trägt zu Selbstvertrauen und Selbstachtung bei und befriedigt damit gleichzeitig unser Bedürfnis nach Selbstwert und Anerkennung.

Bei guter Befriedigung entwickeln sich soziale Eigenschaften wie Fürsorglichkeit, Kooperationsbereitschaft, Anpassungsfähigkeit, Verzichtsbereitschaft, Friedfertigkeit, Harmoniefähigkeit.

Bei Menschen, bei denen das Bindungsbedürfnis **dominant** ist, sind diese Eigenschaften sehr ausgeprägt, und sie fühlen sich bei Streit schnell bedroht von Zurückweisung oder Verlassen-Werden, entwickeln schnell Verlustängste und fürchten sich vor dem Alleingelassen-Werden. Das führt dazu, dass sie die ihnen nahestehenden Menschen eher idealisieren und deren dunkle Seiten übersehen. Ihr starkes Harmoniebedürfnis führt dazu, dass sie ihre eigenen Bedürfnisse oft zu leicht und zu schnell den Bedürfnissen ihrer Umwelt unterordnen.

Bei einer starken Dominanz auf dem Bindungspol werden Angebote, die das individuelle Freiheitsbedürfnis befriedigen würden, als Überforderung, Lieblosigkeit und Ausgrenzung erlebt. Toleranz gegenüber Fremdem und Andersartigem wird leicht als Verrat an der eigenen Bezugsgruppe empfunden.

Eine **Fixierung** auf den *Bindungs-/Gemeinschaftspol* ohne genügende Integration des *Individualitäts-/Freiheitspols* führt zu einer Konformität und Überanpassung, zu einer »fremdgesteuerten« Existenz, bei der man nur darauf bedacht ist, alles richtig zu machen, und die Meinung der anderen Leute lebensbestimmend ist. Man gestattet sich keine abweichenden Meinungen von der »Allgemeinmeinung« und ist bemüht, die eigenen Bedürfnisse denen der Umgebung gleichzuschalten und im Zweifelsfalle unterzuordnen. Eigenschaften wie Konfliktunfähigkeit, Konformität, Altruismus bis zur Selbstaufgabe, übergroße Angst vor Liebesverlust und Unterdrückung der eigenen Meinungen und Bedürfnisse entstehen durch diese Fixierung.

In Verbindung mit einem fixierten Hingabemotiv (= Selbstunterwerfung) entstehen Depressionen. In der Verbindung mit einem fixierten Machtmotiv (= Gewalt) wird die Abhängigkeit anderer erzwungen. Diese Gewalt kann sich in Form psychischer Manipulation ausdrücken, z. B. in Aussagen und Verwirklichungen von: »wenn Du jetzt gehst, werde ich krank« oder in physischer Gewalt, wenn z. B. ein fundamentalistisch-patriarchalischer Familienvater die individuellen Bestrebungen seiner Tochter mit Schlägen, Einsperren oder Zwangsverheiratung unterbindet.

Das fixierte Bindungsbedürfnis führt zu Intoleranz und zu Forderungen (bei sich selbst und an andere) nach Konformität, nach Unterordnung aller individuellen Bedürfnisse unter die Bedürfnisse der Gemeinschaft. Geborgenheit und Zughörigkeit verwandeln sich in Gefangenschaft.

In seiner extremen Form führt das fixierte Bindungsmotiv in Verbindung mit einem fixierten Machtmotiv zu dem Bestreben, andere völlig von sich, der eigenen Gruppe oder Ideologie abhängig zu machen. Die extreme Form einer Bindungsfixierung im Geben-Modus bedeutet Hörigkeit. Bei Hörigkeit ist die Fähigkeit des selbstständigen Fühlens und Denkens lahmgelegt, und die Bedürfnisse des anderen werden als eigene Bedürfnisse erlebt.

Im ***Geben-Modus*** zeigt sich das *Bindungs-/Gemeinschafts*-Bedürfnis in unserem Begehren, zu lieben, jemandem Geborgenheit zu geben, Nähe zuzulassen, Bindungen einzugehen sowie in freundschaftlichem, kollegialem und kooperativem Verhalten. Gerade in der Liebe empfinden wir es am deutlichsten, dass wir nicht nur Liebe bekommen wollen, sondern auch selbst lieben wollen – ein Nehmen ohne ein Geben wird nicht als befriedigende Beziehung erlebt. Fürsorglichkeit, Treue, Loyalität, Solidarität, Geselligkeit sind Beispiele für Eigenschaften, die sich entwickeln, wenn sich das Bindungs-Bedürfnis stark im Geben-Modus ausdrückt.

Michael Tomasello hat in seiner Primaten- und Säuglings-Forschung nachgewiesen, dass uns Menschen Kooperation angeboren ist und wir im Vergleich zu unseren nächsten Verwandten, den Primaten, maßlos kooperativ sind. Schon Kleinkinder wollen helfen und zeigen Freude an der Kommunikation. Er hat herausgefunden, dass wir im Gegensatz zu den Primaten nicht nur sprechen, weil wir wie die Primaten etwas fordern, sondern aus einer »Wir-Intentionalität« heraus Erkenntnisse teilen wollen. Der Kern seiner Theorie des kommunikativen Handelns besagt, dass Kommunikation notwendig konsensorientiert ist und bezogen auf eine gemeinsam geteilte Lebenswelt.

So hat auch der Säuglings- und Kleinkindforscher Colwyn Trevarthen festgestellt, dass schon Kleinkinder im ersten Lebensjahr starke Gefühle von sozialer Bezogenheit zeigen: »Wann ist das, was ein Säugling tut, eine Aussage über Dinge oder sich selbst, die sich mit seinem sozialen Wesen, seiner grundsätzlichen Bezogenheit auf Menschen, erklären läßt? [...] Vielleicht geht unsere Psychologie von falschen Annahmen darüber aus, wie ein vorsprachlicher menschlicher Geist funktioniert, indem sie seine schöpferische und soziable, auf das Gegenüber gerichtete Seite übersieht. Vielleicht sind die Impulse eines Säuglings, sich zu bewegen [...] tatsächlich von der Evolution erdacht worden als Ausdruck der Suche nach psychologischer Gesellschaft – um mit den plan- und emotional ausdrucksvollen Handlungen anderer und den ihnen zugrunde liegenden Motiven zu interagieren.«[3] Es gibt viele Hinweise darauf, dass ein Kind schon in seinem ersten Lebensjahr anfängt, aktiv seine Rolle in einer Welt von Menschen gemachter Bedeutungen zu entdecken und starke Gefühle sozialer Bezogenheit zu entwickeln.

Mit den ersten Interaktionserfahrungen eines Säuglings und Kleinkinds formieren sich die Nervenzellen-Netzwerke, mit denen das Kind allmählich eine Ich-Identität und damit ein »Selbst« bildet, das sich durch ein autobiografisches Gedächtnis konfiguriert. Trevarthen ist aufgrund seiner Forschungen überzeugt, dass der Beginn des autobiographischen Gedächtnisses nicht von Sprache abhängt: Ein kindliches Trio von unter Einjährigen zeigt – wenn es für sich ist – bereits subtile Fertigkeiten des Aushandelns und stellt eine komplexe soziale Situation her, indem Spiele erfunden oder fortgesetzt, akzeptiert oder abgelehnt werden. »Der Umstand, dass sich Kinder, die noch kein Jahr alt sind, so schnell – und zwar ohne die Intervention von Erwachsenen – einfinden können in eine erkennbare Gruppendynamik von Vorlieben und Abneigungen, Anforderungen und Ausgleich, Empathie und Eifersucht, beweist, dass Menschen schon in frühen Lebensmonaten unwiderruflich in intermentale Welten von großer Komplexität eintreten.«[4]

In der Verbindung mit anderen Grundbedürfnissen entstehen jeweils bestimmte Gefühle. Wenn sich das Bindungsbedürfnis z. B. mit dem Besitzbedürfnis verbindet, dann entsteht leicht Eifersucht. In Verbindung mit dem Sexualbedürfnis entstehen erotische bzw. romantische Liebesgefühle.

Was die romantische Liebesheirat angeht, so wird häufig die Meinung vertreten, sie sei ein Phänomen der Neuzeit und erst in der europäischen Romantik um 1800 ein Ideal des städtischen Bürgertums geworden, und nie zuvor in der Geschichte habe es die Versuche gegeben, leidenschaftliche Gefühle mit einer rechtlichen Institution zu verbinden.

Gegen eine solche Interpretation sprechen Geschichten aus der ältesten Weltliteratur. Ein Beispiel dafür, dass schon vor dreitausend Jahren die romantische Liebe zusammen mit der Institution Ehe thematisiert wurde, ist die Geschichte von Jakob und Rachel aus dem Alten Testament. Jakob floh vor der Rache seines Bruders Esau (den er betrogen

---

3 Trevarthen, C. (2006): Wer schreibt die Autobiographie eines Kindes? In: H. J. Markowitsch / H. Welzer: Warum Menschen sich erinnern können. Stuttgart (Klett-Cotta), 228

4 Bradly (2005), zit. nach C. Trevarthen, 240

hatte) in das Land der Söhne des Ostens zu seinem Onkel Laban. »Laban hatte zwei Töchter, die ältere hieß Lea, die jüngere Rachel. Leas Augen waren matt; Rachel dagegen war schön von Gestalt und eine hübsche Erscheinung. Jakob liebte die Rachel und sprach (zu Laban): ›Ich will dir um deine jüngere Tochter Rachel sieben Jahre dienen.‹ Laban antwortete: ›Besser ist es, sie dir zu geben als einem fremden Manne; also bleibe bei mir!‹ So diente denn Jakob um Rachel sieben Jahre; sie kamen ihm bei der Liebe, die er für sie empfand, wie wenige Tage vor. Danach sprach Jakob zu Laban: ›Nun gib mir meine Frau; denn meine Tage sind um und ich will sie heiraten.‹«[5]

Doch Laban betrog nun Jakob und schob ihm in der Hochzeitsnacht unerkannt seine ältere Tochter Lea unter. Jakob schlief mit Lea und erkannte erst am Morgen den Betrug. »Er sagte zu Laban: ›Was hast du mir angetan? Habe ich bei dir nicht um Rachel gedient? Warum hast du mich betrogen?‹«[6] Laban verteidigt sich nun mit dem Argument, dass es nicht üblich sei, die jüngere Tochter vor der älteren zu verheiraten. Er verlangte von Jakob, die Brautwoche mit Lea zu Ende zu führen, dann bekäme er auch Rachel zur Frau, müsse ihm aber dafür weitere sieben Jahre dienen. Jakob erklärte sich einverstanden. »Jakob verkehrte auch mit Rachel, er hatte ja auch die Rachel lieber als die Lea. Er diente Laban noch weitere sieben Jahre.«[7]

Die Geschichte von Jakob und Rachel offenbart nicht nur das uralte Phänomen der romantischen Liebe, sie beschreibt auch die Kränkung und Eifersucht der Lea, die mit der Geburt von vielen Söhnen versucht, die Liebe von Jakob zu erringen.

Auf diesbezügliche Erkenntnisse aus der Hirnforschung geht z. B. Helen Fisher, Anthropologin an der Rutgers University ein: »Es gibt mehrere Arten der Liebe, die meiner Meinung nach im Prinzip alle eine Kombination aus Sexualtrieb, romantischer Liebe und Bindung sind. Die Wissenschaft kennt mittlerweile einige der dazugehörigen Schaltkreise im Gehirn. Meine Kollegen und ich haben Gehirnregionen gefunden, die mit romantischer Liebe in Verbindung gebracht werden können.«[8]

Nicht nur Schaltkreise für romantische Liebe sind entdeckt worden. Man hat auch festgestellt, dass die orbitofrontalen Areale des Gehirns für die Einbindung des Individuums in soziale Gefüge verantwortlich sind. Wenn es beispielsweise zu Verletzungen und Zerstörungen dieser Areale kommt, dann verändert sich die Persönlichkeit und der Mensch verliert grundsätzlich seine Fähigkeit zur Sozialität; für ihn gibt es keine moralischen Prinzipien der Gegenseitigkeit mehr, er kennt keine zwischenmenschlichen Regeln mehr, er wird »asozial«. Erstmals hat man diese Erkenntnis schon im vorletzten Jahrhundert während des amerikanischen Eisenbahnbaus gewonnen durch den berühmten Fall des Eisenbahnarbeiters Phineas Gage. Ihm hatte beim Gleisbau eine Eisenstange seinen Schädel durchbohrt und seinen orbitofrontalen präfrontalen Cortex zerstört. Während Gage in Motorik, Wahrnehmung, Intelligenz, Gedächtnis und Sprachfähigkeit nach dem Unfall völlig unbeeinträchtigt war, hatte er die Fähigkeit verloren, sich nach den sozialen Regeln zu richten, die er einst gelernt hatte. Aus dem

---

5 Erstes Buch Moses, 29, 16–20

6 ebd. 29, 25

7 ebd. 29, 30

8 Fisher, H., zitiert von E. v. Hirschhausen in: *ZEIT WISSEN* 1/2010, »Kann man Liebe beweisen«?

hilfsbereiten, besonnenen und freundlichen Mann war ein kindischer, streitsüchtiger und unberechenbarer Querulant geworden.[9]

Das heißt, mit der Zerstörung bestimmter Nervenverbindungen im Frontalhirn wird auch das menschliche Potenzial zur Bindungsfähigkeit und das menschliche Potenzial zu ethischem Empfinden und Handeln zerstört, die Grundlagen für ein Leben in Gemeinschaft sind. Seit dem Gage-Unfall sind mehr als hundert Jahre vergangen, und die weiteren Erforschungen von Verletzungen und Zerstörungen dieser Gehirnareale[10] zeigen deutlich, dass ihre Verschaltungen zuständig sind für die psychischen Potenziale sowohl des Gemeinschaftssinns als auch des Gerechtigkeitssinns.

Individualität/Freiheit

Der Gegenpol zum Bedürfnisfeld *Bindung/Gemeinschaft* ist unser Bedürfnis nach *Individualität und Freiheit.*

Das universale Bedürfnis nach Individualität und Freiheit ist nicht zu verwechseln mit dem Individualismus unserer abendländischen Neuzeit. Es geht bei diesem Bedürfnis um das Herausbilden eines Ich-Bewusstseins, mit dem eine Wahrnehmung eigener Bedürfnisse, eigener Gefühle und eines eigenen Willens einhergeht. »Das Bewusstsein, Subjekt, also »ich« zu sein, entwickelt sich in der Abgrenzung zum Anderen, zum Außen. Die Lust nach Freiheit vom Anderen ist Bestandteil der Ich-Werdung. Der Wunsch, frei zu sein, ist der Wunsch, ganz ich sein zu können.«[11]

Seinen ersten Ausdruck findet dieses Bedürfnis schon in den frühesten Essensverweigerungen (z. B. Zusammenkneifen des Mundes oder Wegdrehen des Kopfes bei ungeliebter Speise) oder Kontaktverweigerungen des Säuglings (wenn er z. B. auf den Arm einer fremden Person genommen wird und sich dagegen mit Händen und Füßen und Schreien wehrt). Das Kleinkind möchte sich weder Essen aufzwingen lassen noch Schlafenszeiten. Die erste Etappe in der Entwicklung dieses Potenzials zeigt sich im dritten Lebensjahr, wenn ein Kind »ich« sagen kann und mit Gehorsamsverweigerungen und Auflehnungen seinen »Ich-Willen« gegen die Umwelt stellt. Dieses sogenannte Trotzalter ist die Phase, in der wir in unserer Persönlichkeitsentwicklung erstmalig mit viel Energie versuchen, unsere individuelle Freiheit zu erkämpfen. Die Pubertät ist dann die nächste Phase, in der das Individualitäts- und Freiheitsmotiv besonders stark in den Vordergrund rückt und die Jugendlichen ihre eigene Individualität nun verstärkt leben und erleben wollen, indem sie versuchen, sich von den Lebensvorstellungen der Erwachsenen abzugrenzen.

Dass das Bedürfnis nach Individualität – im Sinne eines eigenständigen Ich – keineswegs ein Phänomen der Neuzeit ist, zeigen wiederum die ältesten Schriftzeugnisse der

---

9 vgl. Damásio, A. (1994): Descartes Irrtum – Fühlen, Denken und das menschliche Gehirn. München (List)

10 vgl. Ledoux, J. (2001): Das Netz der Gefühle. München (dtv); Kandel, E. (2007): Auf der Suche nach dem Gedächtnis. München (Pantheon)

11 W.-D. Hasenclever in: N. Szyperski (Hrsg.) (2014): Freiheit im Individuum und in der Gesellschaft – was lässt uns wann wie handeln? Memorandum der 47. Sylter Runde

Menschheit. Schon im Gilgamesch-Epos, dessen älteste Fragmente mehr als viertausend Jahre alt sind, wird das Bedürfnis nach Individualität explizit beschrieben, wie ich im Kapitel *Ein Blick Jahrtausende zurück* aufzeige. Auch das *Altägyptische Totenbuch* zeigt, dass die Ägypter schon vor fünftausend Jahren von einem individuellen Ich ausgingen, das sich nach dem Tod mit seinen irdischen Taten auseinandersetzen muss, um in die Unterwelt eintreten und wieder hinaustreten zu können. So beginnt z. B. ein Spruch aus einem fünftausend Jahre alten Pyramidentext: »Ich grüße dich, Herrscher des Jenseits, Osiris … sieh, ich gelange zu dir! Treu war immer mein Herz den Wegen des Guten; Nie innegewohnt das Böse meinen Gedanken! In meiner Brust keine Sünde! Nie hab ich gelogen, noch mit doppelter Zunge andere Menschen irregeführt.«[12] Die von Richard Lepsius 1842 zum »Totenbuch« zusammengefassten Pyramiden- und Papyrus-Texte sind nach Meinung des Altägyptologen Kolpaktchi eine Folge von psychologischen Momentaufnahmen von einem oft ergreifenden Realismus: »Auf eine überschwängliche Behauptung seines unsterblichen, göttlichen Ich folgt eine Kundgebung äußerster Furcht, kriechender Unterwürfigkeit. Neben sehr prosaischen Sorgen (Besitz der irdischen Güter, Jagd nach Vergnügen usw.) findet man oft einen großartigen Aufschwung zum Ewigen und Absoluten.«[13] Die Texte zeugen nicht nur von sehr moralischen Vorstellungen und der klaren Vorstellung eines Individuums, das für seine Taten verantwortlich einzustehen hat, sondern auch von dem tiefen Bedürfnis nach individueller Freiheit – einer Freiheit, die der Ägypter der Frühzeit vor allem auch mit der Erlangung von magischer Macht im Jenseits verwirklichen wollte.

Verantwortlich für die eigenen Taten einzustehen geht nur, wenn auch die Freiheit gegeben ist, eine Tat bewusst zu begehen oder zu unterlassen. Das Freiheitsmotiv zeigt sich in jeglichem Handeln, das Bevormunden, Einschränkungen oder Zensierungen bekämpft, sich Gehorsam widersetzt bzw. mit dem wir uns dagegen wehren, dass jemand anderes über uns bestimmt; es zeigt sich in jeglichem Handeln, mit dem wir Unabhängigkeit zu erreichen versuchen und mit dem wir unsere eigene Individualität bestätigen wollen – sowohl vor uns selbst als auch gegenüber den anderen. Es ist gekennzeichnet durch unser Streben nach Unabhängigkeit, Selbstbestimmung, Autonomie, Selbstverantwortung.

Im ***Geben-Status*** zeigt sich das Motiv in Toleranz, im Respekt vor Andersartigem und Fremden, indem wir anderen ihre Freiheit geben oder lassen und ihre Individualität akzeptieren. Wenn wir dem anderen die Freiheit zugestehen, anders zu denken, zu wollen, zu fühlen, zu handeln als wir selbst, dann befriedigen wir nicht nur dessen Freiheitsbedürfnis im Nehmen, sondern auch unser eigenes Freiheitsbedürfnis im Geben.

Abgesehen von der kleinen persönlichen Mikrosituation, in der wir durch Toleranz oder Unterstützung jemand anderem Freiheit geben können, zeigt ein Blick in die Geschichte, dass es zu allen Zeiten Freiheitskämpfer gegeben hat, die für die Freiheit anderer gekämpft haben. Jemandem Freiheit zu geben hat also viele Gesichter – von

---

12 Das Ägyptische Totenbuch. Übersetzt und kommentiert von G. Kolpaktchi (1954/2006). Frankfurt a. M. (Fischer), 77

13 ebd., 13

kleinen Handlungen in persönlichen und beruflichen Beziehungen bis zu großen Taten im gesellschaftlichen und politischen Bereich.

Die Weltgeschichte ist voll von individuellen und kollektiven Freiheitskämpfen. Von Verus, dem berühmten Gladiator Roms, ist überliefert, wie er sich seine individuelle Freiheit erkämpfte. Verus wurde als Kriegsgefangener versklavt und zur Zwangsarbeit in einen Steinbruch gebracht. Die Besitzer von Gladiatorenschulen holten sich regelmäßig aus den Steinbrüchen die Stärksten, um sie als Gladiatoren auszubilden und in der Arena gegeneinander kämpfen zu lassen. Als Gladiator kämpfen zu dürfen, barg die einzige Chance, der Versklavung eventuell zu entkommen, da man sich im Kampf beweisen und damit die Freiheit erringen konnte. Gladiatoren hatten großes Ansehen, wurden von den Frauen bewundert und umworben und galten als Vertreter der römischen Tugenden (Tapferkeit, Ehre und Todesverachtung) schlechthin. Verus brachte es zustande, als Gladiator ausgewählt zu werden. Nach erfolgreichen Gladiatorjahren war sein Kampf gegen seinen Freund Priscus anlässlich der Eröffnung des Collosseums 80 n. Chr. das Hauptereignis. Sowohl Verus als auch Priscus kämpften so grandios, dass sie beide als Sieger aus dem Kampf hervorgingen und von Kaiser Titus beide das goldene Schwert als Symbol für ihre persönliche Freiheit bekamen.

Das Alte Testament beschreibt den kollektiven Freiheitskampf des Volkes Israel aus der ägyptischen Sklavenschaft. Für Europa ist die Französische Revolution das Paradebeispiel für den kollektiven Kampf um Freiheit. Historisch gesehen geht unser westlicher Freiheitsbegriff wohl auf die Unterscheidung zwischen Freien und Sklaven zurück. Im Ideal des europäischen Humanismus wurde der Freiheitsbegriff dann verfeinert: Die Entwicklung der einzelnen Persönlichkeit ist Ziel und Sinn des Lebens, das Individuum soll in eigener Entscheidung und selbstverantwortlich seinen Charakter entwickeln und durch Erkenntnis wachsen. Die Idee, dass das höchste Ziel der Kultur die Entwicklung der menschlichen Persönlichkeit sei, stand im Zentrum des klassischen europäischen Humanismus.

Wenn wir von Freiheit sprechen, müssen wir sehr genau unterscheiden zwischen offensichtlicher und körperlicher Freiheit, d. h. Freiheit von Sklaverei, Leibeigenschaft, Gefangenschaft – und innerer Freiheit, d. h. Freiheit im Sinne von Individualität, die sich unabhängig von Zwängen entwickelt, lebt und ausdrückt. Die individuelle Unfreiheit zeigt sich nicht nur in körperlicher Gefangenschaft, sondern vor allem auch in seelischer, psychischer und sozialer Abhängigkeit.

Dabei müssen wir natürlich berücksichtigen, dass der gesamte Sozialisationsprozess und Erziehungsprozess eine Indoktrination mit Werten, Geboten und Verboten, gesellschaftlichen Notwendigkeiten, Unterdrückungen und Erwünschtheiten darstellt, der die Entwicklung der Individualität, d. h. der inneren individuellen Freiheit zur großen Herausforderung in der Persönlichkeitsentwicklung macht. Kuby drückt das so aus: »Wir liegen unter einer kollektiven Decke kultureller, gesellschaftlicher, familiärer Prägungen und wer immer sich darunter aus der Norm erhebt, muss die ganze Decke mit hochstemmen.«[14]

---

14 Kuby, C. (2004): Unterwegs in die nächste Dimension: Meine Reise zu Heilern und Schamanen. München (Kösel)

Auch wenn die alten Autoritäten aus der Feudalzeit nicht mehr greifen, d.h. die Gesellschaft nicht mehr in »Freie« und »Leibeigene« eingeteilt wird, so unterliegen wir doch so weit bewussten und unbewussten Autoritäten, dass innere Freiheit nur durch einen gewaltigen Entwicklungsprozess entfaltet werden kann. Allein schon die Allgegenwärtigkeit der medialen Suggestionen lässt das Bemühen um individuelle Freiheit und Individualität zu einem heroischen Kampf gegen den Drachen der Beeinflussung werden.

Der Chefpublizist des Ringier-Verlags Frank Meyer drückte das in einer Festrede zur Vergabe eines Preises für Kritischen Journalismus so aus: »Die Medien haben Zeit und Raum vereinnahmt. Wir Journalisten haben Zeit und Raum vereinnahmt. Die Medien sind vollständig globalisiert. Wir Journalisten sind vollständig globalisiert. Niemand ist so vollständig globalisiert wie wir – auch nicht die Wirtschaft, auch nicht die Manager. Unserem Zugriff entgeht keiner. Wir, die wir einst mit unserem Beruf für die Freiheit der Menschen standen, überziehen die Menschen jetzt mit unserem Netz. Von uns frei zu sein, ist unmöglich geworden.«[15]

Ähnliches hat schon vor siebzig Jahren Erich Fromm formuliert: »In der Geschichte der Neuzeit wurde die Autorität der Kirche ersetzt durch die des Staates, die des Staates durch die des Gewissens, und letztere fand dann in unserer Ära Ersatz durch die namenlose Autorität der öffentlichen Meinung und des ›common sense‹, des ›gesunden Menschenverstandes‹, diesen Instrumenten gleichförmiger Anpassung.«[16]

Die Medien und die sozialen Netzwerke des Internets haben inzwischen weitläufig die Rolle von Kirche, Staat und Gewissen übernommen. Schirrmacher[17] beschreibt in seinem Buch *Ego* eindringlich, wie die heutige Manipulation der Ökonomie so raffiniert das Motivsystem der Psyche infiltriert, dass sich der Einzelne kaum dagegen zur Wehr setzt, weil er das Gefühl hat, diese Manipulation entspräche seinen Bedürfnissen.

In einer Welt, in der menschliche Beziehungen immer mehr ökonomisiert und instrumentalisiert werden und das Individuum immer mehr zu einer »Humanressource« wird, einem kleinen Rädchen in einer unüberschaubaren und gnadenlosen Maschinerie, sind die Bedingungen zur Entwicklung einer freien Individualität genauso schwierig wie sie zu allen Zeiten waren. Das heißt, die Indoktrination hat sich lediglich verlagert, und für den einzelnen Menschen ist es immer noch so schwer wie eh und je, zu unterscheiden, was er selbst wirklich denkt, fühlt und will und was ihm suggeriert wird, das er denken, fühlen und wollen soll.

Je weniger der Einzelne innerlich frei ist und seine Individualität ausbildet, umso mehr passt er sich unbewusst fremden Meinungsmachern und Ideologien an und ordnet sich der Masse unter.

Die menschliche Freiheit und die Entfaltung der freien Individualität gehören zu den zentralen Themen westlichen Denkens und westlicher Kultur, angefangen bei den Philosophen der athenischen Demokratie. Die sokratischen Dialoge sind Appelle an eige-

---

15 Meyer, F. (2006): Festrede zur Preisverleihung für kritischen Journalismus. Berlin (Otto-Brenner-Stiftung)

16 Fromm, E. (1970): Die Furcht vor der Freiheit. Frankfurt a.M. (EVA)

17 Schirrmacher, F. (2013): Ego: Das Spiel des Lebens. München (Blessing)

nes Denken und an das Herausbilden eigener Überzeugungen. Für Sokrates erwachen Individualität und Selbstbewusstsein durch das eigene Denken. Mit seinen Dialogen führt er den einzelnen Menschen zur Selbsterfahrung als individuell denkende Person, zur Selbsterfahrung als Individuum.

Es wäre jedoch falsch anzunehmen, die persönliche Freiheit und die Individualität seien in den großen Kulturen des Ostens kein positiver Wert. Schon hundert Jahre vor Sokrates ist sowohl bei Laotse als auch bei Konfuzius die individuelle Persönlichkeitsentwicklung ein zentrales Thema, wenngleich andere Empfehlungen zur Entwicklung dieser Individualität gegeben werden. So heißt es bei Laotse: »Einfachheit im Verhalten, in den Ansichten und Lebensbedingungen bringt ein Individuum in sehr nahe Berührung mit der Wahrheit des Wirklichen. Individuen, die Einfachheit praktizieren, kann man nicht benutzen, da sie schon haben, was sie benötigen. Hingezogensein zur Einfachheit ist im wesentlichen Hingezogensein zur Freiheit – dem höchsten Ausdruck persönlicher Kraft.«[18] Während Laotse jedoch die individuelle Freiheit in der Weltflucht und im Nicht-Handeln sah, liegt der konfuzianischen Ethik die Entwicklung der individuellen Persönlichkeit zugrunde, die sich vor allem durch die Ausbildung eines gütigen und gemeinwohlorientierten Charakters – des Edlen – auszeichnet und in persönliche Autorität mündet.[19]

Führt also für Sokrates das eigenständige Denken zur Individualität, so ist es für Laotse die Einfachheit und für Konfuzius die Entwicklung von Güte und Rechtschaffenheit. Ich bin der Überzeugung, dass es allen dreien Anstrengungen und Entwicklungen bedarf, um das Bedürfnis nach individueller Freiheit befriedigen und das innewohnende Potenzial des freien Willens verwirklichen zu können: unabhängiges Denken, das richtige Maß an Bedürfnisbefriedigung (keine Fixierungen) sowie Mitgefühl und persönliche Autorität.

Ist das Freiheits- und Individualitätsmotiv bei einem Menschen **dominant**, dann wird sich sein Streben vor allem darauf richten, nicht auf andere angewiesen zu sein und niemandem verpflichtet zu sein. Seine Interessen und Ziele werden vor allem dadurch bestimmt sein, Unabhängigkeit zu erreichen. Innerhalb seiner Zugehörigkeiten ist ihm sehr wichtig, seine persönlichen Eigenheiten zu bewahren, sich individuell zu erleben und sich als Individuum selbstbestimmt zu fühlen und für sich selbst zu entscheiden. Das führt dazu, dass er sich schnell vereinnahmt fühlt, leicht in Distanz geht, zuviel Nähe vermeidet und auf seine Individualität pocht, indem er sich Gruppendruck widersetzt. Ein individualitäts-dominanter Mensch lässt sich weniger durch Traditionen, Dogmen und Ideologien irgendwelcher Art beengen, und ist bestrebt, nichts zu übernehmen, bevor er nicht geprüft und überdacht hat, ob es zu ihm passt. Von anderen wird er deshalb häufig als unbequem empfunden.

Kommt es zu einer **Fixierung** auf diesem Pol, indem die Gemeinschafts- und Bindungsbedürfnisse ausgeblendet werden, dann wandeln sich die positiven Eigenschaften in

---

18 Laotse (2010): Tao te King. Hamburg (Nikol)

19 vgl. die Lehren des Konfuzius

negative, dann entsteht eine Unfähigkeit, sich anzupassen, eine Teamunfähigkeit, Selbstsüchtigkeit, Egozentrik und Rücksichtslosigkeit. Das Eigenwohl wird dann generell über das Gemeinwohl gestellt. Die Illusion der eigenen Autarkie führt zu einer Ausblendung der eigenen Verwobenheit und Abhängigkeit von der Gemeinschaft und damit zu einer rücksichtslosen Ausbeutung der Leistung anderer. (Ein kollektives Beispiel für diese ausbeuterische Fixierung ist unsere derzeitige globale Finanzwirtschaft, auf die ich im Kapitel *Die universale Dimension des Motivrads* näher eingehe.)

In Verbindung mit dem fixierten Machtmotiv nimmt man sich bei dieser Fixierung die Freiheit zu einer rücksichtslosen Durchsetzung der eigenen individuellen Interessen auf Kosten einzelner Anderer oder der Allgemeinheit. Ist dagegen bei dieser Fixierung die eigene Durchsetzungsfähigkeit gering, dann hat diese Person häufig Autoritätsprobleme oder ist ein notorischer Querulant, der seine Unabhängigkeit dadurch beweisen will, dass er immer »dagegen« ist, ohne eigene Optionen zu verfolgen.

So selbstverständlich und grundsätzlich also das Freiheitsmotiv ist, so kann es doch nur in der Einheit mit seinem Gegenpol *»Bindung/ Gemeinschaft«* menschenwürdig und verantwortungsvoll gelebt werden. Ohne die Integration des Bindungsmotivs entartet individuelle Freiheit zu menschenverachtender Egozentrik und mündet in gemeinschaftszerstörerische und auch selbstzerstörerische Isolation.

Es liegt auch an der einseitigen Erhöhung des Freiheits-Wertes und der damit einhergehenden Vernachlässigung der Bindungs-/Gemeinschafts-Werte, dass sich in der westlichen Kultur zunehmend Beziehungslosigkeit, Zynismus und Vereinsamung feststellen lassen. In Verbindung mit der Fixierung auf den Besitzpol und der damit verbundenen Habgier ist das eine wahrlich explosive Mischung für unsere Gesellschaft.

Selbstwert/Anerkennung

Wie schon der Begriff »Selbstwert« anzeigt, geht es um den Wert des Selbst an sich, d. h. den Wert des Menschen, unbesehen dessen, was er hat und was er kann. Dieses Bedürfnis äußert sich in unserer Sehnsucht, im eigenen Sein gesehen zu werden, nach Wertschätzung, nach Respekt, Würde, Ehre, Prestige, Image, Status. Unser Selbstbild ist kein statisches Bild, das wir uns einmal machen und dann wie eine feste Substanz immer haben, sondern es ist ein ständiger, lebendiger Prozess. Wir gestalten unser Selbstbild und dabei zugleich unseren Selbstwert ständig neu im Vergleich mit unseren inneren Idealen sowie mit dem, was uns unsere Umwelt über uns zurückspiegelt und wie wir gesehen werden.

Das Bedürfnis nach Anerkennung und Wertschätzung der eigenen Person ist schon im Säuglingsalter vorhanden. Ein Kleinkind, das z. B. gelernt hat, bei einem Lied rhythmisch mitzuklatschen, zeigt mit gespanntem Blick und stolzem Lächeln anderen, was es kann. Für den Säuglingsforscher Trevarthen ist der Stolz darüber, sich in einem gemeinsamen Bedeutungsfeld zu bewegen, das erste und ursprüngliche menschliche Motiv für kulturelles Lernen. »Für die Entwicklung einer sozialen Rolle und Individualität ist es wichtig, das Wissen um ein solches Ritual als eine »persönliche Eigenschaft« zu empfinden und es mit dem entsprechenden Ausdruck von Freude und »Stolz« anderen zu demonstrieren.«[20] Fehlt das Interesse oder die Bewunderung derjenigen, an die das Kind emotional gebunden ist, verliert es seine Energie und Lebensfreude.

Wir Menschen sind zu einem großen Teil Geschöpfe unserer sozialen Welt, in der wir leben. Die Rede vom gesunden Selbstbewusstsein, das sich aus sich selbst erschaffen soll, ist barer Unsinn. Nur in der Beziehung zu anderen Menschen entwickelt ein Mensch fortwährend sein Selbst. Kann ein Selbst sich nicht mehr spiegeln, zerfällt es zunehmend; dieses Nicht-mehr-erkennen-Können, wer man eigentlich ist, führt zu schweren psychischen Krankheitsbildern bis zum Selbstverlust. Insofern setzen sich Menschen lieber negativen Spiegelungen aus, als dass sie gar keine Spiegelung haben. So hat man bei verhaltensgestörten Kindern häufig festgestellt, dass sie keine andere Möglichkeit sehen, Aufmerksamkeit zu bekommen als eben über störendes Verhalten. Und lieber bekommen sie negative Aufmerksamkeit in Form von Schimpfen, Strafen usw. als dass sie sich in ihrer Existenz übersehen bzw. ignoriert erleben.

Das Spezifische am menschlichen Selbstwert- und Anerkennungsbedürfnis ist, dass wir Menschen über unseren Wert reflektieren. Unser kindliches Selbstbild ist geprägt von dem, was uns unsere Umwelt über uns selbst spiegelt. Jede Erziehung und Sozialisation bedeutet eine Indoktrination der sozialen und gesellschaftlichen Erwünschtheiten. Haben wir eine Umwelt, die uns sagt, wie wunderbar wir sind, und die unsere Entwicklungsschritte positiv begleitet und auch unsere persönlichen Eigenheiten entwickeln lässt und positiv bewertet, dann haben wir das große Glück, dass wir erleben können, dass wir selbst etwas wert sind. Ein Kind, das von seinen Eltern vermittelt bekommt, wie wertvoll und geliebt es ist – unabhängig vom aktuellen Verhalten – hat die beste Basis für ein gesundes Selbstwertgefühl. Wenn wir als Kinder einen gesunden Narzissmus entwickeln konnten, dann führt das dazu, dass wir später mit negativen Spiegeln besser umgehen können bzw. uns bewusst und unbewusst eher positive Spiegel suchen. Wir sind dann auch besser gefeit gegen die besonders selbstzerstörerische Gefahr der »Introjektion des schlechten Selbst«. Eine Introjektion des schlechten Selbst bedeutet, man verinnerlicht das Bild, das ein negativer Spiegel der Umwelt einem zeigt, und hält sich dann selbst für minderwertig und vermittelt nun (durch kleinste Nuancen im Verhalten) von sich aus wiederum der Umwelt: »Ich bin nichts wert, ich kann nichts, ich bin nicht attraktiv« usw., was dann in der Resonanz von der Umwelt wieder bestätigt wird. Ein Teufelskreis.

Heinz Kohut, einer der großen Psychoanalytiker des letzten Jahrhunderts, hat mit der Etablierung der *Selbstpsychologie* das Selbstwert-Bedürfnis zu seinem Forschungsmittelpunkt gemacht. Von ihm stammt die berühmt gewordene Aussage, dass ein Kind sich im liebevollen Glanz der Augen der Mutter spiegeln können muss, um eine gesundes Selbstwertgefühl entwickeln zu können.[21] Für Kohut ist ein gesunder Narzissmus Ausdruck eines gut entwickelten Selbst, das Fähigkeiten entwickelt hat, seine Bedürfnisse

---

[20] Trevarthen, C. (2006): Wer schreibt die Autobiographie eines Kindes? In: H. J. Markowitsch / H. Welzer: Warum Menschen sich erinnern können. Stuttgart (Klett-Cotta), 237

[21] Kohut, H. (1981): Die Heilung des Selbst. Frankfurt a. M. (Suhrkamp)

angemessen befriedigen zu können. Kinder, die diese frühe Wertschätzung entbehren müssen, laufen Gefahr, narzisstische Persönlichkeitsstörungen zu entwickeln (von Minderwertigkeitskomplexen bis zum Größenwahn, von Arroganz bis zu Selbstzerstörungs-Symptomen). Pathologischer Narzissmus ist danach der Narzissmus eines schwachen Selbst, das sich nur stabilisieren kann, indem es sich in der Illusion von Grandiosität bewegt, und wenn dies nicht gelingt, in Depression verfällt. Deshalb liegen Größen- und Minderwertigkeitsvorstellungen bei der narzisstischen Persönlichkeitsstörung so eng beieinander.[22]

In jüngerer Zeit hat sich vor allem der Sozialphilosoph Axel Honneth intensiv mit der Bedeutung der Anerkennung als menschliches Grundbedürfnis beschäftigt und verschiedene Formen von Anerkennung und ihre Wirkungen auf den Selbstwert herausgearbeitet: »... der Grad der positiven Selbstbeziehung wächst mit jeder neuen Form von Anerkennung, die der einzelne auf sich selbst als Subjekt beziehen kann: so ist die Erfahrung von Liebe die Chance des *Selbstvertrauens*, in der Erfahrung von rechtlicher Anerkennung die der *Selbstachtung* und in der Erfahrung der Solidarität schließlich die der *Selbstschätzung* angelegt.«[23]

Das Bedürfnis, den eigenen Selbstwert immer wieder neu anerkannt zu bekommen und sich selbst zu bestätigen, führt zu Ehrgeiz, Rivalität und Wettkampf. Der Wettkampf galt schon in der Antike als Möglichkeit, den eigenen Wert unter Beweis zu stellen. Für die Athleten, indem sie zeigten, dass sie besser kämpfen, schneller laufen, höher springen konnten; für die Feldherren, indem sie bewiesen, mehr erbeuten oder besser Krieg führen zu können; für die Krieger, indem sie danach strebten, mutiger oder tapferer zu sein als andere usw.

Doch auch wenn wir mit Ehrgeiz und Wettkampf versuchen, unseren Selbstwert zu bestätigen und anerkannt zu werden – die tiefere Sehnsucht gilt dem Selbstwert im eigentlichen Sinn des Wortes. Wir möchten unabhängig von Besitz und Können etwas wert sein – vielen wird das erst bewusst, wenn sie Besitz, Status oder Fähigkeit verloren haben oder ihre Kompetenz nicht mehr gefragt ist. In der Liebe ist es den meisten Menschen deutlich: Wir möchten nicht nur geliebt werden, weil wir etwas haben oder können, sondern um unserer selbst willen.

Wie ich im Kapitel *Frustration und Kränkung* ausführe, ist jede Kränkung eine Frustration des Selbstwertbedürfnisses, auf die wir mit Blockade, Schmerz, Aggression (als Rachebedürfnis) und Scham reagieren. Der Philosoph Tugendhat meint: »Scham ist das Gefühl des Wertverlustes, den man in den Augen der anderen erleidet; und wenn der Fehler für andere nicht wahrnehmbar ist, empfindet man eine Schamvariante, denn sie hätten es wahrnehmen können: man empfindet dann einen Wertverlust in den möglichen Augen der anderen.«[24] Ich denke, Tugendhat greift hier etwas zu kurz, denn nach

22 Kohut, H. (1976): Narzissmus. Frankfurt a. M. (Suhrkamp)

23 Honneth, A. (1992): Kampf um Anerkennung. Zur moralischen Grammatik sozialer Konflikte. Frankfurt a. M. (Suhrkamp), 277

24 Tugendhat, E. (2003): Egozentrizität und Mystik. München (Beck), 75

meiner Erfahrung schämen wir uns auch vor uns selbst, wenn wir gegen ein inneres Ideal verstoßen – unabhängig von den möglichen Augen anderer.

Die Tatsache, dass der Spiegel, den uns unsere Umwelt bietet, für unser Selbstbild so bedeutsam ist, führt dazu, dass wir viel tun, um uns diesen Spiegel gewogen zu machen. Der Spiegel soll uns zeigen, dass wir wertgeschätzt und anerkannt sind bzw. schöner oder besser als andere. Im Märchen *Schneewittchen* fragt die Königin den Spiegel: »Spieglein, Spieglein an der Wand, wer ist die Schönste im ganzen Land?« Und als der Spiegel antwortet: »Ihr, Frau Königin, seid die Schönste im ganzen Land, doch Schneewittchen, hinter den sieben Bergen bei den sieben Zwergen, ist tausendmal schöner als ihr«, entfacht diese Antwort in der Königin rasende Wut, die in drei Mordversuche mündet. Was in dem Märchen auf drastische Weise erzählt wird, hat seine Aktualität nicht verloren – wenn auch die Racheaktionen meist nicht auf der körperlichen, sondern auf der psychischen Ebene stattfinden, z. B. durch Intrigen, Verdächtigungen, Mobbing, üble Nachrede usw.

Zum Feld des Selbstwertbedürfnisses gehören die Bedürfnisse nach Respekt und Wertschätzung, nach Ehre, nach Würdigung und Ruhm. Der Begriff der Ehre gilt zwar als altmodisch, aber wenn wir genau hinschauen, dann sehen wir, wie aktuell er ist und wie sehr er für die Befriedigung des Selbstwert- und Anerkennungsbedürfnisses steht. So sagte z. B. erst jüngst die Sportlerin Riesch, es sei eine besondere Ehre für sie, die deutsche Flagge beim Einzug der olympischen Mannschaft in Sotschi tragen zu dürfen. Wissenschaftler, Manager, Künstler, Sportler werden für ihre Leistungen geehrt; wenn eine internationale Fußballmeisterschaft gewonnen wird, wird das als Ehre für das ganze Land gesehen usw.

Die gesamte Menschheitsgeschichte ist voll von Bemühungen um Ehre und Verteidigungen der Ehre. Das Selbstwert- und Anerkennungsbedürfnis ist so fundamental, dass Menschen – in verschiedensten Ausprägungen, je nach Kultur und Gesellschaftsgruppe, zu der sie gehören – ihr ganzes Leben danach ausrichten und sogar das Leben dafür hergeben. Dass für die Ehre sogar das eigene Leben geopfert wird, ist keine Spezialität früherer Zeiten, als z. B. in Europa noch Duelle in Sachen Ehre ausgefochten wurden. Die japanischen Kamikaze-Flieger des zweiten Weltkrieges haben derzeit ihre Entsprechung in den Selbstmordattentätern der fundamentalistischen islamischen Kultur. Hier haben wir aktuell ebenfalls das Phänomen, dass die Selbstmordattentäter, die sich mit ihrem Tod Ehre und Paradies sichern wollen, als große Helden geehrt und gefeiert werden. Sogenannte Ehrenmorde, mit denen die Ehre der Familie gerettet werden soll, beschäftigen immer wieder aufs Neue unsere Gerichte.

Das Bemühen, den eigenen Wert zu beweisen, geschieht normalerweise durch den Versuch, den Werten, die in der eigenen Gruppe propagiert werden, zu entsprechen. Man versucht, sich wertvoll zu machen, indem man sich den von der Gesellschaft (d. h. heutzutage von den Medien) vorgegebenen Werten und Idealen unterordnet, auch wenn sie nicht dem inneren Selbst entsprechen. Die Gefahr dabei ist, dass damit der Selbstwert immer fragiler und fragmentarischer wird.

Wie gefährlich dieses Bemühen sein kann, das gelegentlich bis zum Zusammenbruch des Selbstwertgefühls führt, wenn z. B. ein solches Ideal-Merkmal wegfällt oder nicht erreicht wird, zeigt das aktuelle Beispiel des derzeit herrschenden weiblichen Schönheitsideals: magersüchtig und pädophil. Wurden noch vor einigen Jahren von Mode und Medien eher jungenhafte Körper verlangt, hat sich inzwischen die Forderung auf einen etwa elfjährigen Mädchenkörper verlagert. Der Frauenkörper darf nun weder Bauch, noch Hüfte, noch Po und auch keine Behaarung aufweisen. Damit sind wir bei dem Körper eines vorpubertären Mädchens (oder einer Barbie-Puppe) gelandet. Entsprechend zeigen Studien, dass sich viele Mädchen bereits im Kindergartenalter »zu fett« fühlen, wenn sie nicht den Magersucht-Maßen einer Barbie-Puppe entsprechen. Die Folgen, die eine solche Versklavung von »Denken, Fühlen, Wollen« hat, sind neben schweren gesundheitlichen Schäden vor allem seelische Deformationen. Die eigene Identität wird zerschnippelt durch Minderwertigkeitskomplexe und Pseudoidentitäten, die einhergehen mit Zwängen und Süchten.

Wenn jemand seinen Selbstwert stark an seine berufliche Tätigkeit, für die er Geld bekommt, gekoppelt hat, zerfällt dieser Wert schlagartig bei Arbeitslosigkeit. Deshalb ist Arbeitslosigkeit oder erzwungene Frühpensionierung für viele Menschen so entwertend, demoralisierend und krankmachend. Ihr Selbstwertgefühl vermindert sich gegen Null, wenn sie ihren Wert zuvor nur über bezahlte Erwerbstätigkeit definiert haben. Nicht anders ist es, wenn der Selbstwert an Besitz, an jugendliche Schönheit, Macht usw. gekoppelt ist – jeder jeweilige Verlust wird dann als Verlust des eigenen Wertes erlebt.

Ein anderer Mechanismus, mit dem versucht wird, den eigenen Selbstwert und die Selbstachtung zu erhöhen, ist die Abwertung oder die Beseitigung des Rivalen. Das findet in dem allseits bekannten Verhalten seinen Niederschlag, dass man jemanden klein macht, seine Leistungen abwertet oder ignoriert, um selbst groß zu erscheinen oder sich groß zu fühlen. Schon kleine Kinder zeigen gnadenlos dieses Verhalten, indem sie z. B. das Kunstwerk eines anderen Kindes höhnisch heruntermachen: »Was, daaas soll schön sein???« Im Rivalitätsgebahren von Kindern zeigen sich schon alle Varianten, wie wir sie später aus dem Erwachsenenleben kennen: »Ich bin die Schnellste; ich bin der Stärkste; ich kann das besser als die andere; ich bin der Bestimmer« usw. (Wie ich im Kapitel *Ein Blick tausende Jahre zurück* aufzeige, wird bereits im Gilgamesch-Epos dieses Bedürfnis deutlich artikuliert.) Es wird versucht, den eigenen Wert zu erhöhen, indem man andere bekämpft, klein macht, ausschließt oder ignoriert. Von anderen ausgeschlossen und ignoriert zu werden, übersehen zu werden, bedeutet die Aberkennung des eigenen Wertes und das ist eine existenzielle Bedrohung für das eigene Sein.

Kommt es zu einer **Fixierung** des Selbstwert-/Anerkennungs-Motivs, dann entwickelt sich eine narzisstische Persönlichkeitsstörung, die sich unter anderem auszeichnet durch selbstsüchtiges Verhalten, ständige Betonung der eigenen Leistungen und Erfolge, übersteigerte Eitelkeit und narzisstische Selbstbespiegelung sowie extreme Rachebedürfnisse, wenn das Selbstwertbedürfnis frustriert wird. Es wird ständig versucht, sich in den Mittelpunkt zu spielen und die eigene Großartigkeit herauszustellen. Vorhandene Minderwertigkeitskomplexe werden kompensiert durch arrogantes und überhebliches Auftreten gegenüber vermeintlich Schwächeren oder hierarchisch Niedrigeren und durch die Suche der Nähe von höhergestellten oder als wichtig erachteten Persönlichkeiten.

F. Dostojewskij zeigt uns in seinem Roman *Die Dämonen* mit der Figur des Dichters Karmasinow ein sehr anschauliches Beispiel von komplexen Verhaltensweisen und Eigenschaften (Arroganz, mangelnde Empathie, Eitelkeit und Selbstbespiegelung), wie sie aus dem fixierten Selbstwertmotiv entstehen:

»Von Karmasinow wurde erzählt, dass er auf seine Verbindungen zu einflussreichen Persönlichkeiten und zu den höchsten Gesellschaftskreisen mehr Wert lege als auf das Heil seiner Seele. Es heißt, dass er jeden freundlich empfange, liebenswürdig behandle und durch seine gutmütige Art bezaubere und entzücke, besonders wenn er ihn zu irgendetwas brauche oder er ihm gut empfohlen worden sei. Trete aber ein Fürst, eine Gräfin oder sonst jemand, den er fürchtet, ins Zimmer, so halte er es für seine heiligste Pflicht, jeden anderen noch Anwesenden mit der beleidigendsten Geringschätzung wie einen Holzspan, wie eine Fliege zu behandeln; [...] Bringe ihn zufällig jemand durch seine Gleichgültigkeit in Verlegenheit, so fühle er sich tödlich beleidigt und suche sich zu rächen.

Vor ungefähr einem Jahre habe ich in einer Zeitschrift eine von ihm verfasste Skizze gelesen, die in hohem Maße Anspruch darauf erhob, naivste Poesie mit feinster Psychologie zu vereinen. Er beschrieb darin den Untergang eines Dampfers irgendwo an der englischen Küste, von dem er selber Zeuge gewesen war und bei dem er gesehen hatte, wie man die Untergehenden rettete und die Ertrunkenen auffischte. Diese ziemlich lange und wortreiche Skizze war nur zu dem Zweck geschrieben, sich selbst herauszustellen. Man konnte deutlich zwischen den Zeilen lesen: ›Interessiert euch doch für mich, seht, wie ich mich in diesen Minuten verhalten habe! Was geht euch dieses Meer an, der Sturm, die Felsenriffe, die zerschellten Planken des Schiffes? Das alles habe ich euch ja schon zur Genüge mit meiner genialen Feder geschildert. Was starrt ihr auf die Ertrunkene, mit dem toten Kind in den toten Armen? Schaut lieber auf mich, der ich diesen Anblick nicht ertragen konnte und mich von ihm abwendete! Seht, wie ich ihm den Rücken wende, seht, wie mir das Grauen durch die Glieder rieselt und ich nicht die Kraft habe, mich umzuschauen, wie ich die Augen zukneife ... nicht wahr, das ist doch interessant?‹«[25]

Diese scharfsichtige Charakterisierung beschreibt einen Narzissten der harmloseren Art. Gefährlicher wird es, wenn noch zwei weitere Ausprägungen dazu kommen, die sich besonders häufig mit einer Selbstwert-Fixierung paaren: ein fixiertes Besitzmotiv und ein fixiertes Machtmotiv. Diese Kombination wurde besonders von Alfred Adler, dem Begründer der tiefenpsychologischen Schule *Individualpsychologie*, erforscht. Er entdeckte, dass Menschen mit einem ausgeprägten Mangel an Selbstwertgefühl ein erhöhtes Machtbedürfnis entwickeln, und prägte den Begriff des Minderwertigkeitskomplexes (das Wort gab es zuvor nicht).[26] Auch Wilhelm Reich fand diese Konstellation. Er konstatierte in seiner *Massenpsychologie des Faschismus*, dass viele Diktatoren aus kleinbürgerlichen Verhältnissen stammten und dass ihre Unterlegenheitsgefühle gegenüber den angestammten Eliten aus Adel und Militär zu besonders ausgeprägter Gewalt und überdimensionalem Persönlichkeitskult führten.[27]

---

25 Dostojewskij, F. M., 2008: Die Dämonen. München (dtv)

26 Adler, A. (1977): Studie über Minderwertigkeit von Organen. Frankfurt a. M. (Fischer)

27 Reich, W. (2005): Massenpsychologie des Faschismus. Köln (Kiepenheuer & Witsch

Wie meine Motiv-Analyse des sumerischen Gilgamesch-Epos zeigt, lässt sich das Bedürfnis nach individuellem Selbstwert/Anerkennung – verbunden mit dem Rachebedürfnis bei Frustration des Selbstwertes – bis in die älteste Zeit nachweisen, aus der wir durch Schriftzeugnisse Kenntnis haben.

Auch in der Götterwelt des antiken Griechenlands steht dieses Bedürfnis gemeinsam mit dem Rachebedürfnis stark im Vordergrund. So ruht z. B. die Geschichte um die Zerstörung Trojas auf gekränkten Selbstwertbedürfnissen. Die Göttin Eris (Göttin der Zwietracht) ist gekränkt, weil sie nicht zur Hochzeit des Peleus und der Thetis eingeladen wurde. Aus Rache wirft sie einen goldenen Apfel mit der Aufschrift »der Schönsten« in die Runde der anwesenden Göttinnen. Daraufhin entbrennt eine Rivalität zwischen den Göttinnen Pallas Athene, Aphrodite und Hera, wer von ihnen die Schönste sei. Zeus entzieht sich der Entscheidung und bestimmt den Prinzen von Troja, Paris, zum Schiedsrichter. Als dieser sich für Aphrodite entscheidet (weil sie ihm die Liebe der schönsten Frau der Welt verspricht) rächen sich die beiden anderen Göttinnen an ihm, indem sie in dem nun folgenden Geschehen (die schönste Frau der Welt ist verheiratet und ihr Raub hat den Trojanischen Krieg zur Folge) immer seinen Feinden beistehen, bis zu deren Sieg und dem Untergang Trojas.

Auch das germanische Nibelungenlied[28] ist eine Abfolge von Kränkungen von Selbstwertbedürfnissen und der jeweils folgenden Rache, verbunden mit fixierten Macht- und Besitzbedürfnissen: Hagen von Tronje, Halbbruder und engster Berater des Burgunderkönigs Gunther wird beim ersten Kontakt mit dem Helden Siegfried durch dessen arrogante und herablassende Bemerkungen gekränkt, ist ab da trotz späterer Verwandtschaft immer ein Feind Siegfrieds und rächt sich schließlich mit dessen Tötung. Dass er die Möglichkeit bekommt, den schier unbesiegbaren (weil in Drachenblut gebadet, wobei nur eine Stelle zwischen den Schultern ungeschützt blieb) Siegfried zu töten, liegt wiederum an zwei Selbstwert-Kränkungen und der jeweils folgenden Rache. Brunhilde als Gattin des Königs Gunther will ihren vermeintlich höheren Selbstwert demonstrieren und verlangt von Kriemhild, der Gattin von König Siegfried, dass sie den Hochsitz räume, weil der nur ihr gebühre. Kriemhild rächt sich für diese Beleidigung, indem sie das Geheimnis der Entjungferung Brunhilds durch Siegfried offenbart und mit einem Ring beweist. Diese Schande kränkt nun wiederum das Selbstwertbedürfnis Brunhildes und sie verlangt Siegfrieds Tod und bittet Hagen, die tödliche Rache zu vollziehen. Obwohl Hagen als Kriemhilds Halbbruder von dieser gebeten worden ist, seinen Schwager besonders zu beschützen (weswegen sie am Gewand des Siegfried ein Kreuzchen an die Stelle der Verwundbarkeit gestickt hat), kommt er lieber Brunhildes Bitte, die seinem eigenen Rachebedürfnis entgegenkommt. Indem er die Macht- und Besitzmotive von Gunthers und Giselhers, Kriemhilds Brüdern, anstachelt, gewinnt er deren Unterstützung für die Tat und stößt Siegfried bei einem gemeinsamen Ausritt einen tödlichen Speer zwischen die Schulterblätter.

Noch ein letztes Beispiel für das gekränkte Selbstwertgefühl und die nicht bekommene Anerkennung: die Geschichte von Kain und Abel. Gott ignoriert das Opfer Kains

---

28 Die Ursprünge der germanischen Nibelungensage reichen zurück in die Völkerwanderungszeit, als Römer und Hunnen in der ersten Hälfte des 5. Jahrhunderts das Burgunderreich am Rhein zerschlugen.

und nimmt nur das Opfer Abels mit Wohlgefallen an. Auch hier ist die Reaktion auf die Kränkung des Selbstwertes (durch Ignoranz) tödliche Rivalität, indem Kain den Abel erschlägt. Bei dieser Geschichte wird besonders deutlich, dass es Kain um seinen Selbstwert im eigentlichen Sinn geht, der nicht unterschieden haben will, womit der eine oder der andere sein Opfer bringt. Er möchte als Bauer mit seinen Feldfrüchten genauso gesehen und anerkannt werden wie Abel, der als Hirte ein junges Lamm opfert.

Besitz/Erkenntnis

Das gegensätzliche Bedürfnis zu *Selbstwert/Anerkennung* ist das Bedürfnis nach *Besitz und Erkenntnis*. Es handelt sich bei dieser Polarität um den Gegensatz von Sein und Haben. Unser Bedürfnis nach Besitz, sowohl nach materiellen als auch nach immateriellen Gütern wie Wissen und Fähigkeiten, drückt sich schon in unserer Grammatik der »besitzanzeigenden Fürwörter« aus. In Verbindung mit dem Sicherheits-/Beständigkeits-Motiv zeigt es sich z. B. in »Besitzstandswahrung« aller Art. In Verbindung mit dem Wachstums-Motiv wird es zum Bedürfnis nach Mehrung und Zugewinn und zeigt sich beim Sparen und Sammeln genauso wie beim Land- oder Aktienkauf oder sonstigen Tätigkeiten, die einen materiellen Gewinn zum Ziel haben.

Das Besitzbedürfnis richtet sich natürlich nicht nur auf materiellen Besitz – immaterieller Besitz wie Wissen, Bildung, Fertigkeiten, Kompetenzen gehören genauso in dieses Feld. Ausbildungsurkunden, Kompetenzbescheinigungen, Urheberrechte, Patente, sind Beispiele für Bestätigungen eines immateriellen Besitzes. Bildungshunger bzw. das Streben nach Wissen und Erkenntnis sind Ausdrucksformen dieses Bedürfnisses.

Im **Geben-Modus** drückt sich dieses Bedürfnis im Schenken, Teilen, Spenden und in jeglicher Großzügigkeit aus und in seiner immateriellen Form z. B. im Weitergeben von Wissen, im praktischen Lehren und Schreiben. So wird z. B. beim sogenannten Wissensmanagement in Organisationen versucht, die Mitarbeiter zum Geben ihres Wissens zu motivieren und den individuellen Wissens- und Kompetenz-Besitz der einzelnen Mitarbeiter in den Besitz der Organisation überzuführen – was von Lutz v. Rosenstil[29] sehr zutreffend als eine Form von Enteignung bezeichnet wurde.

Bei Kleinkindern können wir beobachten, dass ab ca. 16 Monaten ein ausgesprochenes »Haben-Wollen« einsetzt. Mit dem Wort »Meins!« nehmen sie Gleichaltrigen oder Jüngeren Spielzeug weg oder halten etwas fest, wenn Größere oder Erwachsene ihnen etwas aus der Hand nehmen wollen, das sie nicht hergeben möchten. Das besitzanzeigende *»Meins!«* ist neben *Mama, Papa* und *Nein*, eines der ersten Worte im Wortschatz kleiner Kinder. Dabei lässt sich auch sehr gut beobachten, wie sich die Gier und der Neid als eines der frühen Gefühle entwickelt: Kinder wollen meist genau das Spielzeug haben, das gerade ein anderes Kind hat.

---

[29] Rosenstil, v. L.: »Wissensmanagement heißt Enteignung der Experten«. Interview in der *SZ* 21.12.2001

In der älteren Steinzeit, dem Paläolithikum, lebten die Menschen über eine Million Jahre als Jäger und Sammler. Zahlreiche Funde in steinzeitlichen Höhlen sprechen für ein gewisses kulturelles Niveau. So verweisen üppige Venusfiguren auf eine hohe Bedeutung des Fruchtbarkeitskults, Grabfunde auf einen ausgeprägten Totenkult. Es könnte sein, dass in diesen Kulturen hauptsächlich Gemeinschafts-Eigentum vorherrschte, da es wohl relativ geringe Anreize für den Einzelnen gab, individuelles Eigentum zu wollen. Die Entstehung des Bedürfnisses nach Eigentum wird deshalb historisch auf die Zeit der Entstehung der Ackerbau- und Viehzucht-Kultur vor ca. 10.000 Jahren datiert.

Ganz so absolut stimmt das aber sicherlich nicht. So ist inzwischen gesichert, dass es in der Steinzeitkultur der australischen Ureinwohner individuelle Eigentumsrechte gab.[30] Es gab bei den Aborigines zwar keine materiellen/visuellen Besitzurkunden, aber man weiß inzwischen, dass es bei Ankunft der ersten Weißen in Australien keinen Aborigine gab, der keinen Landbesitz gehabt hätte. Jeder australische Ureinwohner bekam zu seiner Geburt einen Landstrich geschenkt, und anstelle einer Besitzurkunde war der Besitznachweis ein Lied. Dieses Lied besang die Grenzen und die Beschaffenheit des Landes mit seinen Wasserstellen, seinen Wegen und sonstigen Besonderheiten. (Daher kommt der englische Begriff der »songlines«). Dieses »Besitzlied« war das persönliche Eigentum eines jeden einzelnen Aborigine und nicht etwa der Besitz des Stammes. Der Umgang mit Besitz war allerdings völlig anders, als wir ihn kennen. Das Land, das einem gehörte, hatte man zu hüten und zu pflegen. Man konnte Wasser- und Wegerechte verleihen, aber man konnte das Land weder verkaufen noch verschenken. Man war ein Leben lang für dieses Land verantwortlich, und diese Verantwortung endete erst mit dem Tod. Dann war das Land wieder frei und konnte wieder einem Neugeborenen des jeweiligen Stammes als Geburtsgeschenk bzw. als Geburtsrecht übergeben werden.

Wenn wir Nomadenvölker betrachten, so sind ihre wichtigsten materiellen Besitztümer immer schon ihre Jagdgeräte, Kampfgeräte, Kochgeschirr und vor allem ihre Tiere. Ob das Kamele waren in den Wüsten Afrikas, Rentiere in der Tundra Sibiriens, Hunde in Alaska oder Pferde bei den Indianern Nordamerikas – die Tiere waren immer im persönlichen Besitz einzelner Personen oder Familien und ergaben dann in ihrer Gesamtheit die Herde des Stammes. Und wie heute meist auch noch, wurde damals innerhalb der Gemeinschaften die Macht einer Person bzw. Familie durch ihren Besitz errichtet und stabilisiert.

Dass eine steinzeitliche Jäger- und Sammler-Kultur wie die der australischen Ureinwohner schon individuellen Besitz kannte, lässt mich an der These zweifeln, dass das Besitzbedürfnis erst mit der Ackerbau-und-Viehzucht-Kultur entstanden sei. Aber sicher ist richtig, dass vor etwa 10.000 Jahren, als die Menschen in der Jungsteinzeit von der aneignenden zur produzierenden Wirtschaftsweise übergingen, sich das Grundbedürfnis nach Besitz (im Sinne von Eigentum) massiv verstärkt hat. Die Landwirtschaft und in ihrem Gefolge das Handwerk sowie andere Arten der materiellen Produktion lösten die Jagd und die nomadische Suche nach essbaren Früchten ab. Landwirtschaft lässt sich von Anfang an kaum ohne exklusives Eigentum denken, das Dritte von der Nutzung der Erträge ausschließt, die nicht an Investitionen und der Produktionsarbeit beteiligt waren.

30 vgl. Lawler, R. L. (1993): Am Anfang war der Traum. München (Droemer)

Das Begehren nach Besitz kann sich auf alles Materielle erstrecken, was sich der menschliche Geist ausdenken kann: Land, Immobilien, Gebrauchsgegenstände, Geld, Waffen, Produktionsgeräte, Luxusgüter, Frauen, Männer, Kinder, Sklaven, Tiere, usw. Schon im alten Testament widmen sich drei von den zehn Geboten dem Besitz: »Du sollst nicht stehlen« soll den persönlichen Besitz anderer schützen; »Du sollst nicht begehren deines Nächsten Hab und Gut« – dieses Hab und Gut bezog sich auf alles, außer der eigenen Frau. Diese galt als besonderer Besitz und wurde mit einem eigenen Gebot bedacht: »Du sollst nicht begehren deines Nächsten Weib«.

Redensarten wie »So ein Talent möchte ich haben« oder »Diese Fähigkeit möchte ich besitzen« zeigen, dass sich unser Begehren genauso auch auf immateriellen Besitz richtet. Schon früh schätzte man den geistigen Besitz in Form von bestimmtem Wissen oder bestimmten Fähigkeiten. Aus der altägyptischen Forschung wissen wir, dass bereits in der Pharaonenzeit geistiger Besitz angestrebt wurde und das Wissen um bestimmte Texte als höchst wertvoll galt. Genauso galt auch damals schon die Lese- und Schreib-Kompetenz als hohes Gut. Bei Nomadenvölkern wurde z. B. das Märchenerzählen als eine große Fähigkeit anerkannt (die wir heutzutage an unseren Schriftstellern noch genauso bewundern und honorieren), und dementsprechend wertvoll war der persönliche Besitz von Geschichten als geistiges Eigentum – entsprechend unserem heutigen Urheberrecht.

Als besonders hoch entwickelte Form von geistigem Besitz gilt in allen Kulturen die Weisheit. Sie gilt z. B. im Taoismus und im Buddhismus als der einzig erstrebenswerte Besitz. Nach taoistischer Auffassung ist es äußerst verhängnisvoll und gilt als unreif, wenn man sich seiner Unwissenheit nicht bewusst ist, gleichgültig ob es sich um weltliche Belange, um zwischenmenschliche Beziehungen oder die eigene Person handelt. Weisheit wird mit Reife beschrieben. Nach Laotse sind sich reife Personen, die ihre persönliche Kraft entfalten und ihr Potenzial entwickeln, bewusst, dass es unmöglich ist, die tausendvielfältige Wirklichkeit zu erfassen und alles zu wissen, was in einer Situation vorhanden ist. Zur Weisheit gehört zu wissen, dass es eine sich immer weiter entfaltende Welt gibt, die zu erfahren einem noch bevorsteht. Diese Haltung verhindert die Erstarrung, die eintritt, wenn jemand meint, er wisse schon alles und könne nichts mehr lernen.[31] Auch im Buddhismus gilt Unwissenheit als eine der fünf »Todsünden« (auch wenn es in der Philosophie des Buddhismus keine Sünden im jüdisch/christlichen Sinn gibt, nennt der Dalai Lama die fünf Zustände, die zu Leiden führen, Todsünden).

Wenn wir die Weisheits- und Religionssysteme der Welt betrachten, dann werden fast überall in der Bewertung Entwicklungsschritte postuliert, vom Bedürfnis nach materiellen Besitztümern zu den geistigen Besitztümern, vom äußeren Reichtum zum inneren Reichtum, vom Wissen zur Erkenntnis.

Eine **Dominanz** des Besitz-/Erkenntnisbedürfnisses kann sich neben dem ausgeprägten Drang nach Geld und Besitztümern beispielsweise auch in besonderer Sparsamkeit, in Sammler-Leidenschaft, in besonderer Wissbegierde, in einem ausgeprägten Lesebedürfnis usw. ausdrücken.

---

31 Laotse (2010): Tao te King. Hamburg (Nikol)

Eine **Fixierung** auf dem Besitz-/Erkenntnispol lässt dieses Bedürfnis entgleisen in Habgier und Geiz sowie in Bezug auf immateriellen Besitz in faustischen Erkenntnisdrang. Die gesellschaftliche Bedeutung und Auswirkung dieser Fixierung wird im Kapitel *Zur universalen Dimension des Bedürfniskreises* ausführlich behandelt.

Dass es sich bei der Besitz-Fixierung nicht um ein neuzeitliches Phänomen handelt, erzählen uns Jahrtausende alte Texte. Der Mythos von Gilgamesch erzählt davon, dass er sein Leben riskierte, um in den Besitz des wertvollen Zedernholzes zu kommen. Der gierige König Eurystheus wollte unbedingt, dass Herakles ihm drei goldene Äpfel aus dem Garten der Hesperiden stehle. Der gierige griechische König Midas wünschte, dass alles, was er berühre, zu Gold werden möge, und wäre daran fast verhungert.

Die Gier nach immer mehr materiellem Besitz – weit über das hinaus, was man verbrauchen kann – hat damit zu tun, dass Besitz zum einen sowohl Sicherheit verleiht als auch individuelle Freiheiten ermöglicht (im Motivrad zeigt sich die Verwandtschaft darin, dass das Besitzfeld zwischen dem Sicherheits- und dem Freiheitsfeld liegt). Ein ganz wesentlicher Faktor ist jedoch, dass Besitz immer schon verbunden war mit Macht, Ansehen und Privilegien. Insofern ist das Besitzbedürfnis in seiner Fixierung auch meist mit dem Bedürfnis nach Selbstwert und Macht verbunden. Diese Verbindung drückt sich auch in den zwei gängigen Redensarten aus: *Geld regiert die Welt* und *Wissen ist Macht*.

Eine Besitzfixierung pathologisiert immer auch den Gegenpol *Selbstwert/Anerkennung*: Das kann sich in einer narzisstischen Überhöhung der eigenen Selbstwert-Bedürfnisse zeigen und/oder in einem Geiz der Wertschätzung für andere, d. h. niemand anderer wird wegen seines Selbstwertes anerkannt, sondern nur nach Besitz, Wissen und Macht bewertet. So sind bei Frustration des fixierten Besitzbedürfnisses die maßgeblichen Gefühle ähnlich wie bei der Frustration der fixierten Selbstwertbedürfnisse: Missgunst, Neid und Eifersucht sowie Rivalität mit dem, der mehr hat.

Ideale/Gerechtigkeit

Die Auseinandersetzung mit diesem Bedürfnisfeld hat mir jahrelang die größten Schwierigkeiten bereitet. In meiner ersten Version des Motivrads von 1996[32] hieß das Feld noch »Loyalität«. Dann erkannte ich allmählich, dass Loyalität nur ein Sekundärmotiv ist und dass das eigentliche Primärmotiv »Gerechtigkeit« heißt. Nun nannte ich das Feld »Gerechtigkeit und Verantwortung«, bis mir nach längerem Arbeiten mit diesem Begriffspaar deutlich wurde, dass auch Verantwortung ein Sekundärmotiv ist (das sowohl zu diesem Feld als auch zum Nachbar-Feld *Bindung/Gemeinschaft* gehört), aber nicht ein Oberbegriff sein kann. Lange habe ich mich in der Folge mit dem Begriff »Ethik« herumgeschlagen – um dann endlich zu erkennen, dass sich die verschiedenen Ethiken in unterschiedlichen Kulturen und Religionen jeweils an Idealen orientieren.

---

32 Kroschel, E. (1996): Die Weisheit des Erfolgs. Von der Kunst, mit natürlicher Autorität zu führen. München (Kösel)

Zugleich wurde mir klar, dass sich nicht nur die Sitten von Gesellschaften an Idealen orientieren, sondern dass jedes Individuum ein Grundbedürfnis nach Idealen hat – das aus individuellen Idealen von Gesetzgebern (Religionsgründern, Pharaonen, Kaisern, Königen, Ordensgründern usw.) überhaupt erst die gesellschaftlichen und religiösen Ethiken entstanden sind.

Entwicklungspsychologisch betrachtet nehmen wir uns von frühester Kindheit an Vorbilder, die wir nachahmen (man denke nur an die Sprachentwicklung). Der größte Teil unseres Lernens in der Kindheit ist so genanntes Modelllernen. Modelllernen findet statt, weil wir genauso sein möchten, etwas genauso machen oder können oder haben wollen, wie wir es bei unseren Vorbildern/Idealen wahrnehmen. Neben dem Modelllernen, das meist unbewusst verläuft und sich an physisch vorhandenen Personen orientiert, wird das Bedürfnis nach Idealen aber schon früh auf abstrakte Inhalte (wie z. B. Ehrlichkeit) sozialisiert. Der gesamte kulturelle Sozialisationsprozess läuft über das Anbieten und Aufdrängen von jeweils gültigen Idealen, an denen dann das Individuum gemessen wird und das sich selbst und andere daran misst.

Unser Bedürfnis nach Idealen zeigt sich in seiner abstrakten Form als unsere Suche nach dem Guten und Wahren; in seiner personifizierten Form ist es unsere Suche nach Vorbildern. Es zeigt sich sowohl in humanistischen Menschheitsidealen (z. B. in der Charta der Menschenrechte) als auch in banalsten Alltagsdingen (z. B. in der Bewunderung von Idolen aus der Film-, der Musik- oder der Fußballbranche). Wir nehmen uns Vorbilder und/oder sind selbst Vorbild.

Unser Ideal-Bedürfnis ist stets verbunden mit mindestens einem weiteren Grundbedürfnis. Kombiniert es sich mit unserem Bindungsbedürfnis, dann stellen wir uns die ideale Gemeinschaft vor, wir streben die ideale Ehe an oder suchen nach der idealen Gesellschafts- bzw. Staatsform usw. Vermischt sich das Idealbedürfnis mit dem Neuheitsbedürfnis, dann streben wir nach dem idealen Abenteuer, der idealen Veränderung, entwerfen ideale Zukunftsvisionen. In der Kombination mit dem Sicherheitsbedürfnis entstehen unsere Idealbilder von Schutz, Ordnung, Ehrlichkeit, Vertrauen und Verlässlichkeit. In Verbindung mit dem Bedürfnis nach Freiheit entwickeln wir unser Freiheitsideal, unser Ideal von Autonomie und Selbstbestimmung. In unseren Idealvorstellungen von materiellem Besitz, von Reichtum oder Großzügigkeit, von Gelehrsamkeit oder Weisheit zeigt sich die Vereinigung des Ideal-Bedürfnisses mit den Besitz-/Erkenntnis-Bedürfnissen. Verbindet sich das Ideal-Bedürfnis mit dem Selbstwert-Bedürfnis, dann messen wir uns und andere an unseren Attraktivitäts-Idealen, an unseren Tugendidealen und unseren Vorstellungen von Ehre und Prestige. Kombiniert mit dem Freude-/Genuss-Bedürfnis, entstehen die Ideale von Kunst, Musik, Architektur, Innenarchitektur, Landschaftsarchitektur, Essenskultur, Unterhaltungsformen, Freizeitbeschäftigungen usw.

Sind die jeweiligen Kombinationen mit dem Wirksamkeits/Macht-Bedürfnis verbunden, entstehen unsere Leistungs- und Erfolgsideale. Sind die Kombinationen dagegen mit dem Gelassenheits-/Hingabe-Bedürfnis verbunden, dann entsteht eine lässige Einstellung zu den Idealen – sie werden dann nicht so absolut gesehen und verlieren ihren allgemeingültigen bzw. dogmatischen »Wahrheits«-Anspruch.

Gerechtigkeit meint nicht nur das, was alltagssprachlich damit verbunden wird. Zum Begriff Gerechtigkeit gehört mehr als das Bedürfnis nach fairem Ausgleich (wie ihn z. B. Rawl[33] in seiner Gerechtigkeitsphilosophie absteckt) – er steht für »das rechte Leben« schlechthin und umfasst somit alle moralischen Bedürfnisse nach dem Guten und Wahren, nach Rechten, Pflichten und Verantwortung.

Wie uralt das Thema der Gerechtigkeit im Menschsein verankert ist, zeigen wiederum das Gilgamesch-Epos und das Ägyptische Totenbuch. Die ersten Sprüche aus dem Totenbuch entstammen Inschriften aus Grabkammern der Pyramiden und entstanden bereits um 2500 v. Chr. Nach der altägyptischen Vorstellung musste ein Toter vor 42 Richtergötter treten und berichten, welche Freveltaten er *nicht* begangen hatte: »… Nicht hab ich bewirkt das Leiden der Menschen, noch meinen Verwandten Zwang und Gewalt angetan. Nicht habe ich das Unrecht an die Stelle des Rechtes gesetzt, noch Verkehrs gepflegt mit dem Bösen. ….« (Negatives Sündenbekenntnis I, aus Kapitel 124, (3)

Wie der Ägyptologe Jan Assmann detailliert aufzeigt, widerlegen Beispiele wie das Ägyptische Totenbuch die offizielle Lehrmeinung der katholischen und protestantischen Theologie, dass erst der biblische Monotheismus mit seinen zehn Geboten und seinen über sechshundert weiteren Vorschriften und Verboten die moralische Welt habe entstehen lassen. Die alten Kulturen lebten nicht in einem amoralischen oder gar unmoralischen Raum, denn die von den Göttern, Pharaonen oder Königen erlassenen Gesetze und die von den Weisheitslehren festgelegten Normen der Gesellschaftskultur schufen eine Sphäre rechtlich geregelten Zusammenlebens, eine moralische Welt, die hinsichtlich ihrer Ansprüche an das Rechtsgefühl und den Sozialsinn des einzelnen der Bibel in nichts nachsteht. Wenn nicht die Gesetzgeber, dann walteten die Götter als Richter, die auf die Einhaltung der Gesetze und der sozialen Normen achteten.[34]

Was richtig ist, was recht ist, wird von jeder Kultur und Gesellschaft anders bewertet und ist in ihren Ethiken und Gesetzen festgehalten. Aus den jeweiligen Ethiken ergeben sich Rechte und Pflichten, die dann als Sekundärmotive Kraft entfalten. So wird z. B. in der Bhagavad Gita, einer der heiligsten Schriften des Hinduismus, die Pflichterfüllung zum wertvollsten Motiv erhoben. Auch in der konfuzianischen Ethik wird das Pflichtbewusstsein als einer der höchsten Werte betrachtet.

Die ewige Konstante im sich verändernden Ideale-/Gerechtigkeits-Bedürfnis: die Vergeltung

Während sich jedoch sowohl die Ideale als auch die Rechts- und Wahrheitsvorstellungen im Laufe der Menschheitsgeschichte ständig veränderten und in den verschiedenen Kulturen und Gesellschaften ohnehin verschieden sind (man denke nur an den Vergleich von westlichen Rechtsvorstellungen mit der islamischen Scharia oder den Vergleich der Kreuzritter-Ethik mit der buddhistischen Ethik) gibt es eine Konstante, die sich seit den Anfängen der Menschheit – zumindest seit der Zeit, seit wir über Mythen und Schriften

---

33 Rawl, J. (1979): Eine Theorie der Gerechtigkeit. Frankfurt a. M. (Suhrkamp)

34 vgl. Assmann, J. (2006): Thomas Mann und Ägypten. München (Beck)

davon Zeugnis haben – bis zum heutigen Tag in allen Gesellschaften zeigt. Es ist der Aspekt der Vergeltung. Wenn wir uns diese meist unterschätzte Bedeutung vergegenwärtigen, dann wird klar, dass in dieses Feld als Sekundärmotive neben den Bedürfnissen nach Wahrheit, Rechten und Pflichten auch all diejenigen Bedürfnisse gehören, die einen Ausgleich herstellen: Dank, Lohn, Strafe, Rache, Sühne, Buße, Vergebung usw.

Rache ist der Ausgleich für eine Tat, die als Unrecht bzw. als Kränkung empfunden wird. Nachdem ich in therapeutischen Sitzungen so häufig mit diesem Phänomen Kränkung und Rache konfrontiert wurde, habe ich mich näher und eingehender mit seinen Ursachen und Wirkungen beschäftigt. Dabei hat sich sehr klar herausgestellt, dass die verschiedenen Ursachen, die eine Rache bzw. Vergeltungsaktion hervorrufen, bei vertiefter Betrachtung immer auf eine Kränkung bzw. Frustration von Grundbedürfnissen zurückzuführen sind, die man entweder selbst erfahren hat oder die einer nahestehenden Person oder Gruppe zugefügt wurden. Das heißt, Vergeltung wird sowohl für sich selbst geübt als auch stellvertretend für jemand anderen. Außerdem wird das Rachebedürfnis häufig archiviert (sogar über Generationen hinweg), wenn sich zum gegenwärtigen Zeitpunkt keine Möglichkeit der Vergeltung ergibt. Und es kann sich verschieben auf Unbeteiligte. Die innere Dynamik dieses Geschehens ist in Kapitel *Frustration und Kränkung* vertieft ausgeführt.

Dass das Grundbedürfnis nach Rache und Vergeltung universal und bis in älteste Zeiten nachweisbar ist, lässt sich wiederum an der Weltliteratur zeigen:

Das Alte Testament (ca. 1000 v. Chr.) strotzt vor Geschichten von Kränkung und Rache. Es beginnt schon damit, dass Gott den Verstoß gegen sein Gebot, vom Baum der Erkenntnis zu essen, mit der Vertreibung aus dem Paradies straft. Schon in der nächsten Generation wird ein Beispiel für verschobene Rache beschrieben. Kain fühlt sich von Gott ungerecht behandelt, weil Gott sein Opfer nicht so annimmt wie das seines Bruders Abel. Da er sich an Gott selbst nicht rächen kann, erschlägt er dafür seinen Bruder Abel.

Auch die ältesten griechischen Epen sind eine Aufeinanderfolge von Kränkung und Rache: Homer beschreibt 800 vor Chr. in der Ilias und in der Odyssee die Geschichte von Troja und die Geschichte des Helden Odysseus. Kurze Fragmente zum Thema Kränkung und Rache in der Ilias habe ich schon im Kontext des Selbstwertbedürfnisses angesprochen. In der Odyssee beschreibt Homer, wie die Heimfahrt des Helden Odysseus aus dem Trojanischen Krieg durch die Rache des Gottes Poseidon zu einer abenteuerlichen zehnjährigen Irrfahrt wird. Zuhause in Ithaka endlich angekommen, rächt sich Odysseus wiederum für die Untreue seiner alten Gefährten, indem er sie alle tötet.

Shakespeares Tragödie Hamlet ist eine Rachegeschichte der besonderen Art, auf die ich im Kapitel *Der Kampf um den freien Willen* näher eingehe.

Unzählig sind die Romane und Filme aus der neueren Zeit, in denen das Rache-Motiv das zentrale Thema darstellt, von Alexandre Dumas' *Der Graf von Monte Christo* über Dürrenmatts *Der Besuch der alten Dame* bis zu Filmen wie *Spiel mir das Lied vom Tod* oder *Django Unchained.*

Zorn ist das Gefühl, mit dem das Rachebedürfnis energetisiert und damit zum wahrnehmungs- und handlungsleitenden Motiv wird. Der Philosoph Peter Sloterdijk nennt den

Zorn den unheimlichsten und menschlichsten aller Affekte. Sein grandioser Streifzug über das Phänomen des Zorns und der Rache beleuchtet alle psychologischen, kulturellen und politischen Dimensionen und schließt mit der Feststellung: »Nach allem, was im Gang dieser Untersuchung gesagt wurde, wäre es abwegig, zu behaupten, der Zorn habe seine besten Zeiten hinter sich. Wir haben uns im Gegenteil davon überzeugt, dass der Zorn (zusammen mit seinen thymotischen Geschwistern, dem Stolz, dem Geltungsbedürfnis und dem Ressentiment) eine Grundkraft im Ökosystem der Affekte darstellt, ob interpersonal, politisch oder kulturell.«[35] Dem ist nichts hinzuzufügen.

Eine **Dominanz** auf diesem Bedürfnispol unterscheidet sich gravierend darin, ob die Dominanz im Nehmen-Modus oder im Geben-Modus besteht.

Im Nehmen-Modus zeigt sich Rechthaberei, Selbstgerechtigkeit, Beharren auf eigenen Rechten, Pochen auf Gerechtigkeit für sich, hohe moralische Ansprüche an andere, strenge Disziplin- und Moralforderungen an andere.

Im Geben-Modus findet sich vor allem hohes Pflichtbewusstsein, unbedingte Fairness, hohe Loyalität, starkes moralisches Gewissen, häufige Schuldgefühle, häufige Sühnehandlungen, hohe Disziplin im Einhalten von Zusagen und Verbindlichkeiten.

Wenn sich zu dieser Dominanz eine Dominanz des Wirksamkeits-/Machtmotivs gesellt, dann entsteht ein cholerischer Charakter. Ist die Dominanz mit einer Dominanz des Gelassenheits-/Hingabe-Motivs verbunden, dann entsteht eine pflichtbewusste und den Sinnesfreuden eher abgewandte Grundhaltung.

Bei einer **Fixierung** des *Ideale-/Gerechtigkeitsbedürfnisses* werden die Ideale zu Ideologien, Dogmen und Fundamentalismen. Sie verwandeln sich zu einem Gesinnungsterror, der sich in verbiesterter Selbstgerechtigkeit und harter Disziplin sowie Vorgaben ausdrückt, aus denen jede Lebensfreude verbannt ist. In Verbindung mit dem Wirksamkeits-/Machtmotiv wird die eigene Gesinnung selbstgerecht als Wahrheit der Umwelt aufgezwungen.

Angemessene Vergeltungsbedürfnisse mutieren bei einer Fixierung zu einer Rachsucht und zu Strafaktionen, die jedes Ausgleichsmaß überschreiten. Angemessene Sühnehandlungen entarten in einen Sühnewahn, der sich in Selbstgeißelung bis zur Selbstzerstörung ausdrückt.

Auf der kollektiven Ebene gibt die Religionsgeschichte unzählige Beispiele für Fixierungen. Sie reichen von Hexenverfolgung bis zu Selbstmordattentaten. Aber auch alltägliche Ideale können in der Fixierung tyrannische und gefährliche Formen annehmen. Zum Beispiel weibliche Attraktivitätsideale: Ob das nun die zu winzigen Bündeln gebundenen Füße von Frauen im alten China[36] waren oder ob es der Schlankheitswahn der derzeitigen westlichen Welt ist. Das Binden der Füße der kleinen Mädchen in China hatte den sexuellen Hintergrund, dass die verkrüppelten Füße zu einem unsicheren, trippelnden Gang zwangen, wodurch die Vagina-Muskeln besonders trainiert wurden und

35 Sloterdijk, P. (2006): Zorn und Zeit. Frankfurt a. M. (Suhrkamp), 352

36 … bis in die jüngste Vergangenheit: Eine Klientin aus Taiwan erzählte mir kürzlich, dass noch ihre Großmutter gebundene Füße hatte!

einen besonderen Genuss des Mannes beim Geschlechtsverkehr versprachen. Welchen Schluss lässt ein weibliches Attraktivitäts-Ideal zu, das den Körper eines vorpubertären Mädchens verlangt? Dass Frauen, um als sexuell attraktiv zu gelten, sich auch im 21. Jahrhundert noch einem selbstzerstörerischen und erniedrigenden Ideal unterwerfen, zeigt, wie bestimmte Motive über die Jahrtausende gleich bleiben, auch wenn sich die äußeren Ausdrucksformen unterscheiden.

Immer wenn Absolutheitsansprüche auf das »Wahre und Richtige« gestellt werden und sich damit ein Gesinnungsterror einstellt, bedeutet das, dass die Balance zwischen *Ideale/Gerechtigkeit* und *Freude/Genuss* verloren geht. Dabei geht aber nicht nur die Freude verloren, sondern auch die Tugend, denn wie schon Aristoteles formulierte: Tugend ist die Mitte zwischen zwei Lastern.

Freude/Genuss

Unser Bedürfnis nach *Freude und Genuss* wird von drei großen Richtungen dieses Bedürfnisses bestimmt, denen wir schon im Sprachgebrauch biologische Attribute zugestehen: Dem Spiel-*Trieb*, dem Schönheits-*Sinn* und dem Froh-*Sinn*.

Die Ausdrucksformen des Bedürfnisfeldes *Freude/Genuss* sind demgemäß sehr vielfältig und zeigen sich in sehr unterschiedlichen Befriedigungsmöglichkeiten. Da gibt es die Sinnesfreuden, bei denen besonders die körperlichen Genüsse erfreuen, wie z. B. beim Sex, Essen, Trinken, Sport, Spiel, Tanz und Muße.

Dann gibt es die Sinnesfreuden, bei denen die Befriedigung in geistigen, ästhetischen und musikalischen Genüssen liegt, wie z. B. bei Musik, Literatur, Theater, Malerei, bildende Kunst, Architektur, Schmuck, Mode usw.

Und es gibt die Sinnesfreuden, die den Frohsinn befriedigen wie z. B. Humor, Heiterkeit, Fröhlichkeit, Kabarett, Komik, Witze usw.

Alles was wir tun, weil es uns Freude und Vergnügen bereitet oder weil wir dabei einen Genuss empfinden, ist vom Bedürfnispol *Freude/Genuss* motiviert. Ob wir einen Roman lesen, spazieren gehen, Schachspielen, Sport treiben oder bei Sportveranstaltungen zuschauen, einen Film anschauen oder selbst Theater spielen: Immer wenn wir etwas zweckfrei tun, nur weil es uns Vergnügen bereitet, kommt die Handlungsenergie aus diesem Grundbedürfnis. Es geht bei diesem Bedürfnis um unbeschwertes Sein, um die Leichtigkeit des Lebens.

In der psychologischen Wissenschaft wird zwischen »intrinsischer und extrinsischer Motivation unterschieden. Als intrinsisch motiviert gelten alle Handlungen, die für sich genommen lustvoll erlebt werden und Freude machen. Das heißt, die Bedürfnisbefriedigung liegt in der Handlung selbst und nicht in einem durch die Handlung angestrebtem Ziel. Dagegen werden als extrinsisch motiviert alle Handlungen bezeichnet, die zweckorientiert und nicht allein vom Bedürfnis nach Freude/Genuss motiviert sind. Ich empfinde diese Unterscheidung als etwas unglücklich, da keine Handlung nur von einem Motiv gesteuert wird. Insofern müsste man als extrinsisch motiviert eher nur diejenigen Handlungen bezeichnen, denen das Motiv nach Freude/Genuss gänzlich fehlt.

Situationen sind meist komplex, bestehen aus verschiedenen Handlungen und sind auch immer von einem Bündel von Bedürfnissen motiviert. Stellen wir uns vor, Sie laden Gäste zum Essen ein. Stellen wir uns weiter vor, dass Sie gerne kochen. Des Weiteren malen wir uns aus, dass die Gäste liebe Freunde sind, mit denen Sie gerne Ihre Zeit in fröhlicher Runde verbringen. Die Frage nach den Motiven würde wohl eindeutig ergeben, dass diese Einladung sowohl vom Bedürfnis nach Freude und Genuss als auch durch das Bedürfnis nach Geselligkeit (Bindung/Gemeinschaft) motiviert ist. Also intrinsisch motiviert.

Malen wir uns dagegen ein anderes Szenario aus: Die Gäste sind Kollegen. Sie haben eingeladen, weil Sie diese Einladung schuldig sind und außerdem bei dieser Gelegenheit eine wichtige Allianz schmieden möchten. Sie kochen zwar nicht gerne, möchten sich aber revanchieren für die Essenseinladungen, bei denen Sie Gast waren und die Gastgeber jeweils selbst gekocht hatten – sie möchten da nicht der Einzige sein, der das nicht schafft. Auch hier ein Bündel von Motiven. Die inneren Antreiber sind jedoch andere Bedürfnisse. Zum einen nach Anerkennung (obwohl Sie nicht gerne kochen, tun Sie es, um nicht an Prestige zu verlieren). Zum anderen das Bedürfnis nach Ausgleich (Gerechtigkeit) – Sie haben das Gefühl, eine Gegeneinladung schuldig zu sein – und vor allem das Bedürfnis nach Wirksamkeit/Macht, denn sie wollen die anderen als Verbündete gewinnen, um eine Sache oder Entscheidung in ihrem Sinne durchsetzen zu können. Die Motive sind genauso wie im obigen Fall Grundbedürfnisse – im Unterschied zur intrinsischen Motivation fehlt jedoch das Motiv *Freude/Genuss*. In diesem Fall gilt die Einladung als »extrinsisch« motiviert.

Unser »Schönheits-Sinn«, d. h. unser Bedürfnis nach Schönheit und Ästhetik, zeigt sich z. B. darin, dass wir uns in schönen Landschaften lieber aufhalten als in kaputten Industriebrachen. Wenn wir wählen können, leben und arbeiten wir lieber in Umwelten, die wir als schön empfinden. Wir verschönern mit Formen, Farbe und Gestaltung, damit unsere Augen einen Genuss empfinden; wir bevorzugen »Schönes« vor »Hässlichem« – wobei das, was als »schön« empfunden wird, natürlich großenteils zeitgeistig sozialisiert und kulturell geprägt ist. Trotz dieser Prägung gibt es aber offenbar einen Schönheitssinn, der universell anspricht auf Vollkommenheit und Harmonie, unabhängig von Kultur, Zeiten und Moden. Dies zeigt sich z. B. darin, dass wir heute noch die Ästhetik der altägyptischen und altgriechischen Bauwerke und Kunst als Schönheit empfinden.

Jean Clottes, Vorsitzender des Internationalen Komitees für Felskunst, beantwortete die Frage, ob der Cro-Magnon-Mensch schon einen Schönheitssinn hatte, eindeutig mit einem Ja.[37] So wurde für Schmuck z. B. Material sowohl nach visuellen Gesichtspunkten »wie es aussieht« ausgewählt als auch nach kinästhetischen Gesichtspunkten »wie es sich anfühlt«. Felskunst im Périgord wird auf vorgeschichtliche Zeit (45.000 Jahre) datiert – also zumindest so weit zurück lässt sich dieses Bedürfnis nachweisen.

---

37 In der ARTE-Sendung vom 14.06.2003

Was den Spieltrieb angeht, so ist seine Bedeutung für die kindliche Entwicklung unbestritten. Bewegungsspiele dienen z. B. der Körperbeherrschung, und Illusions- und Rollenspiele dem affektiven Gleichgewicht. Wahrnehmungsleistungen, motorische Fertigkeiten sowie Intelligenzleistungen, also schlussfolgerndes und schöpferisches, intuitives Denken, werden großenteils durch Spielaktivität erworben und trainiert. Für Huizinga[38] ist nicht der arbeitende Mensch, sondern der spielende Mensch der Urheber jeglicher Kultur. Der Siegeszug des spielerischen Charakters der Internet-Nutzung gibt Huizinga recht – hier war und ist der Spieltrieb sicher mitverantwortlich für die rasante Entwicklung der neuen Kultur – vor allem in Bezug auf ihre Akzeptanz und Einverleibung durch die junge Generation.

Dass unser Spielbedürfnis nicht nur eine wichtige Funktion in der kindlichen Entwicklung hat, sondern auch in der Erwachsenenwelt eine machtvolle Rolle spielt, zeigt z. B. die enorme Bedeutung, die Sportereignisse in unserem gesellschaftlichen Leben spielen. Für viele hat der spielerische Umgang mit alltäglichen Herausforderungen eine besondere Anziehungskraft. Denn eine spielerische Herangehensweise an Probleme aller Art ist wohltuender als eine verbissene, wobei damit nicht gemeint ist, das jeweilige Problem auf die leichte Schulter zu nehmen, sondern es bedeutet, alles nicht *zu* ernst zu nehmen.

Die innere Haltung, die wir beim Spielen entwickeln – zweckfreies Handeln, das nur der Freude gewidmet ist – erzeugt meist auch eine heitere Stimmung. Heiterkeit, Humor, Frohsinn – das ist die dritte Wesensform in dem Dreigestirn Spieltrieb-Schönheitssinn-Frohsinn.

Die Bedeutung des Bedürfnisfeldes *Freude/Genuss* ist von zwei Philosophen zum Zentrum ihres Denkens geworden. Der antike Philosoph Epikur vertrat die Überzeugung, dass alles, bei dem die Freude fehlt, keinen Wert besitzt. Epikurs Philosophie der Freude wurde häufig fälschlich als reiner Hedonismus gedeutet – vor allem von den Stoikern und ihren Nachfolgern in der modernen Welt. Epikurs Philosophie ist jedoch keineswegs Hedonismus, sondern will einen Weg zu einem freudvollen Leben weisen. Neben der Bedeutung von Freude postulierte Epikur noch zwei zentrale Werte: Freundschaft und die »Mäßigung in der Befriedigung der Genüsse«, also die Vermeidung von Fixierungen.[39]

Ebenso ist auch für Baruch de Spinoza, einen der einflussreichsten Philosophen des Mittelalters, die Freude die wichtigste Begierde. Dabei hält er die Mäßigung sinnlicher Genüsse für ein natürliches Ergebnis innerer Freude. Für ihn entspricht die Freude einer Erhöhung der Tatkraft und damit dem »Übergang des Menschen von einer geringeren zu einer größeren Vollkommenheit.« Das Gute steht bei Spinoza proportional einzig zu der Freude, die wir in ihm finden oder suchen. Darum »ist alles, was Freude bringt, gut« (IV, Anhang, Hauptsatz 30). »… je mehr wir mit Freude affiziert werden, umso größer ist die Vollkommenheit, zu der wir übergehen, d. h. umso mehr partizipieren wir

---

38 Huizinga, J., nach Oerter, R. (1980): Moderne Entwicklungspsychologie. Donauwörth (L. Auer)

39 Epikur (1962): Philosophie der Freude. Übertragen und mit einem Nachwort versehen von Paul M. Laskowsky. München (Goldmann)

zwangsläufig an der göttlichen Natur. Dinge zu gebrauchen und sich ihrer soweit wie möglich zu erfreuen (natürlich nicht bis zum Widerwillen, denn das heißt nicht, sich ihrer erfreuen), ist also Sache eines weisen Menschen. Sache des weisen Menschen ist es, sage ich, sich maßhaltend mit schmackhaften Essen und Trinken zu stärken und zu erfrischen, wie auch Wohlgeruch, die Schönheit grünender Natur, Dekoration, Musik, Sport, Theater und andere Dinge dieser Art zu genießen, Dinge, denen sich ein jeder ohne irgendeinen Schaden für den anderen hingeben kann.« (Lehrsatz XLV, Anmerkung)

Bei einer **Fixierung** des Freude/Genuss-Bedürfnisses kommt es zu einer Realitätsflucht, mit der man sich den ernsten Seiten des Lebens, wo es um Pflichten, verantwortliches Engagement und ein »gerechtes Leben« geht, entzieht. (Der Gegenpol *Ideale/Gerechtigkeit* ist vernachlässigt bzw. ausgeblendet.) Ethische Regeln, Normen und Pflichten sind außer Kraft gesetzt.

Diese Realitätsflucht kann sich in psychopathologischen Formen zeigen wie z. B. in Süchten – von Spielsucht über Sexsucht und Kaufsucht bis Drogensucht – oder in soziopathologischen Formen: Trägheit in Bezug auf die täglichen großen und kleinen Pflichten des Lebens mündet in Verantwortungslosigkeit und Schmarotzertum. (Die Arbeit sollen lieber die anderen verrichten.)

Auf der kollektiven Ebene zeigt sich eine Fixierung heutzutage z. B. in Form eines verantwortungslosen Konsum- und Erlebniswahns, der weder Naturressourcen noch Tierschutz berücksichtigt. Ein hektischer Aktionismus der Freizeitgestaltung soll Freude und Genuss bringen – aber wie bei allen Fixierungen wird dabei nicht wirkliche Befriedigung erlebt.

Im zweiten Jahrhundert kritisierte der Dichter Juvenius, dass sich das römische Volk entpolitisiert nur noch für »*Brot und Spiele*« interessiere; mit *Spiele* waren Zirkusaufführungen gemeint. Der römische Kaiser Trajan pflegte besonders die Massenunterhaltung, weil er der festen Überzeugung war, dass die Masse des Volks nur durch Getreide und Zirkusaufführungen im Bann zu halten sei – die Ähnlichkeit zum heutigen Zirkus der gigantischen Unterhaltungs- und Sportindustrie ist unübersehbar.

Der innerste Kreis

Eng um das Zentrum der Ganzheit schließt sich der Kreis, der nur aus der Polarität von *Wirksamkeit/Macht* vs. *Gelassenheit/Hingabe* besteht. Diese beiden Bedürfnis-Pole haben insofern eine besondere Bedeutung, als sie eigenständige Motive sind und zugleich aber auch bei jedem anderen Motiv mitwirken. Das bedeutet, dass sich zu jedem Motiv entweder das Wirksamkeits-/Machtmotiv gesellt oder das Gelassenheits-/Hingabemotiv: entweder handeln wir im Wirksamkeitsmodus oder im Gelassenheitsmodus.

Wirksamkeit/Macht

Die zentrale Stellung unseres Wirksamkeits- und Machtbedürfnisses ergibt sich aus dem Menschsein schlechthin. Die wesentlichen Bedürfnisse, die in das Feld *Wirksamkeit und*

Macht gehören, sind die Bedürfnisse nach Erfolg, Kommunikation, Leistung, Arbeit, Gestalten, Bestimmen, Führen, Entscheiden.

Um etwas zu erreichen, muss man wirksam sein können. Jegliches Ziel, das ein Mensch anstrebt, benötigt eine Handlung, die bewirkt, dass man sich dem Ziel nähert bzw. es erreicht. Allein um überleben zu können, müssen wir in der Umwelt so wirksam sein können, dass wir Nahrung beschaffen können, dass wir Sicherheit gewährleisten, dass wir uns mit anderen Menschen verständigen können. Im Grunde will jede Kommunikation wirksam sein – wenn sie es nicht wollte, könnte man geradeso gut an eine Wand reden oder schweigen.

Es gibt keine Handlung und kein Verhalten ohne Motiv, d. h. jede Handlung will etwas bewirken (ausgenommen eine sogenannte »Blindleistung«, darunter versteht man ein unsinniges Verhalten, das kein Ziel hat, sondern z. B. aus Nervosität geschieht).

Eines der negativsten Gefühle für einen Menschen ist das Gefühl der Unwirksamkeit bzw. Ohnmacht. Es lässt uns spüren, dass wir nichts bewirken können, dass wir einer Situation oder einer Person ausgeliefert sind. Genau betrachtet ist Ohnmacht ein existenzbedrohlicher und lebensfeindlicher Zustand. Sich ohnmächtig zu fühlen bedeutet, sich als Spielball der Umwelt zu fühlen. Insofern ist es kein Wunder, wenn Menschen, die sich häufig oder lange Zeit ohnmächtig erleben, entweder krank werden oder sich aufbäumen und gewalttätig werden. Nietzsche formuliert das so: »... denn die Ohnmacht gegen Menschen, nicht die Ohnmacht gegen die Natur, erzeugt die desparateste Erbitterung.«[40] Revolutionen gegen die Ohnmacht zeigen sich dann z. B. als Amoklauf oder Terror. (Was im Umkehrschluss nicht heißen soll, dass jeder Terror ein Aufbäumen gegen Ohnmacht ist – es gibt auch den Terror aus anderen Motivquellen, z. B. aus Machtfixierung, aus Gerechtigkeitsfixierung, aus bedingungsloser Loyalität, aus dem Bedürfnis nach Ehre usw.)

Es ist also schon unser frühes instinktives Bestreben, Ohnmacht zu vermeiden und zu versuchen, selbstwirksam sein zu lassen. Die sogenannte Trotzphase ist davon gekennzeichnet, dass das Kleinkind seine Wirkmächtigkeit gegen die Macht der Umwelt ausprobiert. Und seine Erfahrungen in dieser Zeit prägen natürlich sein Verhältnis zu Macht und Ohnmacht nachhaltig. Wird sein »Trotz« gebrochen, macht es die Erfahrung, dass die Umwelt übermächtig ist, und wird daraus entsprechende Einstellungen und Glaubenssätze entwickeln. Das kann dann z. B. bedeuten, dass dieses Kind unbewusst einen Lebensplan (ein sogenanntes Lebensscript) entwickelt, das als großen Grundtenor hat »um zu überleben, muss ich mich unterwerfen«. Es kann aber auch (in der Identifikation mit der gewaltigen Umwelt) ein gegenteiliges Script entwickeln, wie z. B. »Nur mit Gewalt bekomme ich das, was ich brauche«. Die einzelnen Ausprägungen sind ungeheuer vielfältig – wie eben alle Menschen in ihren individuellen Ausprägungen höchst unterschiedlich sind – aber für einen Menschen, der als Kind »ohnmächtig« gemacht wurde, wird es später schwierig werden, ein natürliches und entspanntes Verhältnis zu Macht und Autorität zu entwickeln. Sein Handeln wird dann eher ängstlich misserfolgsvermeidend, d. h. immer mit Anspannung verbunden sein. Werden die Bedürfnisse des Kindes nach Selbstwirksamkeit

40 Nietzsche, F. (2005): Friedrich Nietzsche Gesammelte Werke, Bindlach (Gondrom)

befriedigt, dann kann es sein Erfolgs- und Leistungs-Potenzial entfalten ,und es wird selbstsicher erfolgserwartend handeln.

Das Leistungsmotiv wird in vielen Motivationstheorien als eigenständige Motivkategorie bezeichnet. Wenn wir das Leistungsmotiv jedoch genau betrachten, dann wird deutlich, dass mit Leistung immer etwas bewirkt werden soll, d.h. es geht um Wirksamkeit, die zu einem Erfolg führen soll. Insofern ist das Leistungsmotiv immer ein Wirksamkeitsstreben. Erfolg ist, wenn ich so wirksam war, dass ich das erreicht habe, was ich erreichen wollte.

Gestalten bedeutet, die Umwelt so zu formen und in sie so einzugreifen, dass etwas Angestrebtes entsteht. Dabei kann sich das Gestalten auf die Herstellung eines Produktes beziehen oder die Gestaltung einer Umgebung, wie z.B. einen Baum zu pflanzen oder auf die Gestaltung einer Atmosphäre wie z.B. das Anzünden eines Kaminfeuers, die Gestaltung einer Besprechung durch das Festlegen der Tagungsordnungspunkte. Grundlage jeder Gestaltung ist, dass etwas mit den jeweiligen Gestaltungshandlungen bewirkt werden soll.

Bestimmen und Entscheiden heißt festzulegen, was angestrebt oder getan wird. Führen heißt, auch andere zu einem bestimmten Ziel zu bringen bzw. für andere zu entscheiden und zu bestimmen, was sie zu tun haben.

Hingabe/Gelassenheit[41]

Das Bedürfnis nach Gelassenheit und Hingabe umfasst so unterschiedliche Bedürfnisse wie Nachgeben, Sich einfühlen in andere (Empathie), einen Prozess geschehen lassen ohne einzugreifen, aber auch sich hingeben an eine Person oder eine Tätigkeit. Gelassen sein hat viel mit Angstfreiheit und Vertrauen zu tun – nur wenn man keine Angst hat, kann man sich mit gutem Gefühl erlauben, nicht eingreifen zu wollen; nur wenn man keine Angst hat, kann man gelassen abwarten, was geschehen wird; nur wenn man vertrauen kann, ist Hingabe möglich. Hingabe an eine Tätigkeit zum Beispiel, erzeugt den sogenannten »flow«, bei dem man Zeit und Raum vergisst. Voraussetzung für dieses flow-Erleben, bei dem Endorphine, die so genannten Glückshormone ausgeschüttet werden, ist neben dem Interesse an dem Tun das Vertrauen in die eigenen Fähigkeiten, die Aufgabe bewältigen zu können.

Empathie, das Einfühlen in andere Menschen, ist das Bedürfnis/Motiv, das uns befähigt, andere Menschen zu verstehen und mit anderen Menschen eine Gemeinschaft zu bilden. Und Empathie von anderen Menschen zu bekommen heißt, verstanden zu werden in unseren Gefühlen und Handlungsweisen. Gerade bei der Empathie können wir sehr deutlich spüren, dass wir das Bedürfnis sowohl im Nehmen- als auch im Geben-Status haben. Wir möchten gelassen sein und wir möchten andere Menschen verstehen – wir möchten aber auch, dass andere uns lassen und uns verstehen. Das Hingabebedürfnis zu befriedigen bedeutet sowohl, sich selbst vorbehaltlos auf jemanden oder auf etwas einzulassen als auch, dass sich jemand anderes auf uns vorbehaltlos einlässt.

---

41 Kroschel, E. (2008): Die Weisheit des Erfolgs. München (EKL-Edition)

Wir leben dieses Bedürfnis sowohl in »großen« Zusammenhängen, wie z. B. in der Liebe oder im Beruf – das sind die Zusammenhänge, mit denen man das Wort Hingabe schnell verbindet – als auch in den kleinsten alltäglichen Zusammenhängen: Wenn wir zum Beispiel jemandem aufmerksam zuhören, indem wir nicht schon während des Zuhörens unsere eigene Antwort innerlich formulieren, geben wir uns für diese Momente dem Zuhören hin; wir befriedigen damit unser Hingabebedürfnis im Geben-Status. Wenn andererseits uns jemand aufmerksam zuhört und sich auf unsere Worte einlässt, dann wird unser Hingabebedürfnis im Nehmen-Status befriedigt.

Auch in diesen kleinen Alltagssituationen der Kommunikation zeigt sich, dass Gelassenheit und Hingabe viel mit Angstfreiheit, Vertrauen und Selbstvertrauen zu tun haben: Wer unsicher ist oder Angst hat oder misstrauisch ist, kann nicht gelassen zuhören, d. h. kann sich nicht für den Moment hingeben, sondern wird ängstlich oder misstrauisch oder rechthaberisch schon während des Zuhörens gedanklich Widerstand leisten. In der Konsequenz heißt das, dass die Qualität von Kommunikation stark mit der Fähigkeit zusammenhängt, ob jemand gelassen sein kann bzw. ob jemand Gelassenheit beim Gegenüber herstellen kann. Wenn jemand beim Gegenüber Angst auslöst oder Aggression oder Unsicherheit, dann kann derjenige nicht mehr gelassen zuhören, d. h. er hört mit größter Wahrscheinlichkeit etwas ganz anderes, als der Sprecher meint gesagt zu haben. Genau das ist der Stoff, aus dem Konflikte entstehen und sich erhalten.

Besteht eine Fixierung auf dem Gelassenheit-/Hingabe-Feld, d. h. wenn das Wirksamkeits-/Machtbedürfnis nicht genügend wahrgenommen und gelebt wird, entsteht aus dem Hingabebedürfnis ein Unterwerfungsmotiv. Das zeigt sich dann zum Beispiel in unterwürfigem und devotem Verhalten; man lässt sich alles gefallen, man wehrt sich nicht, wenn man unangemessen behandelt wird, man setzt sich nicht für seine Wünsche, Bedürfnisse und Rechte ein. Diese Fixierung kann einseitig sein, das heißt, das Macht- und Wirksamkeitsbedürfnis wird nie wahrgenommen und gelebt oder es wird zwar wahrgenommen, aber nicht gelebt, weil es mit einem zu starken Tabu belegt ist. Die Folgen sind Krankheit und Depression.

Häufiger ist allerdings, dass die Fixierung bipolar abläuft, d. h. gegenüber Stärkeren, Mächtigeren besteht das Unterwerfungsmotiv, aber gegenüber Schwächeren wie Minderheiten, Kinder und Tieren wird in die gegenüberliegende Fixierung gewechselt: Man ist gewalttätig, tyrannisch bis sadistisch. Es ist der Charakter des »Nach oben buckeln – nach unten treten«. Erich Fromm beschreibt diese Ausprägung eines Menschen als sadomasochistischen Charakter.

Ganzheit/Einheit

Im Zentrum des Bedürfniskreises steht das Bedürfnis nach Einheit und Ganzheit, dessen Gegenpol die Vielheit der anderen Bedürfnisse darstellt und das die Integration sowohl der körperlichen als auch der psychischen Polaritäten verlangt.

Das Bedürfnis nach Einheit und Ganzheit bezieht sich auf alle Aspekte der menschlichen Existenz und drängt uns zur Verwirklichung unserer Potenziale. Denn solange wir unsere inhärenten menschlichen Potenziale nicht entwickelt haben, solange drängt uns dieses Bedürfnis vorwärts in Richtung Integrität (bedeutet Vollkommenheit, Unverletztheit).

Auf der körperlichen Ebene ist die Bedeutung der Befriedigung des Ganzheitsbedürfnisses am deutlichsten sichtbar, wo alle Motivpolaritäten trotz ihrer Gegensätzlichkeit zu einer Ganzheit integriert werden müssen. Es gibt kein Einatmen ohne Ausatmen; es kann keine Sauerstoff-, Flüssigkeits- oder Nahrungs*aufnahme* stattfinden, ohne dass die Stoffwechselprodukte *abgegeben* werden müssen. Der Pol *Kontakt* ist nicht lebbar ohne den Pol *Rückzug*, und die Einheit der Polarität *Wachstum/Entwicklung* mit *Verfall/Zerstörung* findet sowohl in den Zell-Prozessen des Organismus ihren Ausdruck als auch im gesamten Lebensverlauf von der Geburt zum Tod.

Die Folgen einer Vernachlässigung der Integration der Polaritäten auf der körperlichen Ebene sind sehr schnell spürbar und führen zu Krankheit und Tod. Erst durch das Befriedigen aller körperlichen Bedürfnispolaritäten und ihrer Integration zu einer Ganzheit sind wir lebensfähig und können unsere körperlichen Potenziale entwickeln.

Genauso können wir nur durch das Befriedigen unserer psychischen Bedürfnispolaritäten und ihrer Integration zu einer Ganzheit unser inhärentes psychisches und geistiges Potenzial entwickeln.

Die Wahrnehmungsexperimente der Gestaltpsychologie haben schon in den Dreißiger-Jahren des letzten Jahrhunderts zu der Erkenntnis geführt, dass der menschliche Organismus ein Grundbedürfnis nach »ganzen Gestalten«, d. h. nach Ganzheit hat und unser Gehirn deshalb unbewusst die äußerst selektiven Wahrnehmungsfragmente so zusammensetzt, dass für unser individuelles Verständnis und ganz im Rahmen unserer individuellen Vorurteile und Interpretationen »sinnvolle Ganzheiten« entstehen, auch wenn diese nicht der äußeren Realität entsprechen. Neurophysiologische Forschungen bestätigen inzwischen die psychologischen Erkenntnisse und Theorien der Gestaltpsychologie und des Konstruktivismus. Der Hirnforscher Wolf Singer drückt das so aus: »Unsere Sinnessysteme sind zwar hervorragend angepasst, um aus wenigen Daten sehr schnell die verhaltensrelevanten Bedingungen zu erfassen, aber sie legen dabei keinen Wert auf Vollständigkeit und Objektivität. Sie bilden nicht getreu ab, sondern rekonstruieren und bedienen sich dabei des im Gehirn gespeicherten Vorwissens. [...] Unsere als objektiv empfundenen Wahrnehmungen sind das Ergebnis solcher konstruktiven Vorgänge.«[42]

So führt unser Bedürfnis nach Ganzheit z. B. auch dazu, dass Erinnerungen trügerisch sein können – sie sind kein getreues Abbild der damaligen Ereignisse, sondern die Erlebnisse werden bei jedem Erinnern neu konstruiert und jeweils den gegenwärtigen Verhältnissen der mentalen und emotionalen Zustände des Erinnernden angepasst.[43] Wenn uns z. B. in einem Erinnerungsbild ein Fragment fehlt, dann führt das Ganzheitsbedürfnis häufig dazu, dass wir es unbewusst einfach ersetzen durch etwas, was zu einer ganz anderen Situation gehört oder gar durch etwas, was wir selbst gar nicht erlebt aber gehört, gelesen oder geträumt haben. Darum sind Zeugenaussagen oft so widersprüch-

42 Singer, W.: *FAZ* vom 08.01.2004

43 vgl. Assmann, A. (2006): Der lange Schatten der Vergangenheit. München (Beck)

lich. Beim Erinnerungsvorgang kommt es auch häufig zum berühmten Kampf zwischen Gewissen und Selbstbild, den ein Aphorismus von Nietzsche so trefflich beschreibt: »Das habe ich getan – sagt mein Gedächtnis. Das kann ich nicht getan haben – sagt mein Stolz und bleibt unerbittlich. Endlich gibt das Gedächtnis nach.«[44] Der Aphorismus ist ein wunderbares Bild für den neuronalen Mechanismus des Gehirns, uns unbewusst durch Grundbedürfnisse zu steuern – in diesem Fall durch die Grundbedürfnisse nach Selbstwert und Idealen. Ein Vorgang, der z. B. von der Kulturwissenschaftlerin Aleida Assmann[45] in ihrem Buch *Der lange Schatten der Vergangenheit* mit vielen Beispielen von Erinnerungsverfälschungen belegt wird.

Dass uns Unerledigtes länger beschäftigt als Abgeschlossenes und damit psychische Energie bindet, ist eine Erkenntnis aus der empirischen Gestaltpsychologie und wird Zeigarnik-Effekt genannt. Jeder von uns kennt diese Situationen, in denen wir z. B. einen Telefonanruf oder eine Arbeit vor uns herschieben und dabei aber nicht wirklich frei sind davon – das Unerledigte sitzt uns im Nacken und kostet Energie, selbst wenn wir uns nicht damit beschäftigen. Das Bedürfnis nach Ganzheit sorgt dafür, dass die unerledigten Gegebenheiten (= offene Gestalten) nach Vollendung drängen und unsere Energie solange binden, bis wir sie erledigt haben. Stellen Sie sich vor, Sie sind mit einem ungerechten Vorwurf konfrontiert und sehen sich im Moment nicht in der Lage, adäquat darauf zu reagieren. Sie werden in der Folgezeit innerlich Dialoge führen, nach dem Motto: »Wenn ich das gesagt hätte, dann …«, »Wie kommt der dazu, mir so etwas zu sagen …«, »Das nächste Mal werde ich aber …« usw. Immer wieder werden Ihre Gedanken zu diesem unerledigten Vorfall schweifen, so dass Vital-Energien in dieser offenen Gestalt gebunden werden. Diese offenen Gestalten, die nach Vollendung verlangen, beziehen sich nicht nur auf konkrete Handlungssituationen, sondern auch auf unsere psychischen Gegebenheiten. So sind z. B. Kränkungen, die wir im Laufe unseres Lebens erfahren haben und die wir nicht heilsam erledigen konnten, »offene Gestalten«. Sie binden psychische Energie, was sich z. B. als Schlaflosigkeit, als Müdigkeit, als geringe Vitalenergie, als psychische Störung oder als somatische Krankheit zeigen kann. Und sie drängen uns zur Erledigung, d. h. zur Befriedigung des dahinter liegenden Bedürfnisses, indem sie uns in Wiederholungssituationen zwingen. Das heißt, wenn wir z. B. eine Erfahrung des Ausgeschlossenseins oder des Benachteiligtwerdens in der Kindheit nicht heilsam erledigen (verarbeiten) konnten, wird uns diese offene Gestalt immer wieder in Situationen drängen, in denen wir uns ausgeschlossen bzw. benachteiligt fühlen – so lange, bis wir diese offene Gestalt schließen, d. h. das Ganzheitsbedürfnis befriedigen.

Neben offenen Situations- und Erlebnis-Gestalten, in denen etwas Wichtiges nicht zum Ausdruck gebracht oder nicht getan wurde (getan werden konnte) und die deshalb keine vollendeten Ganzheiten darstellen, bezieht sich der Begriff der offenen Gestalt aber auch auf die gesamte Persönlichkeit. Konnten sich Persönlichkeitsanteile und Potenziale aufgrund der Sozialisation nicht entwickeln, ist unser Bedürfnis nach Ganzheit und Integrität nicht befriedigt. Diese »Löcher in der Persönlichkeit« binden einerseits

---

44 Nietzsche, F. (2005): Friedrich Nietzsche, Gesammelte Werke. Bindlach (Gondrom)

45 vgl. Assmann, A. (2006): Der lange Schatten der Vergangenheit. München (Beck)

Energie und drängen andererseits nach Vollendung und Ganzheit. Nehmen wir dieses Streben des Organismus nach Ganzheit nicht wahr, indem wir bestimmte Bedürfnisse verleugnen, verdrängen oder verzerren, unterdrücken wir damit unweigerlich das uns innewohnende Potenzial und geraten in eine Fixierung, die sich durch psychische und/ oder körperliche Störungen bemerkbar macht.

Auf einer höchsten Ebene bedeutet das Bedürfnis nach Ganzheit und Einheit ein Transzendenzbedürfnis, das spirituelle Bedürfnis, als individuelle Existenz in eine göttliche oder kosmische Einheit eingebettet zu sein, zu etwas Größerem zu gehören. Albert Einstein bezeichnete es als optische Täuschung, dass wir separate, vom Ganzen getrennte Individuen seien, und hält es für unsere höchste Aufgabe, diese Täuschung zu beseitigen: »Ein menschliches Wesen ist ein Teil des Ganzen, das wir ›Universum‹ nennen, ein in Raum und Zeit begrenzter Teil. Es erfährt sich selbst, seine Gedanken und Gefühle als etwas von allem anderen Getrenntes – eine Art optische Täuschung seines Bewusstseins. Diese Täuschung ist für uns eine Art Gefängnis, das uns auf unser persönliches Verlangen und unsere Zuneigung für einige wenige uns nahestehende Personen beschränkt. Unsere Aufgabe muss es sein, uns aus diesem Gefängnis zu befreien.«[46]

Im chinesischen *Tao te King* des Laotse[47] spricht das Tetragramm 56 von *»Das Einssein erlangen«* und nennt es das Kostbarste der Welt. Im Buddhismus gilt als höchstes Ziel die Erkenntnis von der allen Erscheinungsformen zugrunde liegenden Einheit.

Echtes religiöses und spirituelles Empfinden und Handeln ist somit Ausdruck des Einheits- und Ganzheitsbedürfnisses. Das heißt jedoch nicht, dass religiöses Handeln oder spirituelle Sehnsucht stets nur auf dieses höchste Ganzheits-/Einheitsbedürfnis zurückzuführen ist. Häufig gründet religiöses Handeln auf den Bedürfnissen nach Sicherheit, Zugehörigkeit, Selbstunterwerfung oder Macht. Und spirituelle Sehnsüchte sind oftmals auch Reaktionen auf Ohnmacht und Erfolglosigkeit im Alltag, also motiviert durch die Bedürfnisse nach Wirksamkeit. Diese Motivationen in Bezug auf Religion werden besonders von Nietzsche hervorgehoben.[48]

Nach Tugendhat sind Religion und Mystik Formen des Gesammeltseins. Er spricht von der Gegenläufigkeit, in der das menschliche Wollen zwischen der Vielheit und Zerstreutheit der Belange und einem Bedürfnis nach Einheitlichkeit und Sammlung steht.[49]

Das Bedürfnis nach Ganzheit äußert sich also auf sämtlichen Ebenen des menschlichen Daseins in jeder Millisekunde in der unbewussten Wahrnehmungstätigkeit des Gehirns bis zu den bewussten Bestrebungen unseres Ichs nach innerem Gleichgewicht oder Transzendenz im spirituellen Sinn. Wenn sich aus zwei gegensätzlichen Polaritäten eine Ganzheit bildet, dann bedeutet das die Aufhebung der Differenz. Der Philosoph Salomo Friedlaender spricht von »Schöpferischer Indifferenz« und sagt in diesem

---

46 Einstein, A. (1953): Mein Weltbild. Zürich (Europa)

47 Laotse (2010): Das Tao te King. Hamburg (Nikol)

48 vgl. Nietzsche: Der Wille zur Macht

49 Tugendhat, E. (2003): Egozentrik und Mystik. München (Beck)

Zusammenhang: »Seit Alters her hat man beim Polarisieren mehr auf die Pole als auf deren Indifferenz geachtet. [...] Das grundlegende Problem dabei ist, dass es sich um nichts Differenziertes, nichts Unterscheidbares handelt, das darum negativ als Nichts missverstanden wird: Es herrscht ein Lebens- und Denkfehler: man verwechselt das Nichts von plus und minus mit dem minus.«[50]

Die schöpferische Indifferenz ist also nicht »Nichts«, ist keine Leere, sondern hat eine bestimmte Zustandsqualität. Für Friedlaender ist diese schöpferische Indifferenz kein abstrakter philosophischer Begriff, sondern hat lebenspraktische Bedeutung. Die eigene Mitte zu finden und die Differenzen der Polaritäten aufzulösen, ist für ihn die Lebenskunst schlechthin.

Unser Ganzheits-Bedürfnis drückt sich somit in ganz banalen Alltagssituationen aus, z. B. als das Bedürfnis nach Erledigung von Aufgaben, auch im großen Zusammenhang unserer Persönlichkeitsentwicklung in Richtung Integrität und Vollendung, indem wir alle unsere Potenziale entwickeln.

Wir entwickeln unser menschliches Potenzial, indem wir die Bedürfnis-Polaritäten immer wieder zu einer Ganzheit formieren – häufig von einem Pol zum anderen springend, sich in den Extremen bewegend – manchmal die schöpferische Indifferenz verwirklichend durch die gleichzeitige Befriedigung zweier Gegensätze und im Laufe der Entwicklung immer engere Kreise ziehend in Richtung Mitte und Ganzheit.

---

50 Friedlaender/Mynona (2009): Schöpferische Indifferenz. Herrsching (Hartmut Geerken)

7. Frustration und Kränkung

Es gehört eine schwierige Zauberkunst dazu,
Blut fließen zu lassen und nicht
der Rache des Blutes anheim zu fallen.

Leo Frobenius

Die Macht der Bedürfnisse

Den engen Zusammenhang von Gefühlen und Bedürfnissen zeigen auch die Ergebnisse der Zusammenarbeit von Hirnforschung und Psychosomatik: So hat man herausgefunden, dass die Hirnstruktur der Amygdala und ein Teil des präfrontalen Cortex für die sozialen Bedürfnisse zuständig sind. Hypothalamus, die Amygdala und die Hypophyse erkennen Situationen wie z. B. den Verlust eines geliebten Menschen, mobbende Kollegen, mangelnde Wertschätzung für die getane Arbeit, Ohnmachtssituationen, Ausgrenzungs- und Angriffssituationen usw. als Bedrohung für den Organismus (negativen Stress) und kurbeln spezielle Reaktionen an: Botenstoffe werden ausgeschüttet und es wird derjenige Nerv aktiviert, der den Körper auf Kampf und Flucht einstellt – der Sympathikus. Aus der Nebennierenrinde wird Cortisol freigesetzt. Die Folgen: Der Puls nimmt zu, das Herz wird anfälliger für Rhythmusstörungen, die Gefäße im Körper verengen sich, der Blutdruck steigt. Die Entzündungsstoffe nehmen zu und die Gerinnungsneigung des Blutes erhöht sich. Die Herzkranzgefäße ziehen sich zusammen, so dass das Herz mit weniger Sauerstoff versorgt wird.

Wenn bei bestimmten psychischen Bedürfnissen ein chronischer Mangelzustand herrscht – z. B. beim Verlust eines geliebten Menschen oder des sozialen Status, bei andauerndem Misserfolg, ständigem Konflikt mit Ehepartner, Kinder, Kollegen oder Chef, bei Verlust des Besitzes oder der Heimat, Überforderung z. B. durch pflegebedürftige Angehörige oder Unvereinbarkeit von Beruf und Familie, sehr unbefriedigende Arbeits- oder Lebenssituation und dementsprechend häufig Gefühle wie Angst, Aufregung, Wut, Erschöpfung, Ohnmacht, Trauer oder Trübsinnigkeit erlebt werden, dann läuft das Herz-Kreislaufsystem permanent auf Hochtouren. Es ist dann kein Wunder, wenn eines Tages der Zusammenbruch passiert.

Wenn unsere psychischen Bedürfnisse nicht befriedigt werden, ist das eine seelische Kränkung. Und die ist mächtig genug, um z. B. vorübergehend Teile des Herzmuskels zu lähmen und so zum lebensbedrohlichen Infarkt zu führen. Dabei überfluten Stresshormone den Körper und legen den Pumpmuskel vorübergehend lahm. Oder sie lassen Nieren versagen, bilden Gallensteine oder Magengeschwüre, verursachen Bandscheibenvorfälle oder aufgrund von Aufmerksamkeitsstörungen Unfälle usw.

In unserer Alltagssprache ist ein tiefes Wissen von der psychosomatischen Macht der Bedürfnisse verankert – sowohl im positiven wie im negativen Sinn –, und wir drücken z. B. die Befriedigung eines Bedürfnisses in Sätzen aus wie »da ist mir das Herz aufgegangen oder da hatte ich Schmetterlinge im Bauch oder da machte mein Herz Freudensprünge«.

Genauso bei der Frustration von Bedürfnissen, wenn wir zum Beispiel sagen: »Das hat er sich zu Herzen genommen; der Kummer hat ihr fast das Herz gebrochen; da ist mir vor Schreck das Herz stehen geblieben; das schnürt mein Herz zusammen, da ist mir das Herz in die Hose gerutscht« usw. Doch die physiologischen Prozesse, die bei Bedürfnis-Frustrationen ablaufen, belasten nicht nur das Herz-Kreislauf-System, sondern beeinflussen genauso den übrigen Organismus. Auch das drücken wir in unserer Alltagssprache aus mit Sätzen wie: »Das ist mir an die Nieren gegangen; ihr ist eine Laus über die Leber gelaufen; das hat ihm das Kreuz gebrochen; das schlägt mir auf den Magen; da läuft mir die Galle über« usw.

Auch mit der Frage »Was fehlt dir?«, die wir immer dann verwenden, wenn es jemandem nicht gut geht, drücken wir deutlich aus, dass es an etwas fehlt, dass ein Mangel herrscht. Doch trotz unserer Frage »Was fehlt dir?« finden wir es dann ganz normal, wenn darauf als Antwort die Benennung einer Störung kommt, wie z. B. »Ich habe Kopfweh« oder »meine Frau hat mich verlassen«. Genau betrachtet sind das aber keine echten Antworten auf die Frage. Sie beschreiben nur die vorhandene Störung, das Symptom – nicht das, was fehlt. Wenn wir mit solchen Antworten zufrieden sind, dann deshalb, weil wir uns das Fehlende automatisch hinzudenken. So schließen wir z. B. bei der Antwort »Ich habe Kopfweh«, dass das Wohlbefinden fehlt. Doch beim anderen Beispiel wird es schon schwieriger. Was fehlt dem Betreffenden, dem es nicht gut geht, weil seine Frau ihn verlassen hat? Fehlt ihm ihre Liebe? Ihre Gesellschaft? Ihre Fürsorge? Ihr Geld? Seine Selbstachtung? Die gemeinsame Wohnung? Gesellschaftliche Anerkennung? Weiß er selbst es genau?

Die Macht der Bedürfnisse ist also nicht nur ein immaterielles, subjektiv beschreibbares Phänomen, sondern eine messbare, beobachtbare Tatsache. Wollen wir auf diese destruktiven Abläufe in unserem Körper einwirken, dann geht das nur über ein tieferes Verstehen unserer Gefühle und ein bewusstes Unterbrechen der Dynamik, die bei Kränkungen und Frustrationen abläuft.

Die Rachedynamik bei Frustration und Kränkung

Während Neurophysiologie und Hirnforschung sich mit den physiologischen Abläufen beschäftigen und die organismische Stress-Dynamik aufzeigen, die bei Frustration von psychischen Grundbedürfnissen entsteht, betrifft meine Analyse die psychischen Phänomene. In meiner psychotherapeutischen Praxis konnte ich die Wirkung von Frustrationen und Kränkungen und ihre verhängnisvolle Dynamik intensiv studieren. Ganz gleich, ob ich mit jemandem an psychischen oder somatischen Erkrankungen gearbeitet habe oder an Erschöpfungszuständen, Leistungsstörungen, Beziehungskrisen oder beruflichem Misserfolg – immer haben sich als zugrunde liegende Übel Frustrationen von Grundbedürfnissen herausgestellt. Die Frustration von Grundbedürfnissen geschieht auf zwei Ebenen. Zum einen gibt es die Frustrationen, die durch eigene innere Verbote der Bedürfnisbefriedigung verursacht sind, und es gibt die Frustrationen und Kränkungen durch andere. Beide Ebenen sind miteinander verwoben, dergestalt, dass ein inneres Verbot auch dazu führt, dass die Umwelt unbewusst aufgefordert wird, sich frustrierend zu verhalten.

Kränkungen sind Gift für die Psyche, und die Auswirkungen dieses Giftes sind vielfältigster Art. Die Analyse von Kränkungen jeglicher Art zeigt, dass dabei *immer Grundbedürfnisse frustriert* werden. Diese sind zwar je nach Kränkung unterschiedlich, doch die Bedürfnisse nach Sicherheit, nach Wertschätzung und nach Freude sind stets betroffen. Der Kränker ist deshalb ein Räuber: Er raubt der gekränkten Person einen Teil des Status quo seiner Bedürfnisbefriedigung an Sicherheit, an Selbstwert und an Freude, ganz gleich, auf welchem jeweiligen Befriedigungs-Niveau diese sich gerade befinden mögen. Nach einer Kränkung ist der Gekränkte immer ärmer an Befriedigung – und das heißt auch, ärmer an psychischer Vitalenergie – als vorher.

Abgesehen davon, dass Kränkungen beim Gekränkten demotivierend, krankheitsauslösend sowie leistungs- und kreativitätsmindernd und/oder gewalterzeugend wirken, sind sie auch für denjenigen der kränkt, also für den Täter, höchst nachteilig: Er vermindert mit jeder Kränkung seine persönliche Autorität. Das lässt ihn weniger wirksam oder gar ohnmächtig werden, und dann ist die Gefahr groß, die mangelnde Autorität durch Gewalt und Zwang ersetzen zu wollen. Und die Rachedynamik, der er automatisch anheimfällt, selbst wenn dies häufig nicht offen erkennbar ist, blockiert und vergiftet die Energien in seinem Umfeld und verhindert, dass er freiwillig bekommt, was er möchte.

Wer bei Kränkungen nun an offene Demütigungen, Ungerechtigkeiten und Diskriminierungen denkt, greift zu kurz. Solche großen Kränkungen sind, symbolisch ausgedrückt, wie Messerstiche oder Schussverletzungen. Dann gibt es aber noch die vielen kleinen Kränkungen, vergleichbar mit Boxhieben, Quetschungen, Schürfungen und Nadelstichen: Unfreundlichkeiten, Unhöflichkeiten, ironische Bemerkungen, sogenannte witzige Anmerkungen, Belehrungen, unachtsame Taktlosigkeiten usw.

Und dann gibt es da noch eine besondere Spielart von Kränkungen, bei denen die Kränkungsabsicht regelmäßig geleugnet wird. Das sind die ganz subtilen Kränkungen, die sich als etwas Positives maskieren. Ein Beispiel dafür ist die Bewertung von Bundeskanzlerin Angela Merkel während ihrer ersten Kanzlerperiode durch einen Journalisten: »In der *Außen*politik macht sie ja eine recht gute Figur!« Die Aussage kommt wie eine Anerkennung daher und doch vermischt sie Wertschätzung mit Geringschätzung. Anders ausgedrückt: Das Bonbon ist vergiftet – diese Form der Anerkennung ist toxisch.

Die vier seelischen Automatismen

Bei jeder Kränkung bzw. Frustration laufen im Gekränkten, ob bewusst oder unbewusst, vier Prozesse ab: Blockade, Schmerz, Scham und Aggression. Die Bewusstheit dieser Prozesse ist höchst unterschiedlich. Während der eine vor allem seinen Ärger wahrnimmt, verfällt ein anderer in eine niedergeschlagene Stimmung, und wieder ein anderer wird krank. Die Scham ist den meisten nur dann bewusst, wenn Dritte Zeuge der Kränkung sind – weshalb eine Kränkung im Beisein anderer auch immer als besonders schlimm empfunden wird. Die Blockade bemerken wir vor allem daran, dass uns hinterher, wenn die Situation schon vorbei ist, alle die tollen Reaktionen einfallen, von denen wir uns wünschen, dass wir sie in der Situation gezeigt hätten. Stattdessen sind wir in einer Kränkungssituation nicht im Besitz unserer Ressourcen; wir sind unfähig, sofort schlagfertig zu reagieren. Sprachlosigkeit, wie betäubt sein oder wie erschlagen sein, sind die wahrnehmbaren Phänomene dieser Blockade.

Ob bewusst oder unbewusst, die vier Prozesse laufen automatisch ab – und zwar immer, wenn wir sie nicht bewusst unterbrechen – und entwickeln eine weit über die jeweilige Situation hinausgehende Dynamik.

Blockade

Sprachlos sein, wie vor den Kopf geschlagen, einen Blackout haben, sich völlig überrumpelt fühlen, leer sein – das sind ein paar Beispiele von Gefühlszuständen, die wir im Moment der Kränkung oder Frustration empfinden können. Meistens fühlen wir uns nicht im Besitz unserer Ressourcen, d. h. wir können selten so schlagfertig reagieren, wie wir hinterher gerne reagiert hätten. Hinterher fallen uns alle die tollen Sachen ein, die wir hätten erwidern können oder hätten tun können – in der Situation konnten wir aber nicht. Wir können deshalb nicht, weil unsere Psyche im Moment der Kränkung mit etwas anderem beschäftigt ist: Sie muss den Kontakt mit alten Kränkungen verhindern, sie muss verhindern, dass die Erinnerung an alte Kränkungen ins Bewusstsein kommen, während andererseits diese alten Kränkungen bewusst werden wollen, weil sie als unerledigte Situationen, als offene Gestalten zur Schließung drängen.

Jede Kränkung hat ein Thema. Werden wir z. B. beim Grüßen ignoriert, dann kann das Thema z. B. »nicht wichtig sein« oder »nicht gesehen werden« heißen. Sind wir zu einem Fest nicht eingeladen worden, kann das Thema z. B. »ich werde ausgeschlossen« oder »mich will man nicht« heißen. Bekommt man für eine Leistung keine oder zu wenig Anerkennung, dann kann das Thema z. B. heißen »ich komme immer zu kurz«.

In der aktuellen Kränkungssituation wirkt das Thema wie ein Trompetenstoß, der alte »schlafende Hunde« weckt. Alle unsere Kränkungen, die wir je erlebt haben – auch wenn wir sie nicht mehr erinnern – sind schlafende Hunde. Sie werden durch Themengleichheit geweckt und wollen sich bemerkbar machen. Sie möchten verarbeitet werden und drängen deshalb ins Bewusstsein – verantwortlich dafür ist unser Bedürfnis nach Ganzheit, d. h. nach vollendeten Gestalten, nach Unverletztheit (darauf gehe ich im Kapitel *Vertiefte Betrachtungen der polaren Bedürfnisfelder* unter dem Punkt *Ganzheit* ein). Da diese alten Kränkungen aber immer auch schmerzhaft waren und sie mit der emotionalen Kraft von damals gespeichert sind, tritt nun unser Schutzmechanismus auf den Plan und verhindert mit aller Kraft, dass diese schmerzvollen Ereignisse ins Bewusstsein gelangen.

Meist gelingt dies auch – und das ist auch notwendig, damit wir nicht plötzlich alle die alten Geschichten im Bewusstsein haben. Doch häufig gelingt es den Gefühlen, die Verdrängung zu überwinden und die gegenwärtige Situation zu überfluten, jedoch ohne die dazugehörigen Geschehnisse. Dann kommt es zu den sogenannten Überreaktionen. Gewöhnlich verläuft dieser Prozess unbewusst. Wir können ihn wahrnehmen, indem uns bewusst wird, dass wir inadäquat reagiert haben oder wenn wir spüren, dass die Gefühle (sei es Wut, Ärger, Trauer, Enttäuschung oder Scham) für den gegenwärtigen Anlass zu stark sind oder unsere Gefühle uns unerklärlich sind.

Eine junge Frau nahm eine Coachingsitzung, weil sie, wie sie erzählte, sehr darunter leide, immer wieder völlig irrational zu reagieren. Obwohl sie wisse, dass ihre Arbeit wichtig und geschätzt sei und sie selbst auch wisse, dass sie gut arbeite, passiere es immer wieder in Besprechungen, dass sie sich plötzlich ganz klein und minderwertig fühle und dann auch ihre Stimme zittrig werde und sie erröte, wenn sie reden müsse. Sie wisse nicht, wieso sie so reagiere.

Eine genaue Betrachtung einiger dieser Situationen brachte zu Tage, dass diese Reaktionen immer dann auftreten, wenn ein Kollege mit einem bestimmten Tonfall subtil versucht, ihre Arbeit als »nichts Besonderes« zu klassifizieren, um dann gleich ein Detail seiner eigenen Arbeit in den Mittelpunkt zu stellen.

Die erste Überraschung für die Klientin war die Erkenntnis, wie sehr sie sich durch das Verhalten des Kollegen gekränkt fühlte. Das war ihr bisher nicht bewusst gewesen. Nun spürte sie, dass es sie sehr kränkte, und in der weiteren Arbeit stellte sich heraus, dass sie als Kind eine Menge unerledigter Kränkungen dieser Art durch ihren großen Bruder erlitten hatte. Er hatte es verstanden, sie immer wieder als kleine dumme Schwester dastehen zu lassen.

In der Erledigungsarbeit suchten wir erst den aus der alten kränkenden Kindsituation entstandenen Scriptsatz. Er lautete: »In der Konkurrenz mit Männern bin ich unterlegen.« Das Beispiel zeigt, wie wir aus alten kindlichen Kränkungssituationen unbewusst Lebensscriptsätze bilden, die sich verselbstständigen und uns dann sehr hinderlich steuern.

Der enorme Energieaufwand, mit dem wir unbewusst dafür sorgen, dass die alten unerledigten Kränkungen aus dem Hintergrund nicht ins Bewusstsein gelangen, bewirkt, dass uns in Kränkungssituationen und lange darüber hinaus nicht unser nötiges Energiepotenzial für kreatives und tatkräftiges Handeln zur Verfügung steht und wir uns statt dessen blockiert, klein, niedergeschlagen, nervös oder erschöpft fühlen.

Einerseits steuern uns die unerledigten Kränkungen in Situationen, welche die Gelegenheit bieten sollen, das Unerledigte zu erledigen. In der Psychoanalyse nennt man das den »Wiederholungszwang« und im Buddhismus sagt man, »eine Aufgabe bekommen wir so lange gestellt, bis wir sie erledigt haben« – beides drückt das Phänomen aus, dass wir uns immer wieder mit ähnlichen Themen konfrontiert sehen.

Andererseits veranlassen uns diese unerledigten Kränkungen auch häufig, dass wir selbst, oft auch unbewusst, zum Kränker werden. Kränkendes Verhalten entsteht meist durch eigene nicht verarbeitete Kränkungen.

So habe ich zum Beispiel immer wieder die Erfahrung gemacht, dass besonders kränkende, zynische, rüde, arrogante, ironische oder gar brutale Menschen in ihrer Vergangenheit Kränkungen erlitten haben, die sie nicht adäquat verarbeitet haben bzw. sie in einem anderen Lebensfeld gegenwärtig noch immer erleiden. Mangelnde Geborgenheit und fehlendes Wohlwollen führen dazu, dass vor der Begegnung mit den verletzten, schmerzlichen und beschämten Gefühlen zurückgeschreckt wird und als Ersatzgefühle Arroganz und Aggression entwickelt werden. Da unverarbeitete Kränkungen diese unangenehme Eigenschaft besitzen, Wiederholungen zu provozieren (der Gekränkte strukturiert unbewusst seine zwischenmenschlichen Beziehungen so, dass er immer wieder mit ähnlichen Kränkungen konfrontiert wird), entsteht dadurch eine unheilvolle Dynamik von Gekränkt-Werden und Andere-Kränken.

Ein Ausstieg aus diesem Teufelskreis ist deshalb die Grundvoraussetzung für eigenes Wohlbefinden, für die Entwicklung von persönlicher Autorität und damit auch für langfristigen Erfolg. Die eigenen offenen Gestalten zu erkunden und zu schließen, sind deshalb wichtiger Teil der Selbsterkenntnis.

Auf der körperlichen Ebene wirkt die Blockade als Stressphänomen mit all den bekannten physiologischen Reaktionen wie Blutdruckanstieg, Blutzuckeranstieg, Muskelanspannung, Stillstand der Verdauungstätigkeit, Ausstoß von Adrenalin und Cortisol usw. Beim Disstress geraten viele körperliche Funktionen aus dem Normallevel – manche steigen, andere sinken. Die psychische Vitalenergie gehört zu denjenigen, die sinken. Es dauert dann einige Zeit, bis sich die Funktionen wieder auf Normalmaß einpendeln. Passiert in der Zwischenzeit wieder eine Kränkung, dann kommen die Funktionen nicht mehr in ihre gesunde Arbeitsweise, sondern bleiben im erhöhten oder verminderten Zustand – und führen dann zu den entsprechenden körperlichen Erkrankungen, chronischen Störungen, gedämpfter, niedergeschlagener Vitalenergie und zum Burn-out-Syndrom.

Schmerz

Jede Verletzung verursacht Schmerz – er ist das Warnsignal des Körpers. Er informiert uns, dass etwas für den Organismus Schädliches im Gange ist und stellt eine Handlungsaufforderung dar, die Schädigung abzustellen, den Schaden zu reparieren oder/und die Heilung einzuleiten.

Wir wissen von Indianerstämmen, die ihre Mitglieder in Bezug auf physischen Schmerz desensibilisieren (»Ein Indianer kennt keinen Schmerz!«). Wird einem solchermaßen desensibilisierten Indianer ein Messer in den Bauch gestoßen, so spürt er zwar keinen Schmerz, er wird aber trotzdem an der Verletzung verbluten, wenn er nicht verarztet wird.

Ähnlich unterliegen wir in unserer abendländischen Sozialisation einer Desensibilisierung in Bezug auf psychischen Schmerz. Redensarten wie »stell dich nicht so an« oder »sei nicht so empfindlich«, »Heulsuse« oder »Weichei« sind Beispiele für psychische Desensibilisierung. Wir lernen, unsere Kränkungen nicht mehr richtig und vor allem nicht mehr schnell genug wahrzunehmen. Wir halten uns dann für unempfindlich oder kampferprobt, mit »dicker Haut« ausgestattet oder »frustrationstolerant«; wir meinen, »Nehmerqualitäten« zu haben oder »seelisch robust« zu sein. Doch das Ausschalten der Schmerzempfindung verhindert nicht die Folgen.

Es ist vergleichbar mit einer Situation während des Autofahrens: Stellen Sie sich vor, Ihr Warnlämpchen für Öl leuchtet auf und sie schrauben als Reaktion das Lämpchen heraus. Nicht weniger folgenschwer ist unser Ausschalten des psychischen Schmerzempfindens. Die Schmerzverdrängung führt dazu, dass wir viel zu spät wahrnehmen, wenn unsere Seele schädlichen Einflüssen ausgesetzt ist. Wir reagieren deshalb viel zu spät, und das führt in der Folge dazu, dass wir uns viel zu lange in psychisch toxischen Feldern aufhalten, ohne etwas zu verändern oder das toxische Feld zu verlassen. Dazu kommt, dass man, wenn man sich zu lange in einem kränkenden Umfeld bewegt, so geschwächt wird, dass man die Kraft zum Verändern oder Verlassen oft nicht mehr aufbringen kann.

Die Schmerzunterdrückung führt zu zwei möglichen Konsequenzen: Die eine richtet sich nach innen in Form von Neurosen aller Art. Je nach Disposition entwickeln sich Ängste, Depressionen, Zwänge, Süchte und/oder Masochismus.

Die andere Richtung geht nach außen und führt zu sozio-pathologischen Störungen, d. h. von mangelnder Einfühlsamkeit über Mitleidlosigkeit bis zu Sadismus. Sadismus ist die Freude an der Qual von anderen – und die ist verbreiteter, als man meinen möchte. Alltäglicher Sadismus spielt z. B. eine Rolle bei Bestrafungen, bei Mobbing oder bei bösartigen Kommentaren in Foren und Chats, bei denen es meist nur darum geht, andere Menschen unglücklich zu machen.

Scham

Nach meinen therapeutischen Erfahrungen betrifft Beschämung einen bedeutend existenzielleren Kern der Person als Schuld. Schuld ist etwas, was lediglich einen Teil der Persönlichkeit betrifft, und von Schuld kann der einzelne sich z. B. durch Sühne oder Wiedergutmachung befreien oder durch Vergebung befreit werden.

Beschämung dagegen trifft unser innerstes Selbstverständnis und wird als etwas fast Untilgbares erlebt, das durch nichts wieder aufgehoben werden kann. Wenn nicht Liebe ein Verzeihen der Beschämung ermöglicht, wird nur Rache als einzig mögliche Tilgung der Scham erlebt. Darauf gehe ich im Kapitel *Unsere Primärbedürfnisse und ihre Fixierungen* unter dem Punkt *Selbstwert/Anerkennung* vertieft ein.

Das Gefühl der Scham ist in der westlichen Kultur ein eher tabuisiertes Gefühl. Es ist ein Gefühl, das Prestige kostet. Deshalb fühlen wir die Beschämung oft nur, wenn jemand Zeuge der Kränkung ist; dann bemerken wir, dass wir uns schämen. Doch auch wenn niemand Zeuge ist, beschämt eine Kränkung den Gekränkten – sie beschämt sein Selbstbild. Erkennen kann man das unter anderem auch daran, dass Kränkungen selten erzählt werden und wenn, dann meist unter dem Aspekt des Ärgers. Der Ärger ist gesellschaftlich akzeptiert, ohne dass man Prestige-Einbußen befürchten müsste. Eine Kränkung kratzt an der Würde: Eine Kränkung zeigt, dass man dem Kränker nicht wichtig genug war, dass er vorsichtiger oder höflicher oder wertschätzender mit einem umgegangen wäre.

Jede Kränkung ist eine Überschreitung der psychischen Grenzen des Gekränkten, durch die seine Selbstachtung und sein Selbstbild tangiert werden. Die Tatsache, dass der Aggressor es wagt, die Grenze zu überschreiten, wird als Schande empfunden. Es wird zum Teil als eigenes Versagen erlebt, dass man vom Kränker offensichtlich als nicht wichtig genug, nicht geachtet genug, nicht mächtig genug wahrgenommen wird, dass er sich erlaubt, die Grenzen zu verletzen und am psychischen Besitzstand zu rauben.

Wird jemand Zeuge dieser Missachtung, erhöht dies das Schamgefühl, da die »Schande« damit öffentlich wird. So wird z. B. eine Belehrung, ein Tadel, eine Kritik (Frustration der Sicherheits-, Selbstwert- und Wirksamkeitsbedürfnisse) seitens des Chefs vor Kollegen oder seitens des Lehrers vor der Klasse stets als eine solche Schande erlebt – und sichert Feindschaft und Rache, auch wenn dies auf den ersten Blick nicht erkennbar sein mag.

Da der Beschämung in unserer Kultur weniger Aufmerksamkeit gewidmet wird bzw. sie fast tabuisiert ist, wird sie häufig verdeckt durch die Aggression, d. h., es wird vorwiegend der Ärger wahrgenommen. Die unbewusste Scham zeitigt jedoch eine Reihe von Konsequenzen. Um eine solche wie auch immer geartete »Schande« nicht wieder erleben zu müssen, werden unbewusst Sicherheitsvorkehrungen getroffen. Der eigene Verhaltens- und Aktionsradius wird eingeschränkt in der Hoffnung, damit Angriffe einzuschränken bzw. zu vermeiden.

Da Fehler, langsames Lernen oder Unbeholfenheit sehr häufige Auslöser für Kränkungen sind (ungeduldige oder herablassende Belehrungen, Beschimpfungen, lächerlich gemacht werden) und als Versagen erlebt werden, hat dies eine zunehmende Intoleranz gegenüber Fehlern bei sich selbst und/oder anderen zur Folge, was wiederum zu einer mangelnden Souveränität im Umgang mit Fehlern führt. Zum einen wird nicht offen und rechtzeitig genug um Hilfe und Unterstützung nachgesucht, weil es als beschämend empfunden wird, es nicht selbst zu wissen oder zu können; zum anderen wird nach möglichen Schuldigen gefahndet, um die »Schande« von sich abzuwenden. Da diese Sündenbocksuche ihrerseits viele Kränkungen bewirkt, wird ein sehr toxisches psychisches Feld erzeugt, in dem die Vitalenergie der Beteiligten sinkt und ihre Potenziale immer mehr blockiert werden.

Eine wesentliche Blockade in der Entfaltung unserer Möglichkeiten, die in diesem Zusammenhang entsteht, ist die Haltung der »Misserfolgsvermeidung« anstelle der »Erfolgserwartung«. Es handelt sich hier um zwei grundsätzliche Motivations-Haltungen, die Menschen beim Handeln haben – mit einschneidenden Konsequenzen für das eigene Wohlbefinden, die Leistungsfähigkeit und Belastbarkeit. Während der Körper bei Erfolgserwartung vermehrt Endorphine ausschüttet und damit Glücksgefühl, Leistungsfähigkeit und Belastbarkeit erhöht, verursacht die innere Haltung der Misserfolgsvermeidung dagegen Anspannung und Angst und führt letztlich zu Belastungsreaktionen und Motivationseinbrüchen.

Kinder und Jugendliche, die in der Familie oder/und in der Schule Kränkungen erfahren, werden natürlich in ihrer Lernfähigkeit blockiert. Mangelnde Leistungsfähigkeit ist fast nie einer geringeren Intelligenz oder einem mangelnden Lernwillen der Kinder anzulasten als dem toxischen Feld, das durch die Kränkungen entsteht.

Die Beschämung, die bei Kränkung und Frustration entsteht, führt dazu, dass man bei Handlungen vermehrt davon getrieben ist, Misserfolge zu vermeiden, anstatt den Erfolg zu erwarten. Schande und Scham spielen in unserer Kultur also eine ebenso bedeutsame Rolle wie in Asien – nur eben nicht offen benannt. Die davon ausgelösten Reaktionen werden häufig dann fälschlicherweise anderen Ursachen zugeordnet.

Aggression

Eine Kränkung ist nicht nur eine Verletzung, sie ist auch ein Raub. Und dieser Raub am bestehenden Befriedigungszustand der Primärbedürfnisse, der bei einer Kränkung immer passiert, ist ein Angriff, und auf einen Angriff reagiert unser Gehirn nach alter Flucht-oder-Kampf-Manier mit einer Aktivierung unseres Aggressionspotenzials. Die entstandene Aggression hat nun drei mögliche Richtungen, in die sie fließen kann. Dabei ist es individuell unterschiedlich, welche der Richtungen bevorzugt wird bzw. wie viel aggressive Energie in jede der Richtungen geht.

1. Rache gegen den Kränker

Eine mögliche Form der Aggression gegen den Kränker ist das direkte Zurückschlagen. Sie passiert relativ selten. Die erste Hürde dabei ist die Blockade. Um sofort zurückschlagen zu können, muss diese Blockade übersprungen werden. Das erklärt, warum direkte Gegenaggression so oft inadäquat scharf ist: Analog zu einer Mauer, die übersprungen werden muss, kann der Sprung nicht genau ausgezirkelt werden und gerät deshalb zu weit, d. h. die direkte Gegenaggression läuft immer Gefahr, weit über das Ausgleichsmaß hinaus zu geraten und wird dadurch selbst zu einer Kränkung.

Weitere Hürden sind Sozialisation und Machtverhältnisse. Entweder verbietet die eigene Sozialisation das Zurückschlagen (Aggression darf nicht sein oder ist nicht in adäquater Form erlernt) oder die bestehenden Machtverhältnisse lassen eine direkte Gegenaggression als nicht ratsam erscheinen.

Gerade im Berufsleben ist es meist nicht möglich, direkt mit einem Gegenschlag zu reagieren. Dann geht die aggressive Energie unweigerlich in die Rache. Diese beginnt mit einer inneren Abwertung des Kränkers: »diese dumme Tussi« oder »so ein Idiot« oder »hat selbst noch nie was zustande gebracht, aber will mich kritisieren!« usw.

Diese innere Abwertung soll als erster Selbstschutz die Kränkung des Selbstwertes abschwächen: Wenn der Kränker weniger wert ist, könnte auch seine Kränkung weniger gelten. Doch die Magie der inneren Abwertung reicht nicht aus. Nun werden Verbündete in der Abwertung gesucht. Man geht – je nach Kontext – zu Kollegen oder Freunden oder Familienangehörigen und klärt diese über den Kränker / die Kränkerin auf. Dabei will man natürlich nichts Positives hören und kommunizieren, es werden nur Negativerlebnisse und -bewertungen gesammelt und kommuniziert und ein Abwertungsfeld um den Kränker herum geschaffen.

Das genügt meist auch noch nicht. Die Rache geht weiter, wenn der Kränker später etwas von einem möchte. Es kommt nun darauf an, in welcher Beziehung man zueinander steht. Ist der Kränker hierarchisch höher oder auf andere Weise stärker, dann wird natürlich nicht offen verweigert. Da gibt es die tausendfältigen Wege, wie man verhindern kann, dass er das bekommt, was er möchte: seine Wünsche oder Anforderungen werden geschickt ignoriert, boykottiert, falsch verstanden, als nicht durchführbar dargestellt, verlaufen im Sand oder werden in Überaktivität bzw. blindem Aktionismus verfälscht und erstickt.

Rache hat die Eigenschaft, dass sie sehr lange, weit über ein adäquates Ausgleichsmaß hinaus wirksam bleibt. Das Verhängnisvolle dabei ist, dass Rache dem Rächer weitere

Kränkungen einbringt, weil er nun seinerseits Vergeltung für sein Verhalten provoziert. Ein endloser Schlagabtausch, in dem sich lediglich – je nach Machtverhältnis und Geschlecht – die Waffen unterscheiden, ist im Gang.

Ich habe in der Industrie viele Coaching-Maßnahmen zur Senkung von krankheitsbedingten Fehlzeiten durchgeführt. Dabei konnte ich die Racheaktivitäten der Mitarbeiter aller Ebenen gut studieren. Da wird missverstanden, versandet, vergessen, ein Aktionismus entwickelt, der zu nichts führt, es werden blockierende Konflikte produziert, Nebenkriegsschauplätze eröffnet, lähmende Gerüchte in die Welt gesetzt, Machtkämpfe ausgetragen, Intrigen gesponnen, usw. Nach meinen Erfahrungen wage ich zu behaupten, dass mindestens 70 Prozent allen Geschehens in Organisationen Rache- und Loyalitätsgeschehen sind. Maximal 30 Prozent aller Handlungen sind frei von solchen Motiven.

Im privaten Bereich sind die Racheaktionen so vielfältig, wie es menschliche Handlungen gibt. Das geht von harmlosen Ohnmachtshandlungen (wie z. B. bei einer Klientin, die erfuhr, dass ihr Mann fremdgeht und aus Rache seine Anzughosen zusammengeknüllt unter den Polstern der Wohnzimmercouch versteckte) bis zu bösartigsten Quälereien und existenzzerstörenden Aktionen. Es geht von alltäglichen Mini-Racheakten, wie z. B. einer herabsetzenden Bemerkung, bis zu großen Vernichtungs-Rachezügen, in denen der Kränker in seiner Existenz bedroht wird.

In so archaischen Gesellschaftsstrukturen wie der japanischen Mafia, der Yakuza, kann man die Rachedynamik noch sehr offen studieren. Wird gegen den Kodex verstoßen, was immer eine Frustration eines oder mehrerer Grundbedürfnisse der Gruppe bzw. ihrer Anführer bedeutet, ist völlig klar, dass Rache erfolgt. Der Kränker hat nur eine Möglichkeit, der Rache zu entkommen, nämlich durch eine Sühneaktion. Und diese Sühneaktion verlangt viel: Es ist ein Ritual, bei dem sich der Kränker in Gegenwart des Gekränkten selbst mit einem Kurzschwert ein Fingerglied abhackt, dieses in ein weißes Tuch wickelt und dem Gekränkten überreicht. Nimmt der Gekränkte die Sühne an (was er durch seine Anwesenheit beim Ritual ja schon signalisiert), ist die Sache erledigt.

In unserer so genannten zivilisierten modernen Gesellschaft ist es nicht viel anders. Die Sühneaktionen sind nicht ganz so archaisch wie innerhalb der Yakuza, das heißt es wird als Sühne nur ein symbolisches Blutopfer gefordert. Doch ohne Sühneleistung kommt man auch hierzulande meist nicht aus der Rachedynamik.

Auf die Frage, was jemand denn tun müsste, um aus der Rachedynamik herauszukommen, habe ich häufig die Antwort bekommen, dass er oder sie zugeben müssten, dass das, was gesagt oder gemacht wurde, nicht o.k. war. Das heißt, dass der Kränker zugeben müsste, dass er im Unrecht war. Oft wurde nicht einmal eine Entschuldigung verlangt – nur das Zugeben einer unfreundlichen oder ungerechten Handlung. Doch genau das scheint für viele Menschen außerhalb ihrer Handlungsmöglichkeiten zu liegen bzw. ein zu großes Sühneopfer zu sein.

Im persönlichen Bereich oder bei geliebten Personen leisten wir oft Sühne, wenn wir etwas getan haben, was der andere als Kränkung empfand. Dann sind wir z. B. besonders zuvorkommend oder großzügig, freundlich oder nachsichtig, wir laden ein oder machen ein Geschenk – häufig ohne uns bewusst zu sein, dass wir damit ein Sühneangebot machen.

2. Verschobene Rache an Unbeteiligten

Ein Teil der aggressiven Energie, die immer bei Kränkungen entsteht, richtet sich gegen Unbeteiligte. Dabei werden Schwächere oder maximal Gleichstarke attackiert – sehr selten Stärkere oder hierarchisch Höhere. »Nach oben buckeln, nach unten treten« ist ein altbekanntes Phänomen, das aus dieser Dynamik entsteht.

Wer kennt das nicht, dass er z. B. in einer beruflichen Situation frustriert worden ist und dafür zu Hause muffig oder ungeduldig oder streitsüchtig mit seinem Partner oder seinen Kindern umgeht?

Ein Phänomen dieses Prozesses ist, dass das mit dem Kränkungserlebnis einhergegangene Ohnmachtsgefühl und die daraus entstandenen Rachebedürfnisse zum einen nicht auf das Lebensfeld beschränkt bleiben, in dem sie entstanden sind, und zum anderen, dass sie über lange Zeit hinweg gespeichert bleiben. Häufig sind die Rachemotive dann »schlafende Hunde«, die erst bei gegebenem Anreiz erwachen. Besonders wenn sich ein Mensch im gegenwärtigen Umfeld ohnmächtig erlebt, verschiebt sich das Rachemotiv unbewusst auf einen späteren Zeitpunkt, um dann bei »passender« Gelegenheit zuzuschlagen. Eine solche Gelegenheit bieten dann regelmäßig Schwächere und Ohnmächtigere, die wie ein Spiegel die eigene einstige Ohnmacht reflektieren. Das noch unerledigte Ausgleichsmotiv sowie das unbefriedigte Machtbedürfnis verbinden ihre Energien zu einer unheilvollen Allianz, die bei mangelnder sozialer Kompetenz in psychischer und/oder physischer Gewalt ihre Befriedigung sucht.

Menschen, deren Aggressionsrichtung hauptsächlich »Rache gegen Unbeteiligte« ist, sind normalerweise unangenehme und vor allem unberechenbare Zeitgenossen. Da man in der Gegenwart solcher Menschen nie sicher sein kann, ob man nicht plötzlich unbeteiligtes Opfer einer anderswo passierten Frustration wird, erzeugen sie eine Stimmung von Anspannung, Unbehagen, Angst, subtiler Aggression und/oder Demotivation.

Gesellschaftlich sehr bedeutsame Bespiele dieser Dynamik der verschobenen Rache sind die kollektiven Spielfelder. Sie zeigen am deutlichsten auf, wie losgelöst von den unmittelbaren und persönlichen Kränkungen die Rachemotive eine ganz eigene Gesetzmäßigkeit entfalten. Auf einem solchen kollektiven Spielfeld finden z. B. die unberechenbaren Terrorakte durch Fundamentalisten statt. Unter dem Titel »Blutige Taten, heilende Rache« beschäftigt sich der Autor Sudhir Kakar in der Wochenzeitung Die Zeit vom 18.8.2005 sehr fundiert mit der Psychologie von islamistischen Terroristen. Sudhir Kakar schaut jenseits von medialen oder politischen Kurzsichtigkeiten sehr genau auf die Beweggründe von religiösen Fanatikern.

Dabei zeigt er auf, wie diese religiösen Täter durch die Botschaften fundamentalistischer Prediger geprägt werden. Diese Botschaften beginnen mit der Klage über den verlorenen Ruhm des Islams und die bedauernswerte Lage, in der sich Muslime heute befänden im Vergleich zum Glanz vergangener Zeiten. Auf die Beschreibung der Symptome folgt dann die Diagnose: Muslime hätten alles verloren – politische Autorität, Respekt, spirituellen und materiellen. Die als düster und verachtenswert geschilderte Sicht der Gegenwart im Vergleich zur hell und glanzvoll erscheinenden Vergangenheit und möglichen Zukunft kennzeichnet das ideologische Fundament des islamischen Terroristen.

Analysieren wir diese Ausführungen mit der Frage nach den ganz konkreten Motiven der Taten noch genauer, dann finden wir als handlungssteuernde Motive für die Terrorhandlungen vor allem Rache für Erniedrigung und Demütigung und zum anderen Selbstwertmotive. Durch die Terrorhandlungen sollen sowohl die eigene Ehre und der Selbstwert als auch die Ehre der eigenen Zugehörigkeitsgruppe erhöht werden.

Diese Analyse trifft sicherlich genauso auf die meisten politisch radikalisierten Terroristen und Gruppen zu.

3. Aggression gegen sich selbst

Neben den beiden Richtungen – gegen den Kränker und gegen Unbeteiligte – kann die aggressive Energie noch einen dritten Weg einschlagen: Die aggressiven Energien finden keinen Ausdruck, sondern wenden sich innerhalb der Ich-Grenze um und richten sich gegen das eigene Selbst. Die Auswirkungen davon sind unterschiedlichster Art und reichen von Niedergeschlagenheit und Depressionen, Neurosen und Phobien über geringe Produktivität und Kreativität, Leistungsstörungen und chronischen Erschöpfungszuständen bis hin zu manifesten Krankheiten und Unfällen.

Die körperlichen Organe oder Regionen, die dabei erkranken, sind individuell unterschiedlich. Die aggressive Energie richtet sich dabei gegen das jeweils schwächste Glied im Körper. Es kann alles betroffen sein, je nach individueller Disposition z. B. Herz, Kopf, Bandscheiben, Magen, Leber, Niere usw.

Ein Mensch, der die aggressiven Energien hauptsächlich gegen sich selbst richtet, ist bei entsprechend schlechter Gesundheit. Auf psychischer Ebene ergeben sich dramatische Selbstwertprobleme und Depressionen, auf körperlicher Ebene können es alle Krankheiten sein, die wir kennen – je nach individueller Disposition, die wiederum durch Gene, Ernährung, Bewegung usw. beeinflusst ist.

Dispositionen der Aggressionsrichtung

In welchem Ausmaß die aggressiven Energien die eine oder andere Richtung nehmen, ist individuell unterschiedlich: Ob sie sich mehr gegen den Kränker (direkt oder als Rache) richten oder sich mehr gegen Unbeteiligte als Form von verschobener Rache Ausdruck verschaffen oder ob sie sich innerhalb der Ich-Grenze umwenden und die eigene Person attackieren in Form von Selbstaggression und -zerstörung – die menschliche Vielfalt und Komplexität findet eben auch hier ihren Ausdruck.

Es scheint so zu sein, dass jeder Mensch eine bevorzugte Energie-Richtung entwickelt – d. h., dass dann eher weniger Energie in die anderen Richtungen fließt. Trotzdem kann die eine oder andere Kränkung dazu führen, dass die ganze Energie plötzlich eine ungewohnte Richtung nimmt.

Ausstieg aus der Rachespirale

Es wäre jedoch eine Illusion zu glauben, man könne jegliche Kränkung vermeiden. Wir werden uns immer wieder in Situationen befinden, in denen Kränkungen unumgänglich sind oder wir feststellen müssen, dass wir jemanden unabsichtlich gekränkt haben. Abgesehen von notwendigen Kriterien sind häufig sachliche oder persönliche Entscheidungen zu treffen, die für andere eine Kränkung bedeuten. Das Wissen um die Dynamik von Kränkungen und ein Handeln, das unnötige Kränkungen vermeidet, gehört zur Grundvoraussetzung für die Entwicklung natürlicher Autorität. Genauso wichtig ist jedoch auch die Fähigkeit, bei geschehenden Kränkungen die Rachedynamik zu unterbrechen. Die Feststellung des Afrikaforschers Frobenius, dass eine schwierige Zauberkunst dazu gehöre, Blut fließen zu lassen und nicht der Rache des Blutes anheim zu fallen, gilt nach meinen Erfahrungen gleichfalls für die Dynamik des »psychischen Blutes«: Es gehört eine schwierige Zauberkunst dazu zu kränken, ohne der Rache der Kränkung anheim zu fallen. Um diese »Zauberkunst« zu entwickeln, ist eine sensible Wahrnehmung für Kränkung unabdingbar, wofür als erstes die eigenen Reaktionen auf Kränkungen genau beobachtet werden müssen: welche Situationen, Worte, Gesten empfinden Sie selbst als kränkend, und wie reagieren Sie? Was müsste die kränkende Person tun, um Sie zu versöhnen? Womit könnte bei Ihnen die Rachedynamik unterbrochen werden?

Ein bemerkenswertes Phänomen, das ich häufig beobachten kann, ist die Tatsache, dass sich sehr viele Menschen selbst kränken, indem sie sich nicht die innere Erlaubnis geben, mit sich selbst wohlwollend umzugehen – und in der Folge davon überzeugt sind, dass auch die Umwelt nicht wohlwollend sein kann. Daraus resultiert ein Verhalten, das die Umwelt dann tatsächlich veranlasst sich von ihren harten und unangenehmen Seiten zu zeigen. Umgekehrt zieht die Fähigkeit, mit sich selbst wohlwollend umzugehen, unweigerlich nach sich, dass auch die Umwelt sich wohlwollend verhält. Ein wichtiger Aspekt in der Arbeit der Selbsterkenntnis muss sich somit mit der Frage beschäftigen, welche inneren Kräfte miteinander im Kampf liegen, und so verhindern, dass eine Harmonie der eigenen psychischen Energie entstehen kann. Denn der innere Kampf wird immer auch in der äußeren Welt seinen Ausdruck finden, indem die unterdrückten Kräfte sich unbewusst Verbündete suchen, so dass sich der innere Kampf als Kampf des Individuums mit der Umwelt spiegelt.

Es geht um ein Wahrnehmen und Handeln jenseits von Angst, Manipulation und Gewalt: Anderer Menschen Realitäten, Motive und Hintergründe zu erkennen ist nicht nur notwendig, um ihnen gerecht werden zu können und ihr Potenzial entwickeln zu helfen, es ist auch notwendig, um sich selbst besser schützen zu können vor destruktiven Kritiken, Angriffen und Übergriffen. Eine erhöhte Wachsamkeit und Wahrnehmung bezüglich der Energien, die von verschiedenen Menschen und ihren Botschaften ausgehen, lassen uns bedeutend effektivere, bewusste Schutzschilde entwickeln. Der zerstörerischen Wirkung von Kränkungen kann mit ganz anderen Methoden und auf ganz andere Weise begegnet werden, wenn man sich auf die dahinter liegende Motivstruktur des Kränkenden konzentriert. So wird z. B. mit der Konzentration auf die Frage »Welches Motiv steuert diese Kränkung?« einerseits einem Großteil der negativen Energien, die durch die Kränkung erzeugt wird, die Wucht genommen, und sie wird umgelenkt auf die Person, durch die sie erzeugt wurde. Zum anderen ergeben sich aus dem Erkennen der Motive völlig neue Möglichkeiten wirksamen Handelns.

8. In der Balance - die Integration der Polaritäten

Während im westlichen Denken in der Einheit der Gegensätze eine Aufhebung der Gegensätze auf einer höheren Ebene – und damit eine Zeithaftigkeit, Zielgerichtetheit und Entwicklung – gesehen wird und die Nicht-Umkehrbarkeit des dialektischen Prozesses postuliert wird, ist das chinesische Denken von einer metaphysischen, die Zeitlichkeit transzendierenden Sicht geprägt. Das heißt, dass die Gegensätze als etwas Beständiges und Unvergängliches betrachtet werden, die nicht der Veränderlichkeit unterworfen sind. Entwicklung und Veränderung werden darin gesehen, dass jeder Pol im Verlauf der immerwährenden Bewegung auch die Stellung bezieht, die zuvor die entgegengesetzte Seite eingenommen hat, und es damit zu einer Unvergänglichkeit des Wandels kommt.

Auf den Bedürfniskreis bzw. das Motivrad bezogen, schließen sich diese gegensätzlichen Denkkategorien nicht aus, sondern ergänzen sich wechselseitig. Die gegensätzlichen Bedürfnisse sind etwas Beständiges und Unvergängliches – als psychophysiologische Struktur, die uns angeboren ist. Dabei unterliegen sie ständig zwei Prozessen:

Der erste Prozess verwirklicht Integration und damit Entwicklung und Veränderung dadurch, dass wir die gegensätzlichen Bedürfnisse rhythmisch befriedigen, das heißt, in unseren Absichten und Zielen nehmen die Bedürfnispole abwechselnd die Stellung als wahrnehmungs- und handlungsleitende Kräfte ein. Wenn z. B. unser Bindungsbedürfnis gut befriedigt ist, verschwindet es im Hintergrund, und an seine Stelle rückt als dringendes Motiv das gegensätzliche Freiheitsbedürfnis in den Vordergrund.

Und der zweite Prozess findet dann statt, wenn die gegensätzlichen Bedürfnisse gleichzeitig befriedigt werden – dann kommt es zur Einheit der Gegensätze, die mit den Worten des Philosophen Friedlaender ausgedrückt »schöpferische Indifferenz« bedeuten. Sie führt in ihrer Synthese zu einer neuen Qualität, die mehr ist als die Summe ihrer Teile. Aus der Indifferenz der Polaritäten entwickeln sich ganz neue Zustände wie z. B. Lebenszufriedenheit, Lebensfreude, Sinnhaftigkeit, Harmonie, Glück, Authentizität im eignen Erleben, Freiheit in Geborgenheit, persönliche Autorität und Weisheit.

Über die Befriedigung unserer gegensätzlichen Bedürfnisse, sowohl im Nehmen wie im Geben, verwirklichen wir unsere Potenziale. So können wir beispielsweise unser Potenzial an Bindungsfähigkeit und unseren Gemeinsinn nur entfalten, wenn wir unser Bedürfnis nach Bindung/Gemeinschaft befriedigen (und zwar sowohl im Nehmen wie im Geben). Wir können unseren Gerechtigkeitssinn und unser Potenzial zu ethischem Handeln nur entwickeln, wenn wir unser Bedürfnis nach Gerechtigkeit/Ideale befriedigen. Und nur über unser Bedürfnis nach Individualität/Freiheit entfalten wir unser Potenzial zum freien Willen, zur Selbstbestimmung und zur Toleranz.

Die jeweilige Umwelt ist dabei ein wesentlicher Faktor. Je nachdem, wie die Interaktionen verlaufen, wie befriedigend oder frustrierend unsere mitmenschliche Umwelt auf unsere Bestrebungen reagiert und welche Erfahrungen wir machen als Individuum in unserer Gemeinschaft, werden wir bei guter Befriedigung unsere jeweiligen Potenziale immer weiter entfalten oder aber bei chronischen Frustrationen in Fixierungen geraten.

Denn natürlich steckt alles destruktive und zerstörerische Potenzial der Menschheit ebenfalls in den Bedürfnissen – und zwar in den Fixierungen. Darum ist auch in Philosophien und Religionen so viel die Rede vom »Maßhalten«. Für Aristoteles war Tugend die Mitte zwischen zwei Lastern. In Epikurs Philosophie der Freude ist der zentrale Kern das richtige Maß der Genüsse. Im Taoismus geht es um die Harmonie der Gegensätze, und im Christentum werden die Fixierungen auf Bedürfnispole als Todsünden bezeichnet. Sobald es zu einer Fixierung auf einem Bedürfnispol kommt, wird dieses fixierte Bedürfnisfeld übermächtig und das gegenteilige Bedürfnisfeld wird von seiner Entwicklung und Berücksichtigung ausgeschlossen oder pathologisiert. (So erzeugt eine Fixierung auf Besitz z. B. Habgier und Geiz und damit entgleist auch der Gegenpol Selbstwert in Hochmut und Arroganz (insofern, als die Würde und der Wert eines Menschen nur noch an seinem Besitz oder Können gemessen werden). Ist die Mitte verloren, gerät die Seele aus dem Gleichgewicht, was sich dann in Form von psychischen, körperlichen und/oder sozialen Problemen zeigt.

Integrität

Integrität bedeutet »Unverletztheit« und verweist auf das Entwicklungsziel des Menschseins. Erst die Integration der Polaritäten, das ausgewogene Befriedigen aller Bedürfnisfelder, führt zu einer Vollkommenheit und Unverletztheit der Persönlichkeit.

In Hermann Hesses Alterswerk: *Das Glasperlenspiel*[1] findet sich im Zwiegespräch zwischen Meister und Schüler eine wunderbare Passage zur Integration der Polaritäten: »Du sollst aber nie vergessen, was ich dir so oft gesagt habe: unsre Bestimmung ist, die Gegensätze richtig zu erkennen, erstens nämlich als Gegensätze, dann aber als die Pole einer Einheit. [...] Jeder von uns ist nur ein Mensch, ein Versuch, ein Unterwegs. Er soll aber dorthin unterwegs sein, wo das Vollkommene ist, er soll ins Zentrum streben, nicht an die Peripherie.«

Nach meiner bisherigen Erkenntnis zeigt die schöpferische Indifferenz der einzelnen Polaritäten folgende Qualitäten bzw. Zustände:

- Werden die beiden Pole Sicherheit/Beständigkeit und Neuheit/Veränderung gleichzeitig befriedigt, dann zeigt sich die schöpferische Indifferenz in einem Flow-Erleben. Csikszentmihalyi[2] hat diesen Zustand bezeichnenderweise als »Jenseits von Angst und Langeweile« beschrieben. Es ist ein Zustand, in dem man sich hochkonzentriert und selbstvergessen einer Tätigkeit hingibt und dabei Raum und Zeit vergisst.
- Eine geglückte Einheit von Individualität/Freiheit und Bindung/Gemeinschaft erzeugt ein Authentizitäts-Erleben. Man fühlt sich »echt« in der eigenen Identität und authentisch in seinen Beziehungen. Menschen, die diese Integration häufig verwirklichen, entwickeln ein hohes Maß an innerer Freiheit und zugleich eine hohe soziale

1 Hesse, H. (2012): Das Glasperlenspiel, Berlin (Suhrkamp)

2 Csikszentmihalyi, M. (1991): Das Flow-Erlebnis. Stuttgart (Klett-Cotta)

Kompetenz. Sie erleben sich in einem Zustand, den die Japaner »Amae«[3] nennen, ein Wort, für das es in keiner westlichen Sprache eine Entsprechung gibt und das umschrieben »Freiheit in Geborgenheit« bedeutet.

- Die Polarität Ideale/Gerechtigkeit und Freude/Genuss könnte man auch als Polarität von »Ernst des Lebens« und »Leichtigkeit des Seins« bezeichnen. Wenn sich Frohsinn, Spieltrieb, Muße und Schönheitssinn mit den ernsten Seiten des Lebens (Ideale, Rechte, Pflichten, Gerechtigkeit) zu einer Ganzheit integrieren, dann entsteht ein Zustand von Lebenssinn und heiterer Lebenszufriedenheit.
- Bei der Polarität Selbstwert/Anerkennung und Besitz/Erkenntnis handelt es sich im Besonderen um das Gegensatzpaar von Sein und Haben. Werden sie zu einer Ganzheit integriert, dann entsteht Selbsterkennntis und Selbstachtung. Bei einer dauerhaften Integration entwickelt sich Weisheit.[4] Eine grundsätzlich respektvolle und achtsame Haltung gegenüber sich selbst, Mitmenschen und Natur ist Ausdruck von Weisheit. Das zeigt sich in einer inneren Selbstsicherheit, im Respekt vor der Würde eines jeden Menschen, unabhängig von seinem materiellen Besitz, seinen Fähigkeiten oder seinem Rang. Weitere typische Erscheinungsformen sind eine weise Wertung materieller Güter und eine Großzügigkeit im Geben, sowohl was Materielles und Wissen angeht, als auch Wertschätzung und Anerkennung.
- Wenn sich die Motivpole Wirksamkeit/Macht und Gelassenheit/Hingabe zu einer Ganzheit integrieren, dann entsteht ein Erleben von innerer Souveränität, ein Zustand des wirkungsvollen »In-der-Welt-Seins«, des selbstgestalteten Lebens. Menschen, die diese Integration relativ dauerhaft verwirklichen, werden von ihrer Umwelt als persönliche Autoritäten wahrgenommen. Die gelungene Integration dieser beiden Pole vereint wirkungsvolle Leistung mit beschaulicher Muße (vita activa mit vita contemplativa).

An zwei Beispielen möchte ich eine gelungene Integration aller Polaritäten veranschaulichen:

Alexander von Humboldt

Wenn man Biografien Glauben schenken darf, dann zeigt das Lebensschicksal des Alexander von Humboldt (1769–1859) eine gelungene Integration aller Motiv-Polaritäten. Humboldt gilt als einer der letzten großen Universalgelehrten. Er war Ethnograph, Anthropologe, Physiker, Geologe, Mineraloge, Botaniker, Vulkanologe und half außerdem kräftig mit, neue Wissenschaften zu begründen, wie z. B. Geographie, Klimatologie, Ozeanografie. Er war ein Wegbereiter der Amerikanistik und der Ökologie. Im Gegensatz zu den anderen Forschern seiner Zeit hat er sich nicht damit begnügt, seine

3 Doi, T. (1982/: Amae. Zur Struktur der japanischen Psyche. Frankfurt a. M. (Suhrkamp)

4 Meine Überlegungen dazu sind, dass, wenn sich die Differenz von Haben und Sein aufhebt, Zustände von Weisheit (als hohe Entwicklungsform der Erkenntnis) bezüglich der selbstverständlichen Wertigkeit und Würde des Seins entstehen.

Erlebnisse und Forschungen aufzuschreiben, sondern er hat sie auch miteinander in Beziehung gesetzt. Er hat ein für damalige Zeiten ungewöhnliches Wissensnetzwerk aufgebaut, durch das seine Erlebnisse und Forschungen mit den jeweiligen Wissenschaften verknüpft wurden, und hat der Gesellschaft einen ungeheuren Schatz an Wissen und Erkenntnissen hinterlassen. Sein Werk *Kosmos* gilt als erstes populärwissenschaftliches Werk, und mit seinen öffentlichen Vorträgen in Berlin wurde Humboldt zum Vorreiter der Volksbildungsbewegung.

Seine Kindheit verbrachte Alexander im Schloss Tegel in Berlin, das seine Mutter aus ihrer ersten Ehe geerbt hatte. Ein kleines Paradies mit weitläufigem Park, am See gelegen, mit Wiesen, Wäldern und Weinpflanzungen. Doch Alexander sprach später vom »Schloss Langweil« und schrieb 22-jährig an einen Freund: »Hier in Tegel habe ich den größten Teil dieses traurigen Lebens zugebracht, unter Leuten, die mich liebten, mir wohl wollten, und mit denen ich mir doch in keiner Empfindung begegnete, in tausendfältigem Zwange, in entbehrender Einsamkeit, in Verhältnissen, wo ich zu steter Verstellung, Aufopferung usw. gezwungen wurde.«[5] (Diese Aussage zeigt, dass sowohl das Sicherheitsbedürfnis als auch das Bindungsbedürfnis bis zum Überdruss befriedigt waren, wodurch die gegenteiligen Motive Neuheit/Veränderung und Individualität/Freiheit dominant wurden.)

Nach seinem Studium in Frankfurt an der Oder und Göttingen traf er auf Georg Forster, den kurfürstlichen Bibliothekar an der Universität zu Mainz. Diese Begegnung gab seinem Leben eine neue aufregende Richtung, die seinem Neuheitsbedürfnis, seinem Forschungsdrang und Wissensdurst entsprach. Er reiste mit Forster nach England und danach nach Frankreich. Sein Aufenthalt im revolutionären Frankreich hinterließ einen nachhaltigen Eindruck: Sein Leben lang verteidigte er die Ideale der französischen Revolution. So erreichte er, dass auf preußischem Boden jeder Sklavenstatus erlosch.

Humboldt hatte eine glänzende Beamtenkarriere vor sich. Doch als seine Mutter 1796 starb, quittierte er den Staatsdienst. Sein Erbe brachte ihm jährlich 3476 Taler Zinsen und so konnte er sich leisten, mit 27 Jahren Privatier zu werden. Er machte sich daran, seinen Lebenstraum zu verwirklichen: Eine Forschungsreise nach Amerika. Er hatte keine kommerziellen Interessen, keine Kolonialmacht im Rücken – ihn trieb, abgesichert durch eigenes Geld, allein sein Wissensdurst und die Neugier des Forschers. Die Reise dauerte fünf Jahre, und als Humboldt 1804 wieder europäischen Boden betrat, war er ein weltberühmter Mann. So hatte er während der Reise an den amerikanischen Präsidenten Jefferson geschrieben, lobte dessen geographische Arbeit über Virginia und bat ihn, ihm persönlich über die Mammutzähne berichten zu dürfen. Er wurde empfangen, und die beiden verstanden sich prächtig (er verbrachte drei Wochen als Gast des Präsidenten). Humboldt, stets auf seine Reputation bedacht, ließ schon vor seiner Rückkehr nach Europa alle Welt wissen, dass er von Jefferson empfangen worden war (Selbstwert-/Anerkennungs-Motiv).

Solcherart berühmt, hielt er Vorträge in Paris, wurde in wissenschaftlichen Instituten hochwillkommen und ein beliebter Gast in nobelsten Salons. So wurde er auch Napoleon vorgestellt, der fünf Jahre zuvor die Macht an sich gerissen hatte. »Sie beschäftigen sich

---

5 zit. nach Thomas Schmid. *GEO*. Sept. 2004, 71

mit Botanik?« fragte Napoleon und noch bevor Humboldt antworten konnte, fuhr er fort: »Meine Frau auch«, kehrte dem Gast den Rücken zu und ging. Als Reaktion auf diese Kränkung lehnte der Wissenschaftler von da an alle Einladungen an den Kaiserhof ab. Er starb 90-jährig hochgeehrt in seiner Geburtsstadt Berlin.

An der Geschichte Humboldts lässt sich deutlich sehen, wie bei ihm übersättigte Sicherheits- und Bindungsbedürfnisse umschlugen in dominante Neuheits- und Freiheitsmotive, die zu all seinen Forschungen und Reisen führten. Und zugleich lässt sich deutlich nachvollziehen, wie sämtliche Bedürfnisse nach Sicherheit/Beständigkeit, nach Bindung/Gemeinschaft, nach Selbstwert/Anerkennung, nach Besitz/Erkenntnis, nach Individualität/Freiheit, nach Idealen/Gerechtigkeit und nach Freude/Genuss sehr ausgewogen berücksichtigt wurden und als Motive sein Handeln steuerten. Neben der Dominanz des Neuheitsmotivs war sicher auch noch sein Bedürfnis nach Selbstwert/Anerkennung dominant, was sich darin zeigt, dass er sehr öffentlichkeitswirksam sein Image pflegte und dass er gezielt Personen bzw. Situationen mied (beispielsweise Napoleons Hof), bei denen dieses Bedürfnis frustriert wurde.

Sein grandioses Lebenswerk zeigt sowohl eine Balance der einzelnen Motiv-Polaritäten als auch eine Ausgewogenheit von Nehmen und Geben. Und seine Ausstrahlung als persönliche Autorität macht deutlich, dass er die beiden zentralen Motive Wirksamkeit/Macht und Gelassenheit/Hingabe zu einer Ganzheit integrieren konnte.

Pippi Langstrumpf

Ein Kinderbuch der besonderen Art ist Pippi Langstrumpf von Astrid Lindgren. In dieser Geschichte wird eines jeden Kindes Traum, nämlich von den äußeren Beschränkungen der erwachsenen Verbote und Gebote frei zu sein, fantasievoll beschrieben. Pippi darf essen, was sie will, sie darf so lange aufbleiben, wie sie will, sie darf tun, was sie will. Pippi wird als heiteres und selbstsicheres, mit ausgeprägtem Gerechtigkeitssinn ausgestattetes Kind gezeichnet, das seine Individualität mit großer Phantasie gegen erwachsene Zumutungen wirksam verteidigt. Indem Pippi bei aller individuellen Freiheit einen hohen Gemeinschaftssinn und Treue in ihrer Freundschaft zeigt, Freude und Spaß verbunden sind mit Hilfsbereitschaft, Verantwortlichkeit und Gegenseitigkeit sowie die Abenteuer immer gepaart sind mit der Sicherheit, die durch Pippis Stärke gewährleistet ist, werden die gegensätzlichen Bedürfnispole immer gleichzeitig befriedigt. Frustrierendes Verhalten von Erwachsenen (z. B. der Polizisten) wird angemessen »gerächt«, verbunden mit Heiterkeit. Der große Goldschatz befriedigt das Besitzbedürfnis (vor allem auch im großzügigen Geben) und zugleich wird auch dessen Gegenpol Selbstwert/Anerkennung durch die gegenseitige Wertschätzung ständig befriedigt.

Pippi Langstrumpf ist eine Befriedigungsgeschichte des gesamten Bedürfniskreises und eine Geschichte, in der sich sämtliche Bedürfnispolaritäten in einer schöpferischen Indifferenz ausdrücken. Wirksamkeit/Macht und Gelassenheit/Hingabe sind in einem Gleichgewicht, ebenso das Nehmen und Geben in sämtlichen Polaritäten. Seine Kraft und seinen riesigen Erfolg verdankt das Buch sicher seiner fantasievollen Darstellung eines Kinder-Lebens, in dem eine ganzheitliche Bedürfnisbefriedigung ihren Ausdruck findet.

9. Der Kampf um den freien Willen

Die Menschen glauben frei zu sein,
nur weil sie sich ihrer Handlungen bewusst sind
und nicht die Ursachen kennen,
durch welche diese Handlungen bestimmt werden.
Baruch Spinoza (Ethik)

Die Frage nach dem »Warum« unseres Fühlens, Denkens, Handelns und Erlebens kann sich nicht in der Erkenntnis erschöpfen, dass wir Menschen schon seit Jahrtausenden von den immer gleichen Bedürfnissen und Motiven gesteuert sind. Die weitergehende Frage ist, wie selbst- oder fremdbestimmt diese Steuerung funktioniert; ob es immer unsere eigenen Bedürfnisse und Motive sind, von denen wir bewegt werden – oder ob es Kräfte gibt, die sich unserer Bedürfnisse bedienen und uns fühlen, denken und handeln lassen, ohne dass dies unseren eigenen organismischen Bedürfnissen oder unserem eigenen Willen entspringt.

In den Ausführungen zum Bedürfnisfeld *Individualität/Freiheit* beschreibe ich die vielfältigen Beeinflussungen und Manipulationen unseres Denkens, Fühlens und Wollens – durch unsere kulturelle und familiäre Sozialisation, Religion, Weltanschauung und Medien – und führe aus, wie schwierig es zu allen Zeiten war und ist, die Drachen der Beeinflussung zu erkennen und, abgesehen von einer äußeren Freiheit, eine innere Freiheit zu entwickeln. Das sind jedoch alles beeinflussende Kräfte, die sich mit dem Verstand begreifen lassen.

Was sich mit dem Verstand nicht so leicht begreifen lässt: Handlungen, die wir als wesensfremd erleben; Handlungen, die wir selbst nicht verstehen und beispielsweise trotzdem etwas tun, obwohl wir uns das Gegenteil vorgenommen haben; Gefühle, die uns überfallen, ohne dass wir sie uns erklären können, wie z. B. Depressionen, obwohl es eigentlich keinen Grund dafür gibt; Ängste oder Panik, die völlig irrational erscheinen, wenn keine reale Bedrohung besteht; Entscheidungen, von denen wir schon vorher wissen, dass sie schlimme Folgen haben werden; ein Getrieben-Sein, ohne zu wissen, wohin – oft genug ins Unheil usw.

Es ist ja offensichtlich so, dass die meisten Menschen das Gefühl haben, dass ihr Wille frei sei, zumindest bei den meisten ihrer Handlungen und Entscheidungen. Andererseits gehört aber auch das Erleben, von unsichtbaren Kräften beeinflusst zu sein, zu den Grunderfahrungen des Menschen. »Vom Schicksal geschlagen« sein, »vom Himmel begünstigt« sein, »Glück gehabt« zu haben oder »vom Pech verfolgt« zu sein oder dass auf etwas »ein Fluch liegt«, sind geläufige Redewendungen, mit denen unsere Alltagssprache verrät, dass sich vieles mit dem Verstand nicht erfassen lässt. Und tatsächlich verstehen wir im Nachhinein oft selbst nicht, was uns zu bestimmten Handlungen getrieben hat oder wie wir in bestimmte Situationen geraten sind. Das sind die Situationen, in denen wir uns fragen, »welcher Teufel uns geritten hat«. Wir müssen dann erkennen, dass etwas Unbewusstes das Steuer übernommen und unseren Verstand und unseren Willen manipuliert hat. Wir müssen zugestehen, dass wir auch von Kräften determiniert sind, die wir mit dem Verstand nicht begreifen können.

Wie sich in der Antike dieser Determinismus vorgestellt wurde, erfahren wir aus den Mythen. Ein Beispiel aus der griechischen Mythologie über die Bemächtigung des individuellen Willens durch unbewusste Kräfte ist die Geschichte von Ödipus. Thebens König Laios, der Vater von Ödipus, wird von König Pelops verflucht, weil er sich während eines Besuchs in dessen Sohn verliebt und ihn entführt hat. Pelops Fluch lautet, dass Laios niemals einen Sohn haben solle und wenn doch, dann solle dieser seinen Vater erschlagen und seine Mutter heiraten. Das Orakel von Delphi prophezeit Laios dieses Schicksal, als er es wegen seiner Kinderlosigkeit befragt. Als seine Frau Iokaste später dennoch einen Sohn gebiert, will er dem prophezeiten Schicksal entgehen und entscheidet, das Kind dem Tode preiszugeben. Er lässt mit Iokastes Einverständnis dem Säugling die Füße durchstechen, zusammenbinden und ihn von einem Hirten im Gebirge aussetzen. Weil dieser Hirte aber Mitleid mit dem Kleinen hat, setzt er ihn nicht aus, sondern übergibt ihn einem befreundeten Hirten aus Korinth. Durch diesen kommt Ödipus (der Name bedeutet Schwellfuß) zum Königspaar von Korinth und wird von ihm adoptiert. Ohne Wissen um seine wirkliche Herkunft hört Ödipus als junger Mann Andeutungen, dass er nicht der leibliche Sohn seiner Eltern sei. Da er von seinen vermeintlichen Eltern keine befriedigende Auskunft erhält, befragt er nun seinerseits das Orakel von Delphi, wer er sei. Anstatt der erwünschten Antwort erhält er die Prophezeiung, dass er seinen Vater erschlagen und seine Mutter heiraten werde. Entsetzt trifft er nun die Entscheidung, nicht mehr nach Korinth zu seinen Eltern zurückzukehren, sondern in die Fremde zu ziehen, um dem prophezeiten Schicksal zu entgehen. Auf der Reise von Delphi nach Theben trifft er an einer engen Wegkreuzung auf einen anderen Wagen und gerät mit dessen Fahrer in einen heftigen Streit, in dessen Verlauf er den Passagier des Wagens tötet – nicht ahnend, dass es sich dabei um König Laios, seinen leiblichen Vater handelt und sich somit der erste Teil der Prophezeiung erfüllt. Er reist weiter nach Theben und trifft vor den Toren Thebens auf die Sphinx (ein geflügeltes Ungeheuer mit menschlichem Kopf) die alle Reisenden verschlingt, die an ihr vorbei wollen und das von ihr gestellte Rätsel nicht lösen können. Ödipus kann das Rätsel lösen, die Sphinx stürzt sich daraufhin ins Meer und Theben ist die Plage los. Zum Dank wird Ödipus zum neuen König von Theben ernannt und erhält die Witwe von Laios, Iokaste, als Frau – und nicht ahnend, dass es sich um seine Mutter handelt, zeugt er mit ihr mehrere Kinder. Als viele Jahre später eine Seuche über Theben hereinbricht und das Orakel von Delphi kundtut, dass die Seuche eine Folge des ungesühnten Todes von König Laios sei, beginnt Ödipus nach dem Mörder zu forschen und landet schlussendlich bei sich selbst, bei seiner eigenen Geschichte und seinem eigenen Handeln.

Entgegen verschiedenen anderen Deutungen besteht meines Erachtens die zentrale Aussage des Mythos darin, dass die scheinbar freien Entscheidungen und Handlungen des Individuums oft eine Illusion sind und sein Wollen von unbewussten Kräften (in diesem Fall von einem Fluch) gesteuert wird. Flüche – mit den unterschiedlichsten Inhalten – finden sich in den meisten Mythen, Sagen und Märchen und werden als psychologisch wirksame Kräfte zu allen Zeiten in allen Kulturen und Religionen beschrieben.

Mythenforscher und Anthropologen sind überzeugt, dass sich in den Mythen der Menschheit die inneren Antriebskräfte spiegeln, von denen die Menschen seit jeher bewegt werden. Selbstverständlich haben wir jeweils unsere individuellen persönlichen Beweggründe, warum wir handeln – und doch scheint es immer noch einen Grund hinter dem Grund zu geben. Was ist das, was wir als Schicksal bezeichnen? Wodurch entsteht es? Kann beispielsweise ein Fluch über den Vater – wie es der Ödipus-Mythos beschreibt – in der Psyche des Sohnes tatsächlich eine solche unbewusste (Schicksals-) Kraft entfalten, dass gerade die scheinbar freien Entscheidungen zur Verwirklichung des Fluches führen? Auf meine Erfahrungen zu dieser Frage werde ich weiter unten näher eingehen.

Von Göttern, Dämonen und anderen unsichtbaren Kräften

Wie sehr sich die Menschen immer schon von unsichtbaren Kräften beeinflusst gefühlt haben, drückt sich vor allem auch in allen religiösen Vorstellungen aus. Alle Religionen berichten von Kräften und Mächten, die Einfluss auf den Menschen nehmen. In jeder Kultur und Religion wurden und werden gute und böse Mächte beschrieben und postuliert. Ob es sich nun um Naturgeister, Erdgeister, Feen, Devas usw. in Naturreligionen handelt oder um die vielgestaltigen Götter und Dämonen in den polytheistischen Religionen oder um Jahwe, Gott, Allah und ihre gewaltigen Heere in Form von Erzengeln, Engeln und Heiligen und seinen Gegenspielern, dem Satan mit seinen luziferischen Geistern und Dämonen in den monotheistischen Religionen. Immer und überall waren und sind die Menschen mit Phänomenen konfrontiert, die sie als hilfreiche oder zerstörerische Mächte außerhalb ihrer selbst erlebten und erleben. Selbst im atheistischen Buddhismus ist der unermessliche Bewusstseinsraum von Göttern und Dämonen bevölkert, die Einfluss nehmen auf den Willen des Einzelnen. Im Unterschied zu den monotheistischen Religionen, in denen die Erlösung von den unheilvollen Kräften göttlicher Gnade bedarf, wird im Buddhismus, im Hinduismus und im Taoismus postuliert, dass es dem einzelnen Menschen möglich ist, sich von Göttern und Dämonen (Anhaftungen) selbst zu befreien. Als Voraussetzungen dafür gelten im Buddhismus vor allem der Erwerb des richtigen Wissens, Meditation und Selbsterkenntnis (und letztlich Bedürfnislosigkeit) und im Hinduismus vor allem das Studium der vedischen Schriften und die Praktiken des Yoga.

Auf die Vorstellungen im Taoismus gehe ich etwas näher ein: Die Chinesen gelten immer schon als sehr pragmatisch. So hat auch die Sicht der chinesischen Kultur auf die unsichtbare Welt mit ihren positiven und negativen Kräften pragmatischen Charakter. Nirgends ist das Prinzip der Polaritäten so durchgängig auf alles Leben bezogen wie im Taoismus. Das Ineinander-verflochten-Sein der Gegensätze, ihr ständiger Wandel und ihr Vorhandensein in allem bildet die Grundlage der Jahrtausende alten chinesischen Philosophie. Die taoistische Lehre greift viel altes Gedankengut aus den schamanistischen Mythologien des alten China auf, ist aber erst durch den *Tao te King* des Laotse[1] und

1 Laotse (2010): Tao te King. Hamburg (Nikol)

durch Dschuang Dsis Werk *Das wahre Buch vom südlichen Blütenland*[2] in schriftliche Form gefasst worden. Das Tao wird als etwas beschrieben, das jenseits der menschlichen Begrifflichkeit liegt. Es gilt als die höchste Wirklichkeit und das höchste Mysterium, die uranfängliche Einheit, aus der alles entsteht. Es gilt als der Grund allen Seins, der transzendente Ursache ist und somit alles, auch den Gegensatz von Sein und Nicht-Sein, enthält. Das Tao ist sowohl unbegrenzte Transzendenz als auch das dem Kosmos immanente Prinzip; doch ist das Tao selbst kein omnipotentes Wesen (wie z. B. Jahwe/Gott/Allah in den monotheistischen Religionen), sondern Ursprung und Vereinigung der Gegensätze. Das Wirken des Tao bringt die Schöpfung hervor, indem es die Zweiheit, das Yang und das Yin hervorbringt, aus deren Wandlungen, Bewegungen und Wechselspielen dann die gesamte Welt, der Kosmos, hervorgeht und auch die Ordnung der »zehntausend Dinge« entsteht.

Dazu gehören die kosmologischen Vorstellungen von Himmel und Erde und die Lehren von der Lebenskraft Chi sowie von den nährenden und zerstörenden Wandlungszuständen aller Energien. Ihren praktischen Ausdruck finden diese Lehren in der traditionellen chinesischen Medizin, in den Ernährungsempfehlungen, in der Tradition der Körper- und Geisteskultivierung, die mit Atemkontrolle und anderen Techniken wie Tai Chi und Qi Gong, Meditation, Visualisation, Imagination und geomantischen Methoden (Feng Shui) das Chi so beeinflussen sollen, dass es in Harmonie mit dem Tao Glück, Gesundheit, Wohlstand und langes Leben bewirkt. Der Ahnenkult dient der Bedürfnis-Befriedigung der verstorbenen Familienmitglieder und soll die Ahnen wohlgesonnen stimmen und mit den Lebenden in Harmonie bringen.

Die Kunst des Lebens besteht nach taoistischer Vorstellung darin, in sich selbst die Harmonie zwischen den gegensätzlichen Kräften herzustellen und zugleich als Mikrokosmos Mensch in Harmonie mit dem Makrokosmos des Universums zu leben. Nun ist es ja nicht so einfach, diese Harmonie herzustellen, wenn man nicht weiß, welche Kräfte wirken und mit welchen Kräften man es zu tun hat. Deshalb haben die Taoisten Methoden entwickelt, um mit diesen Kräften in Kontakt zu kommen. So versuchen sie z. B. mit Hilfe der Geomantie (Feng Shui), die energetische Ausstrahlung ihrer unmittelbaren Umgebung mit den unsichtbaren Kräften des Universums zu harmonisieren.

Wie das im chinesischen Alltag verwirklicht wird, soll ein kleines Beispiel veranschaulichen: Das Hyatt-Regency-Hotel in Singapur, von einem amerikanischen Konzern erbaut, entpuppte sich in den Monaten nach seiner Eröffnung als Flop. Da in Singapur, Hongkong und Taiwan (also in denjenigen Staaten, in denen die altchinesische Kultur innerhalb westlicher Modernisierung weiterexistiert) chinesische Geschäftsleute selten ohne Feng-Shui-Beratung bauen, ließen sich die amerikanischen Manager nach einiger Zeit der Verluste davon überzeugen, einen Feng-Shui-Experten hinzuzuziehen. Der stellte fest, dass die Ecke eines gegenüberliegenden Gebäudes geradewegs auf den Hotel-Eingang zeigte und dieser damit einem so genannten Sha-Chi (bedeutet soviel wie »schädlicher Energiepfeil«) ausgesetzt war. Der Eingang musste also verlegt werden. Als Zweites wurde festgestellt, dass der Eingangsbereich die Energie von bewegtem Wasser brauche. Also wurden innerhalb des Gebäudes tropische Gärten in den oberen

2 Dschuang Dsi (2011): Das wahre Buch vom südlichen Blütenland. Köln (Anaconda)

Stockwerken mit einem Wasserfall in den Eingangsbereich gestaltet. Nach diesen Umgestaltungen veränderte sich die Gewinnsituation dramatisch: das Hotel boomte.[3]

Sind die Methoden des Feng Shui auf die Harmonie der eigenen Umwelt mit dem Kosmos ausgerichtet, so dienen bestimmte Körperübungen (z. B. Tai Chi oder Chi Gong) der Beeinflussung der körperlichen Energiekreisläufe und ihrer Harmonisierung mit denen des Universums. Das jahrtausende alte Wissen der traditionellen chinesischen Medizin über die Energiekreisläufe (Meridiane) im menschlichen Körper wurde im Westen bis vor kurzem noch als Aberglaube abgetan, weil nach dem rationalen Paradigma nur existiert, was man sehen, messen oder wiegen kann. Inzwischen gibt es die entsprechenden Möglichkeiten der Messung, und so konnten die Meridiane nun auch vom westlichen Verstand als tatsächlich existent akzeptiert werden.

Ein wesentliches Instrument zum Herausfinden der geneigten Energien bezüglich des eigenen Handelns und wesentliche Grundlage für das chinesische Wissen um die Komplementärenergien und ihre Wandlungszustände war immer schon das I Ging[4] (Buch der Wandlungen). Bis Mao tse Tung die taoistischen und konfuzianischen Schulen und das Buch verbot (er selbst soll es sehr wohl benutzt haben), benutzten die Chinesen jahrtausendelang das I Ging als Orakel, um die Energien, die sowohl im eigenen Organismus als auch in den einzelnen Lebenssituationen wirken, zu erkennen und ihr Handeln danach ausrichten zu können. Das I Ging gilt als eines der ältesten Weisheitsbücher der Welt, und über die Jahrtausende hinweg haben chinesische Gelehrte mit diesem Buch gearbeitet und in dieses Buch hineingearbeitet. So enthält es sowohl die Philosophie des Laotse[5] als auch die des Konfuzius.[6] Diese beiden bedeutendsten Gelehrten und Weisen der chinesischen Kultur verkörpern die zwei gegensätzlichen Haltungen des menschlichen Handelns. Laotse gibt der Gelassenheit, dem Handeln durch Nicht-Handeln (wu-wei) den Vorzug und postuliert das Prinzip der Gelassenheit und Hingabe als höchsten Wert. Für Konfuzius ist das gerechte, pflichtbewusste Handeln das oberste Ziel, und er erklärt das Prinzip der aktiven Selbstwirksamkeit zum höchsten Wert. Das I Ging ist meines Erachtens das gelungenste Beispiel für die Integration der beiden gegensätzlichen Grundbedürfnisse von *Gelassenheit/Hingabe* und *Wirksamkeit/Macht* zu einer Ganzheit und erfüllt damit auf philosophischem Gebiet das dem chinesischen Universismus inhärente Ziel der Harmonie, der Einheit von Gegensätzen und Komplementärem. Seine Benutzung beruht auf der Vorstellung von Synchronizität sowie von einem Universalbewusstsein, das nicht der Raum-Zeit-Dimension unterliegt und in dem alles Vergangene, Gegenwärtige und alle potenziellen Zukünfte und Möglichkeiten gleichzeitig vorhanden sind.

Mir sagt die chinesische Sichtweise besonders zu, weil sie – obwohl ethisch sehr anspruchsvoll – nicht zu dogmatischen Verboten oder Geboten greift. Es wird nicht von

---

3 Es ist ein Beispiel, dessen irrationale Wirkung ich selbst erlebt habe: Ohne etwas von dieser Umbau-Geschichte zu wissen und trotz des immensen Preises, hatte ich für meinen Aufenthalt in Singapur dieses Hotel gewählt – verführt von einem Bild der tropischen Gärten mit Wasserfall.

4 Wilhelm, R. (1956): I Ging. Text und Materialien. Düsseldorf (Diederichs)

5 Laotse (2010): Tao te King. Hamburg (Nikol)

6 Konfuzius (1999): Bü Yän Lü. Augsburg (Weltbild)

guten und bösen Mächten gesprochen, sondern von nährenden und zerstörenden Energien und Kreisläufen. Die zerstörenden Energien werden nicht dämonisiert; sie werden als zur Natur, zur Welt und zum Menschen gehörig betrachtet, und es wird nicht danach getrachtet, sie auszumerzen, sondern der Einzelne kann sie erkennen, verändern, transformieren oder vermeiden. Dieses Denken in Polaritäten und die Harmonisierung von Gegensätzen und Komplementärem als Weg zu seelischem Gleichgewicht liegt auch meiner Bedürfnistheorie zugrunde und ist eine Sichtweise, wie ich sie für die psychologische Arbeit als sehr hilfreich erlebe, auch wenn meine psychotherapeutischen Methoden, mit den unsichtbaren Energien umzugehen, ganz andere sind – wie ich an zwei praktischen Beispielen weiter unten aufzeigen werde.

Die Frage, ob wir in Bezug auf unser Leben und Schicksal tatsächlich nicht Herr im eigenen Haus sind, sondern unser Handeln von unbewussten Kräften gesteuert wird, wie es Schopenhauer und Freud postulierten, wird heutzutage von der Neurobiologie von ganz anderer Seite her erforscht. Die Erkenntnisse aus der Hirnforschung führten dazu, dass z. B. Wolf Singer[7] meint, wir sollten aufhören, von Freiheit zu sprechen, da uns Verschaltungen des Gehirns festlegen. Diese Verschaltungen unterliegen nicht unserem verstandesmäßigen Willen, sondern den organismischen Bedürfnissen. »Unsere kognitiven Funktionen beruhen auf neuronalen Mechanismen, und diese sind ein Produkt der Evolution. [...] Im Wettbewerb um Überleben und Reproduktion kam es vorwiegend darauf an, aus der Fülle im Prinzip verfügbarer Informationen nur jene aufzunehmen und zu verarbeiten, die für die Bedürfnisse des jeweiligen Organismus bedeutsam sind.«[8]

Wenn die Verschaltungen unseres Gehirns unseren organismischen Bedürfnissen unterliegen, dann stellt sich die Frage, welche Bedürfnisse es sind, die unser bewusstes Wollen außer Kraft setzen und uns in Situationen bringen, die wir nicht aus freiem Willen anstreben oder die uns selbstzerstörerisch handeln lassen.

Unerledigte Bedürfnisse unserer Ahnen

Im Laufe meiner Praxisjahre machte ich immer häufiger die Erfahrung, dass viele der psychischen, körperlichen oder sozialen Probleme, mit denen Klienten in meine Praxis kamen, nicht aus den individuellen Erfahrungen des Einzelnen resultierten, sondern dass wir in den Sitzungen oft bei traumatischen, unerledigten Erlebnissen oder unheilvollen Taten von (verstorbenen) Personen aus der Familie landeten. Unser organismisches Streben nach guten Gestalten, d. h. unser Bedürfnis nach Ganzheit, bezieht sich offensichtlich nicht nur auf uns selbst als Individuum, sondern auch auf die gesamte Herkunftsfamilie. So versuchen wir unbewusst auch, unerledigte Lebensthemen unserer Ahnen aufzuarbeiten, d. h. »offene Gestalten« unserer Ahnen zu schließen. Solange wir

---

7 Professor für Neurophysiologie und Direktor des Max-Planck-Instituts in Frankfurt

8 Singer, W., *FAZ* vom 08.01.2004

jedoch keine Bewusstheit von den Bedürfnissen haben, die aus dem Ahnen-Feld in oder auf uns wirken, solange können wir auch für keine Befriedigung sorgen und damit die Gestalten schließen. Die unbewussten Erledigungsversuche münden dann in Krankheiten, in Unfälle, in Wiederholungen von Ahnen-Schicksalen, in unbewusste Racheaktionen für geschehenes Unrecht oder unbewusste Sühne für unheilvolle Taten.

Wie sich das im konkreten Leben auswirken kann, möchte ich durch zwei Beispiele aus meiner Praxis verdeutlichen.

Eine Lebensbedrohung

Eine meiner ersten diesbezüglichen Erfahrung machte ich vor mehr als zwanzig Jahren mit einer Klientin, die mit einem Entscheidungskonflikt in meine Praxis kam. Sie war an Krebs erkrankt und hatte zwei gegensätzliche Therapieempfehlungen: Ein Arzt sagte, sie müsse sich unbedingt operieren lassen, weil sie sonst sterben würde. Ein anderer Arzt sagte, sie dürfe sich auf keinen Fall operieren lassen, weil durch die ungünstige Lage dieser Tumor beim Schneiden Metastasen streuen würde und das ihren Tod bedeuten würde. Während sie von ihrer Verzweiflung und ihrer Verweigerung einer Chemotherapie erzählte, tauchte in meinem Kopf völlig zusammenhanglos das Wort »Holocaust« auf. Ich wusste nichts damit anzufangen und verdrängte es. Aber es blieb hartnäckig und schob sich immer wieder in den Vordergrund. Schließlich sagte ich zur Klientin: »Es ist merkwürdig, aber ich werde das Wort *Holocaust* in meinem Kopf nicht los. Ich weiß nicht, wieso ich dieses Wort ständig denke – kann es etwas mit dir zu tun haben?« Sie reagierte völlig erschrocken und sagte dann nach einer zögernden Pause: »Mein Vater war bei der SS in Polen und da auch im Warschauer Ghetto – aber er ist schon lange tot.« Dann erzählte sie von ihrem schlechten Verhältnis zu ihrem Vater und dass sie wegen der ständigen Konflikte früh von zu Hause ausgezogen sei und danach wenig Kontakt zu ihm gehabt habe.

Ich war froh, dass noch in derselben Woche ein Treffen meiner Supervisionsgruppe anstand und ich den Fall einbringen konnte. Mein Supervisor[9] hörte sich die Geschichte an und sagte dann spontan: »Deine Klientin scheint sterben zu wollen, vielleicht um damit die Taten ihres Vaters zu sühnen.« Er gab mir den Rat, diese Vermutung zu überprüfen und, falls sie sich als richtig herausstellen sollte, eine Erledigung[10] und eine Neuentscheidung (für das Leben) zu erarbeiten.

Ich sagte also in der nächsten Sitzung meiner Klientin, dass ich aufgrund unseres letzten Gesprächs eine Vermutung überprüfen möchte und legte fünf Kissen vor sie hin, bezeichnete diese als die imaginären Opfer ihres Vaters und forderte sie auf, sie solle sich vor das erste Kissen hinstellen und den Satz sagen: »Ich sühne das Verbrechen meines Vaters, indem ich auch vorzeitig sterbe.« Sie schaute mich völlig verständnislos an und weigerte sich, »einen solchen Unsinn mitzumachen«. Ich bat sie, es als Experiment zu

9 Prof. Dr. Willi Butollo, Universität München, dem ich viele wertvolle Unterstützung verdanke.

10 »Erledigung« bedeutet in der Gestalttherapie, etwas Unvollendetes, das im Unbewussten rumort, ins Bewusstsein zu holen und »im Hier-und-Jetzt« das, was bisher nicht gefühlt wurde, was nicht erkannt, unbenannt oder ungesagt war, nun zu fühlen, zu erkennen, zu benennen oder zu sagen und damit die so genannte offene Gestalt zu schließen.

sehen und es einfach auszuprobieren: »Wenn du den Satz gesagt hast und spürst, dass er nichts mit dir zu tun hat, dann wissen wir, dass dies eine Möglichkeit gewesen wäre, die aber für dich nicht zutrifft. Aber du wirst es erst wissen, wenn du den Satz gesagt hast, denn erst dann kannst du spüren, ob er stimmt oder nicht.« Sie überlegte lange und sagte dann: »Gut, aber ich sage das jetzt nur, weil du es mir vorschlägst – das Ganze ist ein völliger Schwachsinn!« Dann stellte sie sich provokant lässig vor das erste Kissen und sagte den Satz. Kaum waren die Worte über die Kehle gekommen, brach sie in Schluchzen aus. Nach längerem Weinen beruhigte sie sich und stammelte fassungslos: »Das stimmt ja wirklich – aber das kann doch gar nicht sein!«

Nachdem ich ihr bestätigt hatte, dass das eine ziemlich unfassbare Erfahrung ist, bat ich sie, vor das nächste Kissen zu treten und das Ganze zu wiederholen. Nun sagte sie den Satz sehr langsam und bedächtig und nickte dabei ständig vor sich hin. Beim dritten Kissen hörte das Nicken auf, dafür veränderte sie den Satz, indem sie hinzufügte, wie leid es ihr tue, was ihr Vater getan hat. Beim vierten Kissen wandelte sie den Satz ab und sagte: »Ich wollte die furchtbaren Taten meines Vaters sühnen, indem ich auch vorzeitig sterbe, aber jetzt kann ich nicht glauben, dass das der richtige Weg ist.« Dann beriet sie sich mit mir, ob sie denn nun eine neue Entscheidung treffen dürfe. Ich schlug ihr vor, es auszuprobieren, und wir überlegten und probierten gemeinsam, was sie nun zu den imaginären Opfern sagen wollte. Sie entschied sich schließlich für folgenden Satz: »Ich bedaure zutiefst, was mein Vater Euch zugefügt hat, und ich kann es durch meinen Tod nicht wieder gutmachen. Ich kann nur Euer Schicksal würdigen und Euch bitten, mir zu gestatten, mein Leben weiterzuleben.« Nachdem sie dies zu den imaginären Opfern gesagt hatte, ließ ich sie die Rolle der Opfer einnehmen, und in dieser Rolle konnte sie (nach einigem Dialogwechsel) ein tiefes Einverständnis mit der neuen Entscheidung spüren.

Wie sie später betonte, wäre ihr ohne dieses gespürte Einverständnis in der Rolle der Opfer ihre neue Entscheidung zum Leben nicht möglich gewesen. Der Tumor bildete sich innerhalb eines Jahres zurück und wie ich durch lose Kontakte mit der Klientin während der folgenden zehn Jahre feststellen konnte, war die Gesundung dauerhaft.

Nun lassen sich solche Phänomene unterschiedlich interpretieren. Eine mögliche Interpretation wäre, dass in der Klientin ein Sühnemotiv wirksam war, das sich aus unbewusster Loyalität zum Familiensystem gebildet hatte, wie es der Psychoanalytiker Boszormeny-Nagy schon in den 1970er-Jahren postulierte (darauf werde ich weiter unten eingehen).

Es könnte sich aber auch um eine Verfluchung des Täters und seiner Nachkommen durch eines oder mehrere der Opfer gehandelt haben. Flüche stehen in unserer rationalen Kultur in der Ecke des Aberglaubens; deshalb war diese Interpretation zum Zeitpunkt der beschriebenen Arbeit noch völlig außerhalb meines Denkrahmens. Aber meine langjährigen psychotherapeutischen Erfahrungen haben mich inzwischen gelehrt, dass es das Phänomen Fluch offenbar tatsächlich gibt und dass es eine wirkmächtige Kraft über Generationen hinweg entfalten kann.

In diesen Kontext könnte eventuell das zweite Beispiel fallen, das ich auch noch vorstellen möchte, bevor ich mich den theoretischen Erörterungen zuwende.

Anfälle von Lebensmüdigkeit

Es handelt von einem Klienten, der sich zwei Jahre nach einem beruflichen Coaching für eine Sitzung anmeldete mit der Ankündigung, dass er mit etwas in seinem Leben nicht fertig werde. In den ersten zehn Minuten der Sitzung erzählte er mir ausführlich, wie gut es ihm seit dem Coaching ergehe, wie sein berufliches und privates Leben rundherum passe und alles nicht besser sein könne. Dann kam er zu seinem Thema: Obwohl alles so gut sei, werde er zwischendurch – und in letzter Zeit immer häufiger – plötzlich von einem Gefühl der Lebensmüdigkeit befallen, das manchmal Tage, manchmal mehrere Wochen andauere und ihn dann völlig lähme. Über das ganze Leben lege sich dann ein grauer Schleier, die Welt sei nicht mehr farbig, und er könne sich dann zu nichts mehr aufraffen, sondern schleppe sich nur noch durch den Tag. Manchmal sei es sogar so schlimm, dass er an Selbstmord denke, weil ihm dann das Leben so schwer und sinnlos vorkomme. Er verstehe einfach nicht, woher das komme, denn es passe überhaupt nicht zu seiner Lebenssituation. Und diese Unbegreiflichkeit ängstige ihn zutiefst – vor allem auch, weil dieses lebensmüde Gefühl eine solch starke Kraft sei, die alles Positive in seinem Leben auslösche.

Während er mir seine Gefühle und Zustände schilderte, gingen mir natürlich alle möglichen Depressions-Diagnosen durch den Kopf – und doch hatte ich irgendwie das Gefühl, als ob diese Depression nicht zu ihm gehöre, als ob sie etwas Fremdes sei. Nun gehe ich ja bei meiner Arbeit immer von der Hypothese aus, dass es bei allem, was jemand erlebt, fühlt und tut, eine innere Instanz gibt, die genau dieses Erleben bzw. Handeln anstrebt. Auch wenn es etwas scheinbar Fremdes ist, von dem die Psyche eines Menschen beeinflusst oder besetzt scheint, betrachte ich es als Kraft, die zumindest zeitweise zu demjenigen gehört, der sie in seinen Auswirkungen spürt, weil er sich mit ihr unbewusst verbunden hat.

Nachdem der Klient mir sein Problem erzählt hatte, teilte ich ihm diese meine Überlegungen und Gefühle mit und schlug vor, dass wir herausfinden sollten, was es mit dieser Lebensmüdigkeit auf sich hat, was sie will und wo sie herkommt und hingehört. Seine erste Reaktion war große Erleichterung darüber, dass ich es für möglich hielt, mit »diesem Fluch«, wie er sagte, in Kontakt zu kommen. Nun stellte ich ihm einen leeren Stuhl[11] gegenüber und forderte ihn auf, sich in seiner Fantasie vorzustellen, dass in diesem Stuhl die Lebensmüdigkeit sitze. Er solle bei sich nachspüren, wie es sich körperlich und emotional anfühle, wenn er sie anschaue. Ein paar Augenblicke schaute er aufrecht sitzend auf den leeren Stuhl, dann sank er völlig in sich zusammen, sein Oberkörper krümmte sich nach vorne und hielt den Blick auf seine Knie gesenkt. Auf meine Frage, wie er sich fühle, antwortete er: »Ich bin ein Häufchen Elend, mein Magen verkrampft sich, ich krieg wenig Luft und ich traue mich nicht, die Lebensmüdigkeit anzuschauen, sie macht mir Angst.« Nun bat ich ihn, dies alles in direkter Rede zur imaginären Lebensmüdigkeit zu sagen, also ihr mitzuteilen, wie er sich fühlt. Er schaute nun zögerlich

---

[11] Die Arbeit mit dem »leeren Stuhl« ist eine gestalttherapeutische Methode: Eine innere Instanz wird externalisiert, und mit der direkten Rede zum imaginierten Gegenüber wird ein Kontakt zu dieser psychischen bzw. geistigen Entität hergestellt.

zur imaginären Lebensmüdigkeit hin und sagte dann leise: »Wenn ich dich anschaue, fühle ich mich wie ein Häufchen Elend, mein Magen verkrampft sich, es schnürt mir die Luft ab und ich habe Angst vor dir.« Nun forderte ich ihn auf, den Platz zu wechseln und in die Rolle der Lebensmüdigkeit zu schlüpfen. Als Lebensmüdigkeit fühlte er sich sehr groß und mächtig und schaute verachtungsvoll auf sein imaginiertes Selbst. Auf meine Frage, ob er als Lebensmüdigkeit weiblich oder männlich sei, sagte er, keines von beiden. Er habe das Gefühl, nur aus Bauch zu bestehen. Ein großer, vertrockneter Bauch – wie eine große rissige Ackerscholle, wobei aus einer Furche ein paar Grashalme ragen.

Nun stellte ich hinter die Lebensmüdigkeit einen Hocker und sagte dazu: »Das ist die Quelle, die Herkunft der Lebensmüdigkeit, zu der sie eigentlich gehört.« Dann bat ich den Klienten, sich auf den Hocker zu stellen und in die Rolle der Quelle zu schlüpfen. Das erste, was ihm auf diesem Platz nun kam, waren die Worte »nicht schon wieder!« Dann wurde allmählich deutlicher, dass sich diese Worte auf eine Schwangerschaft bezogen. Als Quelle empfand er sich nun als Schwangere, die diese Schwangerschaft als große Bürde empfand und zwischen Wut und Lebensmüdigkeit schwankte. Der Klient fühlte sich als große, hagere Frau mit einem strengen Gesicht in enger schwarzer Haube und einem schwarzen langen Kleid. In der weiteren Arbeit stellte sich heraus, dass es sich bei der Personifizierung der Quelle um die schwangere Urgroßmutter des Klienten handelte, zu der das Gefühl der Lebensmüdigkeit gehörte (die als Bäuerin mit acht Kindern ein sehr schweres Leben hatte, wie er im Anschluss an die Arbeit berichtete). In der Rolle der Urgroßmutter fühlte er beißenden Neid auf männliches Wohlergehen und den wütenden Wunsch (Fluch?), »die Männer in der Familie« sollten selbst am eigenen Leib spüren müssen, wie schwer ein weibliches Schicksal mit so vielen Schwangerschaften ist, und er drückte dies mit kalter Härte seinem imaginierten Selbst gegenüber aus. Wieder zurück in seiner eigenen Rolle kamen ihm Tränen des Mitleids, und er fühlte sich tief berührt von der gespürten Schwere ihres Schicksals. Der nun folgende Dialog (mit einer Würdigung ihres Schicksals) führte einerseits zu einem Aufweichen ihrer Härte und andererseits zu einer klaren Entscheidung des Klienten, die Lebensmüdigkeit als Teil ihres Schicksals bei der Urgroßmutter zu lassen und sein eigenes Leben frei davon zu leben.

Zentral für die Auflösung seiner unbewussten Verbindung mit der urgroßmütterlichen Lebensmüdigkeit war neben der Würdigung ihres Schicksals, dass er, wieder in der Rolle der Urgroßmutter, die Würdigung des Urenkels annahm und ihm sein Wohlergehen nun mit guten Wünschen zugestand. In den vier Jahren, die inzwischen vergangen sind, kam der Klient ungefähr zweimal jährlich zu Coachingsitzungen, in denen er jeweils unterschiedliche Themen bearbeitete – eine Lebensmüdigkeit bzw. Depression ist jedoch nicht wieder aufgetaucht.

Das Veto-Recht des Bewusstseins

Zwischen den beiden beschriebenen Beispielen liegen gute fünfzehn Jahre Erfahrung mit dem Thema »Ahnen«. Während ich in die erste Arbeit noch ziemlich ahnungslos hineingestolpert bin und ohne die Hilfe meines Supervisors niemals zu dem beschriebenen

Vorgehen und Ergebnis gekommen wäre, zeigt das zweite Beispiel eine Arbeitsvariante, die auf unzähligen Erfahrungen und Experimenten zu diesem Thema gründet sowie einer intensiven theoretischen Beschäftigung mit den Ergebnissen der Hirnforschung und Philosophie zum Thema »freier Wille«.[12] Denn ganz gleich, ob nun eine der angeführten Interpretationen zutrifft oder ob es noch eine ganz andere Erklärung gibt – das Ergebnis bleibt immer, dass es weder der freie Wille der Klientin war, mit ihrem Tod die Taten des Vaters zu sühnen, noch der freie Wille des Klienten, mit der Lebensmüdigkeit das Schicksal der Urgroßmutter nachzuempfinden. In beiden Fällen waren die individuellen Bedürfnisse überlagert von fremden Motiven.

Und ganz gleich, wie man sich die Geschehnisse erklären mag, auf jeden Fall waren die verursachenden Kräfte hinter den Geschehnissen den Beteiligten nicht bewusst und erst die Selbsterkenntnisarbeit führte zu Bewusstheit und damit zur Möglichkeit, eine freie Willensentscheidung zu treffen.

Ich erkläre mir die nachhaltige Wirkung solcher Arbeiten mit dem Veto-Recht des Bewusstseins, von dem der legendäre Hirnforscher Benjamin Libet[13] spricht, wenn er sagt, dass unser Bewusstsein allenfalls ein Veto-Recht habe gegen unbewusst zustande gekommene Entscheidungen unseres Gehirns. Durch die Forschungsergebnisse von Benjamin Libet[14], die zeigten, dass die für ein bestimmtes Handeln zuständigen neuronalen Funktionsbereiche schon aktiv sind, bevor der Mensch die Entscheidung für dieses Handeln getroffen hat, fühlen sich Vertreter des Determinismus im uralten Streit um die Willensfreiheit besonders bestätigt. Für sie ist die Entscheidungsfreiheit des Menschen eine Illusion. Libets Experimente führten ihn zu der Erkenntnis, dass der freie Wille lediglich ein Vetorecht habe, das unbewusst zustande gekommene Entscheidungen allenfalls noch stoppen kann. Damit kontrolliere das Bewusstsein also keine Prozesse, sondern sei nur ein Türwächter mit beschränkten Kompetenzen.

Während andere Hirnforscher den freien Willen als Illusion bezeichnen, sieht Libet jedoch in der nahezu universalen Erfahrung, dass wir aus freier, unabhängiger Entscheidung handeln können, eine Art von Prima-facie-Beleg (bedeutet so viel wie Anscheinsbeweis, bis auf Widerruf), das bewusste mentale Prozesse bestimmte Gehirnprozesse steuern können: »Als Experimentalwissenschaftler bin ich der Meinung, dass diese Tatsache eine größere Schwierigkeit für eine deterministische als für eine indeterministische Option darstellt. [...] Eine Theorie, die das Phänomen der Willensfreiheit bloß als Illusion deutet und die Gültigkeit dieser phänomenalen Tatsache leugnet, ist weniger attraktiv als eine Theorie, die diese phänomenale Tatsache akzeptiert und sich ihr anpasst.«[15]

Libet sieht im Veto-Recht eine Kontrollfunktion des Bewusstseins gegen vom Gehirn unbewusst eingeleitete Willenshandlungen: »Die Rolle des bewussten freien Willens wäre also nicht, eine Willenshandlung einzuleiten, sondern vielmehr zu kontrollieren,

---

12 vgl. Geyer, Singer, Roth, Hüther usw.

13 Libet, B. (2004): Mind Time: Wie das Gehirn Bewusstsein produziert. Frankfurt a. M. (Suhrkamp)

14 em. Professor für Neurophysiologie am Center for Neuroscience an der University of California at Davis

15 Libet, B. (2004): Mind Time: Wie das Gehirn Bewusstsein produziert. Frankfurt a. M. (Suhrkamp)

ob die Handlung stattfindet. Wir können die unbewussten Initiativen zu Willenshandlungen als ein »Hochsprudeln« im Gehirn verstehen. Der bewusste Wille entscheidet dann, welche dieser Initiativen sich in einer Handlung niederschlagen soll oder welche verhindert und abgebrochen werden sollen, ohne dass es zur Handlung kommt. Diese Art von Rolle für den freien Willen stimmt tatsächlich mit religiösen und ethischen Mahnungen überein.«[16]

Für mich sind die Ausführungen von Libet deshalb so wichtig, weil sie mir eine Möglichkeit eröffnen zu verstehen, wie die Erledigungsarbeiten eine so nachhaltige und für mich oft überraschend schnelle Wirkung zeitigen können. Ich erkläre es mir so, dass das beschriebene Veto-Recht des Bewusstseins in diesen Fällen zur Geltung kommt, indem der betroffene Mensch mit der ihn beeinflussenden Kraft (das was Libet als »Hochsprudeln des Gehirns« bezeichnet) in Kontakt getreten ist und im Dialog herausgefunden hat, was sie will, wie sie befriedet bzw. befriedigt werden kann und durch eine bewusste Neuentscheidung die Qualität dieser Kraft transformiert wird und/oder die Verbindung zu dieser Kraft bewusst unterbrochen wird.

In dieses Bild passt, dass inzwischen auch durch bildgebende Verfahren nachgewiesen wurde, dass durch Psychotherapie die Verbindungsströme im Gehirn verändert werden. Lutz Müller, ein bekannter Vertreter der Analytischen Psychologie, definiert Selbsterfahrung als fließenden Identitätsprozess, bei dem man nach und nach entdeckt, »dass hinter oder unter unserem ›naiven‹ Identitätserleben noch ganz andere unbekannte, unbewusste Organisationskräfte, die eigentlichen ›Drahtzieher‹, am Werke sind.«[17]

Transgenerationale Forschungen und Theorien

Sigmund Freuds Entdeckung des Unbewussten führte zu der Erkenntnis, dass wir nicht Herr im eigenen Hause sind, sondern uns unbewusste Gegebenheiten zu Gefühlen, Handlungen, Krankheiten und Wiederholungen zwingen, die wir nicht bewusst gewählt haben. Dabei geht er über das persönlich Erfahrene hinaus, indem er explizit von ererbten Inhalten spricht; dass die archaische Erbschaft des Menschen nicht nur Dispositionen, sondern auch Inhalte umfasst, Erinnerungsspuren an das Erleben früherer Generationen.[18]

C. G. Jung hat sich diesem Phänomen dann intensiv gewidmet und ein »kollektives Unbewusstes« postuliert, ein transpersonales Unbewusstes, das jenseits von Verdrängung und persönlicher Erfahrung existiert und wirkt. Dies hat sich vor allem auch in seiner Theorie der Archetypen niedergeschlagen, die autonom wirken und »einen erfassen bzw. besetzen« können. Was das »Besetzen« angeht, war er unter anderem stark von einem Ereignis beeindruckt, das er bei einer Afrikareise erlebte. Er erzählt von einer Afrika-Expedition mit einigen ärztlichen Kollegen, bei der eine der afrikanischen Was-

16 ebd., 282

17 Müller, L. (2012): Ins Innere der Dinge schauen. Stuttgart (Opus Magnum)

18 vgl. Freud, S.: Das Unbehagen in der Kultur

serträgerinnen, die in einem benachbarten Kraal wohnte, schwer erkrankt war und die Ärzte nicht in der Lage waren, ihr zu helfen. Von den Angehörigen der Frau wurde der »nganga«, der Medizinmann geholt, der feststellte, dass die verstorbenen Eltern der jungen Frau diese zu sich holen wollten. Mit einem schamanischen Ritual löste er die unheilvolle Verbindung zwischen den verstorbenen Eltern und der jungen Frau auf. Unter anderem bestand das Ritual aus einer »Ersatzbefriedigung« für die Eltern: Der Medizinmann legte an den Dorfeingang, wo sich die Wege aus dem Bambuswäldchen kreuzten, ein kleines Modellhaus mit einer Puppe als Ersatz für die junge Frau. Das Ergebnis war für Jung und seine Kollegen verblüffend: »Zu unserem maßlosen Erstaunen genas die Kranke innerhalb von zwei Tagen. War unsere Diagnose falsch? Das Rätsel blieb ungelöst.«[19]

Anfang der 1970er-Jahre erforschte der ungarische Psychoanalytiker Boszormenyi-Nagy das komplexe Problem der transgenerationalen Weitergabe von ungelösten Konflikten, die sich in Hass, Rache, Blutrache, vorzeitigen Todesfällen, wiederholten Krankheiten usw. zeigen, und entwickelte dabei das Konzept der »unsichtbaren Loyalitäten«. In seiner klinischen Praxis untersuchte er Tausende von Familien auf ihre Regelhaftigkeit, die diesen die typische Struktur gaben. Seine Folgerungen: Beziehungen werden in ihrer Tiefe von einer existenziellen ethischen Dynamik bestimmt. Da diese impliziten Verbindungen nicht auf den ersten Blick erkennbar sind, bezeichnete er sie als »unsichtbare Bindungen«, die stärker wirken als beobachtbare Handlungen und biographisch erschließbare Prägungen. Nach seiner Theorie sollen die unsichtbaren und unbewussten Loyalitäten zu einer Homöostase im Familienfeld führen. Das heißt, es wird unbewusst ein Ausgleich bei Ungerechtigkeiten, Schuld, Verlust, Demütigung, emotionaler Vernachlässigung, Diebstahl, Ausbeutung usw. angestrebt. Die Grundbegriffe, auf die sich das Theoriesystem stützt, sind Loyalität, Gerechtigkeit und Ausgleich, Verdienst und Anspruch. Es sieht so aus, als existiere eine Art »Familienkonto«, eine große transgenerationale Familienbuchführung, in der Verdienste und Verpflichtungen festgehalten werden. Wenn das Konto in einer Generation nicht ausgeglichen wird, werden die Konflikte an die nächsten Generationen weitergegeben. Dadurch kommt es nicht nur zu einem biologischen und wirtschaftlichen, sondern auch zu einem moralischen Erbe. Für Boszormenyi-Nagy bedeutet das, dass wir durch diese psychische Weitergabe auch die Bedürfnisse der Ahnen erben: »Wir müssen uns jedoch bewusst bleiben, dass die Bedürfnisse des Einzelnen neben dem Reaktivat seiner eigenen frühkindlichen psychischen Prozesse auch das Kondensat der unbeglichenen Familienkonten seiner Herkunftsfamilie enthalten.«[20]

Die Erkenntnisse aus dem neuen Wissenschaftsfeld Epigenetik könnten eine solche Interpretation stützen. Dieses neue Wissenschaftsfeld widmet sich der Frage, wie Umweltereignisse auf die Erbanlagen einwirken, und erforscht diese Vorgänge. Während sich die Humangenetik vor allem für die Erforschung der Gene interessierte (die aber nur ca. ein bis zwei Prozent der DNA stellen) und dabei den Proteinen, die auf den Chromosomen sitzen, keine Beachtung schenkte, widmet sich die Epigenetik nun ge-

---

19 Jung, C.G. (1990): Synchronizität, Akausalität und Okkultismus. München (dtv)

20 Boszormenyi-Nagy, I./Spark, G.M. (1973): Unsichtbare Bindungen. Stuttgart (Klett-Cotta)

nau diesen Proteinen. Dabei wurde festgestellt, dass sie bei der Vererbung eine ebenso wichtige Rolle spielen wie die Gene selbst.[21] Man fand heraus, dass Umweltereignisse, wie z. B. traumatische Erlebnisse, chemische Markierungen bestimmter Gene bewirken, und durch diese Markierungen Gene ein- und ausgeschaltet werden. Dies scheint nun die lange gesuchte Erklärung zu sein, wie die Umwelt die Aktivität der Gene bestimmt und damit auf die Erbanlagen einwirkt.

Die Schlussfolgerungen, die bisher aus der epigenetischen Forschung gezogen werden, bewegen sich auf dünnem Eis. So ist aus den bisherigen Ergebnissen noch nicht gesichert, dass auch erworbenes Wissen und starke emotionale Erlebnisse längerfristigen Einfluss auf das genetische Material nehmen und so an Kinder und Kindeskinder weitergegeben werden. Der Biologe Rupert Sheldrake bietet – wie ich im nächsten Kapitel ausführen werde – mit seiner Theorie der morphogenetischen Felder eine andere Erklärung für die Informationsweitergabe von Erlebtem und Erlerntem an spätere Generationen.

Doch unabhängig davon, wie man die Weitergabe theoretisch erklärt, lassen die Erfahrungen aus der psychotherapeutischen Arbeit keinen Zweifel daran, dass wir viele Lebensmuster unserer Ahnen wiederholen und unerledigte Lebensthemen unserer Ahnen ausleben, indem unsere Bedürfnisse und Motive überlagert werden von Bedürfnissen und Motiven, die nicht zu unserer individuellen Persönlichkeit gehören. Erfahrungssequenzen in unserem Leben, die in ihrer Art ähnliche Reize enthalten wie die früheren Erlebnisse von Ahnen, aktivieren offenbar in uns Verbindungen zu Verhaltensmustern und Gefühlen der Vorfahren und sind Auslösereize für eigenes Verhalten. Das kann dann zu dem führen, was die französische Psychoanalytikerin Ancelin Schützenberger[22] einen *Zeit-Crash* nennt, ein Ineinanderschieben von Zeit, mit der Folge, dass die Erlebnisse der Vorfahren bewirken, dass wir in unserem gegenwärtigen Leben aus denjenigen Motiven handeln, die aus diesen Erlebnissen resultieren, ohne dass uns diese (fremden) Motive bewusst sind.

Ancelin Schützenberger, emeritierte Professorin für Psychologie an der Universität Nizza – Psychoanalytikerin und Psychodrama-Therapeutin –, beschreibt in ihrem Buch *Oh, meine Ahnen* ihre transgenerationale Therapie, die sie in vierzigjähriger Erfahrung mit diesem Thema entwickelt hat. Schützenberger verbindet dabei verschiedene konzeptionelle Modelle und methodische Ansätze. Neben Boszormenyi-Nagy bezieht sie sich vor allem auch auf die klinischen Forschungen von Nicolas Abraham und Maria Török, die in ihrer 1978 veröffentlichten Artikel-Sammlung *L'écorce et le noyau* die Begriffe »Gruft« und »Phantom« einführten. Abraham und Török bezogen sich dabei auf Arbeiten mit Patienten, in denen diese erklärten, dies oder jenes gemacht zu haben, ohne zu wissen, warum. Die Familien dieser Patienten bestätigten, dass diese wirklich so gehandelt hätten »als wäre es jemand anderes«. Abraham und Török beschreiben, dass das geschehe, als ob es einen handelnden Geist, ein Phantom gäbe, der für die Leute spreche oder handle. »Dieser Geist wäre wie jemand, der aus einem schlecht verschlossenen Grab

---

21 vgl. Lipton, B. H. (2009): Intelligente Zellen – Wie Erfahrungen unsere Gene steuern. Burgrain (Koha). Vgl. auch Bauer, J. (2006): Warum ich fühle, was du fühlst. 4. Aufl. München (Heyne)

22 Schützenberger, A. A. (2007): Oh, meine Ahnen. Heidelberg (Carl-Auer)

eines Vorfahren herauskäme, etwa nach einem Tod, der schwer anzunehmen war, oder nach einem Ereignis, dessen ›man sich schämt‹, oder einer für die Familie ›schwierigen Situation‹, etwas ›Schlechtem‹, ›Zweideutigem‹, ›nicht Angesehenem‹ in der Mentalität dieser Zeit. [...] Nur von Zeit zu Zeit schien der Geist die Gruft zu verlassen und zu handeln, nach zwei oder drei Generationen.«[23]

Schützenberger beruft sich auch auf psychoanalytische Wurzeln bei Freud und Ferenci, die damals schon glückliche wie tragische »familiäre Wiederholungen« und Synchronien in Alter und Datum sowie »Jahrestag-Syndrome« festgestellt hatten. (Dass sich schicksalsträchtige Jahrestags-Syndrome nicht nur in Familien zeigen, sondern auch in Völkern, zeigt der 9. November für Deutschland: 9. Nov. 1848 standrechtliche Hinrichtung von Robert Blum, der Wendepunkt der Revolution 1848/49; 9. Nov. 1918 Novemberrevolution in Berlin; 9. Nov. 1923 Hitler-Ludendorff-Putsch in München; 9. Nov. 1939 Reichspogromnacht – Beginn des Holocaust; 9. Nov. 1989 Mauerfall.)

Seit den 1990er-Jahren hat Bert Hellinger mit seiner Methode der Familienaufstellungen[24] das transgenerationale Thema einem breiteren Publikum nahe gebracht. Die explosionsartige weltweite Verbreitung der Familienaufstellungen macht deutlich, dass hier ein psychologisches Feld in den Fokus genommen wurde, das bisher in der therapeutischen Arbeit vernachlässigt war. Die vehemente Ablehnung, die den Familienaufstellungen aus Teilen der psychologischen Wissenschaft entgegenschlägt, hat meines Erachtens vor allem mit der Einführung des Begriffs der Seele und ihrem Wirken – auch nach dem körperlichen Tod – zu tun. Sie sind Ausdruck für die Schwierigkeit, die wir heutzutage mit dem Begriff der Seele haben.

Zur Transformation des Seelenbegriffs

Der Sozialphilosoph Hans Joas beschreibt, wie im neunzehnten Jahrhundert die Skepsis gegenüber dem Konzept der Seele dominant wurde. Die Vertreter des Materialismus wollten die Vorstellung einer Seele einfach loswerden. »Unter ihrem Einfluss und auch im Zusammenhang der entstehenden wissenschaftlichen Disziplin Psychologie sprach man nicht mehr von der Seele, sondern vom Psychischen. Für psychologische Erklärungen galt der Begriff Seele als bestenfalls überflüssig, schlimmerenfalls schädlich.«[25] Während die einen seinen Ausschluss aus der wissenschaftlichen Begriffssprache vorschlugen, empfahlen andere seine Transformation, »eine Rettung von Teilen seines Bedeutungsgehalts, indem diese verteidigungswerten Teile auf neue philosophische und wissenschaftliche Grundlagen gestellt wurden. Es waren diese Versuche zur Transformation des Seelenbegriffes, die zum Begriff des Selbst führten, den wir heute in Psychologie und Soziologie verwenden.«[26]

---

23 Abraham und Török, zit. nach Schützenberger, A., ebd., 70

24 Erstmalig wurde die Methode vorgestellt durch Weber, G. (2010): Zweierlei Glück. Heidelberg (Carl-Auer)

25 Joas, H., 2011: Zur Sakralität der Person. Eine neue Genealogie der Menschenrechte. Berlin (Suhrkamp), 213

26 ebd., 214

Heinz Kohut, von dem der berühmte Ausspruch stammt, dass ein Kind sich im glänzenden Auge der Mutter spiegeln können muss, um ein gesundes Selbstwertgefühl entfalten zu können[27], entwickelte innerhalb der Psychoanalyse eine Richtung der Selbst-Psychologie, weil er mit dem Theoriemodell der Freudschen Psychoanalyse, das einen psychischen Apparat mit Es, Ich und Über-Ich postuliert, zentrale psychische Phänomene nicht erklären konnte. Dabei unterscheidet er zwei Formen des Mensch-Seins, den schuldigen und den tragischen Menschen. »Noch einmal zusammengefasst: Das (sexuelle und destruktive) Es und das (hemmend-verbietende) Über-Ich sind Bestandteile des psychischen Apparates des Schuldigen Menschen. [...] Die Psychologie des Selbst wird benötigt, um die Pathologie des fragmentierten Selbst (von der Schizophrenie bis zur narzißtischen Persönlichkeitsstörung) und des entleerten Selbst (leere Depression, d. h. die Welt ungespiegelter Strebungen, die Welt ohne Ideale) zu erklären – kurz, die psychischen Störungen und Kämpfe des Tragischen Menschen.«[28]

Der Begriff der Seele hatte in der Psychologie keinen Platz mehr, sondern wurde der Theologie zugeordnet. Dabei ist die Selbstpsychologie von Kohut nur eine von vielen Vorstellungen. Einen spannenden Einblick in die vielen unterschiedlichen Vorstellungen des Selbst gibt das umfangreiche Werk *Identität*.[29] Autoren aus sieben unterschiedlichen Wissenschaftsdiziplinen (Psychologie, Philosophie, Soziologie, Theologie, Psychiatrie, Kulturtheorie und Ethnologie) sowie aus acht verschiedenen psychotherapeutischen Schulen (Verhaltenstherapie, Individualpsychologie, Analytische Psychologie, Psychoanalyse, Gestalttherapie, Gesprächstherapie, Systemischer Therapie sowie Integrativer Therapie) beschreiben ihre Vorstellungen, Konzepte und Theorien zum Selbst und seiner Identitätsbildung. So unterschiedlich all diese Vorstellungen auch sind, sie beschäftigen sich mit dem Selbst des lebendigen Menschen.

Doch was passiert mit dem Selbst nach dem körperlichen Tod? Besteht dieses Selbst nur als Funktion von sterblichen Gehirnstrukturen und situativen neuronalen Netzwerkprofilen? Also rein materialistisch? Diese Frage betrifft den Kern der Leib-Seele-Auseinandersetzung, die seit der Entstehung der westlichen Philosophie im antiken Griechenland und durch die ganze Geschichte des abendländischen Denkens hindurch geführt wurde. Mit dem Begriff des Selbst haben wir die unsterbliche Dimension der Seele bisher aus der Psychologie und Psychotherapie herausgehalten – doch die transgenerationalen Phänomene zwingen uns zu einer erneuten Auseinandersetzung, wenn wir uns diesen Erfahrungen nicht verschließen wollen.

Vorstellungen von der unsterblichen Seele

Wie schon erwähnt, sind Mythenforscher und Anthropologen überzeugt, dass sich in den Mythen der Menschheit die inneren Antriebskräfte spiegeln, von denen die Menschen

27 Kohut, H. (1976): Narzissmus. Frankfurt a. M. (Suhrkamp)

28 Kohut, H. (1981): Die Heilung des Selbst. Frankfurt a. M. (Suhrkamp), 247

29 Petzold, H. (Hrsg.) (2012): Identität. Wiesbaden (VS)

seit je her bewegt werden.[30] Mircea Eliade, der bedeutendste Religionswissenschaftler des 20. Jahrhunderts, verfolgt in seinem monumentalen vierbändigen Werk zur *Geschichte der religiösen Ideen*[31] die Vorstellungen von Seele und Geist in allen uns bekannten Kulturen von der Altsteinzeit bis zur Gegenwart und kommt dabei zu dem Schluss, dass es wichtig ist, »die tiefe und unteilbare Einheit der Geschichte des menschlichen Geistes nicht aus den Augen zu verlieren. Das Bewusstsein dieser Einheit der Geistesgeschichte der Menschheit ist eine noch junge, und noch nicht genügend integrierte Entdeckung.«[32] Er zeigt auf, dass sich die Menschen seit Urzeiten Vorstellungen von einem Weiterleben nach dem körperlichen Tod machen. Selbst aus schriftlosen Zeiten weisen die archäologischen Funde von Grabbeigaben darauf hin, dass sich immer schon Gedanken über ein Leben nach dem irdischen Leben gemacht wurden. Alle Religionen drehen sich um die zentrale Frage, was aus der Seele nach dem Tod wird, und jede Religion gibt darauf ihre spezielle Antwort. Gemeinsam ist allen diesen Vorstellungen, dass es sich bei der Seele um etwas Immaterielles handelt, das nach dem körperlichen Tod individuell weiter existiert; entweder geistig in einer Jenseitswelt oder in weiteren neuen Inkarnationen auf dieser Erde.

Im Christentum wird davon ausgegangen, dass die Lebenden Einfluss nehmen können auf das Schicksal der Seelen von Verstorbenen. Es wird für sie gebetet und es werden Lichter angezündet und Messen gelesen. Der umgekehrte Weg, dass die Seelen der toten Angehörigen Einfluss nehmen auf die Lebenden, ist dagegen nicht beschrieben.[33] Anders in den Ahnenkulten Afrikas und Asiens. So besagen z. B. die Vorstellungen des chinesischen Ahnenkults definitiv, dass die Ahnen in das Leben der Lebenden hineinwirken und -regieren und man deshalb mit entsprechenden Riten und Opfergaben versuchen muss, sie wohlgesonnen zu stimmen. Die entsprechenden Handlungen sind beispielsweise auch im modernen China, in Japan, Korea und Singapur als Selbstverständlichkeit im heutigen Alltag verankert. Im chinesischen Verständnis hat der Mensch eine Körperseele, die mit dem Körper stirbt und eine Geistseele, die weiterlebt und in die Welt der Lebenden hineinwirkt. Von Konfuzius, der sich zu metaphysischen Vorstellungen nur ungern äußerte, ist trotzdem der Ausspruch überliefert: »Wie herrlich sind doch die Geisteskräfte der Götter und Ahnen! Man schaut nach ihnen und sieht sie nicht, man horcht nach ihnen und hört sie nicht. Und doch gestalten sie die Dinge, und keines kann ihrer entbehren.«[34]

In unserer europäischen Literatur gibt es unzählige Werke, die zeigen, dass auch unserer Kultur der Gedanke vom Einmischen der Ahnen in gegenwärtiges Leben keineswegs

30 vgl. Campbell, J. (1991): Die Masken Gottes. 3 Bände

31 Eliade, M. (1970): Geschichte der religiösen Ideen. Freiburg (Herder)

32 ebd., Band 1, S. 10

33 Außer es handelt sich um Heilige. Heiligen wird die Fähigkeit zugesprochen, ins Leben der Menschen hineinzuwirken. So bitten gläubige Katholiken heiliggesprochene Tote um Hilfe – z. B. den heiligen Antonius, dass er helfen möge, einen verlorenen Gegenstand wieder zu finden, den St. Florian, dass er vor Feuer schützen möge usw.

34 Glasenapp, H. v. (1985): Die fünf Weltreligionen. Köln (Diederichs), 147

fremd ist. Eines der berühmtesten Beispiele ist Shakespeares Tragödie *Hamlet.*[35] Die Geschichte handelt vom Prinzen von Dänemark, dessen ermordeter Vater als Geist erscheint und Rache fordert für seine Ermordung. Im Verlauf der Handlung kostet das Rachebedürfnis des toten Vaters fünf Menschenleben.

Shakespeare tritt in seinem Drama der möglichen Interpretation, dass dieser Geist nur eine Halluzination bzw. Projektion Hamlets sein könnte, mit dem Kunstgriff entgegen, dass dieser Geist zuerst von zwei Wachen wahrgenommen wird, die sich ihre Wahrnehmung noch von einem Dritten bestätigen lassen, bevor sie Hamlet von der mitternächtlichen Erscheinung berichten. Er ist dann bereits die vierte Person, die den Geist wahrnimmt – allerdings die einzige, die mit dem Geist in Kontakt kommt (bei den anderen Dreien hat sich die Erscheinung jeweils abgewandt und ist verschwunden, als sie auf sie zugingen). Der Geist des Vaters berichtet dem Sohn die Umstände seiner Ermordung durch den eigenen Bruder und jetzigen Stiefvater Hamlets, beklagt die Untreue seiner Ehefrau und fordert von Hamlet, den Mord zu rächen. Durch das Erlebnis stürzt Hamlet in eine schwere psychische Krise (wir würden das heutzutage als eine sogenannte endogene[36] Depression diagnostizieren), in der sich sein ganzes Wesen verändert.

Spannend ist dabei, wie Shakespeare ein Phänomen in Szene setzt, das genauso in den klinischen Forschungen von Abraham und Török (siehe oben) beschrieben wird: Nach der Begegnung mit dem Geist des Vaters spricht Hamlet in einer so fremden und demütigenden Art und Weise mit seiner geliebten und ihn liebenden Ophelia, als ob der verbitterte Vater zu seiner untreuen Ehefrau spräche.

Hat Shakespeare das Thema »Totengeist« in eine Tragödie gefasst und sich vor allem auf die Auswirkungen auf die lebenden Personen konzentriert, so geht z. B. der Autor Romain Gary das Phänomen mit einer satirischen Komödie an, indem er aus der Perspektive eines Totengeistes erzählt. In seinem Roman *Der Tanz des Dschingis Cohn*[37] erzählt er die Geschichte eines jüdischen Komikers, der von einem SS-Mann erschossen wird und sich als Dibbuk[38] an seinen Mörder heftet und durch diesen spricht und handelt. Hier wird das Thema Ahnengeister ausgeweitet auf Totengeister, die nicht in einer familiären, sondern in einer Opfer/Täter-Beziehung zum Lebenden stehen.

Von dieser Konstellation handelt auch der Roman *Wandelnde Schatten* des großen kanadischen Schriftstellers Robertson Davies.[39] In diesem Roman wird der Ich-Erzähler im ersten Satz des Buches ermordet. Sehr zur Überraschung des Ermordeten selbst, der verblüfft feststellt, dass sein Ich nach dem Tod irgendwie weiterbesteht und er nun in seiner neuen immateriellen Existenzform sowohl die Handlungen der Lebenden verfolgen kann, als auch in das Leben seiner Vorfahren visuell, emotional und sogar Gedanken

---

35 Shakespeare, W. (2013): Hamlet. Köln (Anaconda)

36 Schwere Depressionen wurden bisher als »endogen« bezeichnet, wenn ihre Ursache unerklärlich war (im Gegensatz z. B. zur reaktiven Depression) – seit neuestem wird der Begriff nicht mehr verwendet.

37 Gary, R. (1967/1970): Der Tanz des Dschingis Cohn. München (dtv)

38 Als Dibbuk wird in der jüdischen Mystik ein Totengeist bezeichnet, der aufgrund eigener Verfehlungen oder erfahrenen Unrechts (also aufgrund einer »offenen Gestalt«) die irdische Sphäre nicht verlassen will und im Augenblick des Todes den Körper verlässt und sich bei einem Lebenden einnistet.

39 Davies, R. (1999): Wandelnde Schatten. Berlin (Krüger)

und Gerüche wahrnehmend eintauchen kann. Er kann jedoch nicht direkt handeln – dazu fehlt ihm ein materieller Körper. So heftet er sich an seinen Mörder und beeinflusst mental dessen Handeln, so dass dieser unbewusst die Bedürfnisse des Ermordeten – der sein noch ungeborenes Kind gut versorgt wissen möchte – befriedigt.

Gemeinsam ist allen Geschichten, die von einer nichtkörperlichen Seele oder dem Geist nach dem körperlichen Tod erzählen, dass diese geistigen Entitäten noch von Bedürfnissen geprägt sind. Da ihnen für die Befriedigung dieser Bedürfnisse jedoch ein Körper fehlt, brauchen sie einen lebenden Menschen, der für sie handelt.

Kann es sein, dass die Seele bzw. das Selbst eines Verstorbenen als geistige Entität Lebende beeinflusst, wenn ein unerledigtes bedeutsames Bedürfnis sie nicht zur Ruhe kommen lässt? Und wenn ja, gäbe es dafür eine von religiösen Glaubensvorstellungen unabhängige Erklärung?

10. Gedankenwelten

Wüssten wir auch alles, was im Gehirn bei seiner Thätigkeit vorgeht,
könnten wir alle chemischen, elektrischen etc. Prozesse
bis in ihr letztes Detail durchschauen –
was nützte es? Alle Schwingungen und Vibrationen,
alles Elektrische und Mechanische ist doch
immer noch kein Seelenzustand, kein Vorstellen.

Wilhelm Griesinger (1861)[1]

Die Suche nach Erklärungen für solche Phänomene führte mich – über philosophische, esoterische, spirituelle und quantenphilosophische Literatur – auch zu einer vertieften Beschäftigung mit der Gehirnforschung, weil die biologische Entstehung unseres Ichs und unseres Selbst in der Tätigkeit unseres Gehirns verortet wird. So liegt für den Neurobiologen Gerhard Roth die revolutionäre Einsicht der Neurowissenschaften darin, dass Kommunikation und Interaktion Gehirnprozesse in Sekundenschnelle formen und das Ich, das Selbst und seine Bewertung aus dieser Kommunikation und Interaktion entstehen.[2]

Die menschliche Gehirnentwicklung ist kein selbstständig ablaufender biologischer Prozess, sondern ein biologischer Prozess, der unter historischen, kulturellen und sozialen Bedingungen geformt und in sozialer Interaktion gestaltet wird. Die Architektur des Gehirns ist im menschlichen Bauplan vorgegeben, doch wie das Gehirn sich entwickelt, hängt davon ab, welche Erfahrungen es macht. Das kindliche Gehirn verfügt bei der Geburt zwar über Potenziale, Areale, Funktionen und eine Fülle von Neuronen, aber über relativ wenige synaptische Verbindungen. Diese bilden sich erst mit Erfahrungen.

Die Funktionen des Gehirns sind allesamt dialogisch, d. h. alle Gehirnzellen haben Sender (Axone) und Empfänger (Dendriten) und sie kommunizieren sowohl innerhalb des Organismus als auch mit dem bewussten und unbewussten Umweltfeld. Unsere Psyche ist einerseits ein sich ständig veränderndes, immerwährend neu gestaltetes Ergebnis des Dialogs zwischen den verschiedenen Gehirn-Arealen, zwischen Gehirn und dem übrigen Körper sowie zwischen Gehirn, sichtbarer und spürbarer Außenwelt als auch zwischen Gehirn und übersinnlicher (d. h. nicht mit den Sinnen erfassbarer) Außenwelt. (Ich spreche von Außenwelten als einer Vorstellung, ohne die wir im praktischen Leben nicht auskommen, auch wenn nach quantenphilosophischen und spirituellen Ansichten fraglich ist, ob es eine reale Außenwelt tatsächlich gibt.[3])

Andererseits ist unsere Psyche durch ihre grundlegende Bedürfnisstruktur die gestaltende Macht, die unser Menschsein in seiner individuellen Ausprägung formt. So

---

1 zit. nach Fuchs, Th. (2010): Das Gehirn – ein Beziehungsorgan. Eine phänomenologische-ökologische Konzeption. Stuttgart (Kohlhammer)

2 Roth, G. (1997): Das Gehirn und seine Wirklichkeit. Kognitive Neurobiologie und ihre philosophischen Konsequenzen. Frankfurt a. M. (Suhrkamp)

3 vgl. Schrödinger, E. (2012): Was ist wirklich? Die Gründe für das Aufgeben des Dualismus von Denken und Sein oder von Geist und Materie. In: H. P. Dürr: Physik und Transzendenz. 2. Aufl. Ibbenbüren (Driediger)

sind nicht nur die Gehirnfunktionen allesamt dialogisch, auch die Bedürfnisstruktur unseres Selbst ist dialogisch, d.h. die polaren Bedürfnisfelder sind miteinander vernetzt; sie geben uns über die Empfindungen und Gefühle ständig Signale bezüglich ihres Befriedigungszustandes, und sie steuern über ihre Aktivität als Motive unsere Wahrnehmung und unser Handeln.

Unser Gedächtnis spielt dabei eine herausragende Rolle, weil wir alle neuen Informationen (sowohl diejenigen, die sich auf den inneren Befriedigungszustand beziehen, als auch diejenigen, die wir aus der Umwelt aufnehmen) aufgrund unserer vorhergehenden Erfahrungen, unseres Wissens und unserer bewussten und unbewussten Bedürfnisse entweder ignorieren oder wahrnehmen, einordnen und bewerten.

Unser Gedächtnis war nach gängigen Modellen bis in die 1980er-Jahre ein Speicher. Im so genannten Kurzzeitspeicher oder Arbeitsspeicher wird das Erlebte und Gelernte integriert und verarbeitet und dann entweder vergessen oder in den Langzeitspeicher verschoben, in dem alles gesammelt wird – so die Vorstellung. Inzwischen wurde das Modell eines Speichers aufgegeben und das Gedächtnis als neuronales Netzwerkprofil gesehen, das bei Erfahrung gebildet und bei Abruf aktiviert wird. Der Kognitionsforscher Siegel formuliert das so: »Erfahrung führt dazu, dass Neuronen feuern, was Teil des *Einspeicherns* einer Erinnerung ist. Der nächste Schritt besteht darin, eine Erfahrung im Gedächtnis zu behalten *(storage of memory)*, was gleichzusetzen ist mit der erhöhten Wahrscheinlichkeit, dass ein ähnliches Profil wieder aktiviert wird. Dabei gibt es keinen ›Lagerraum‹ im Gehirn, in den man etwas stellt, um es bei Bedarf wieder herauszuholen. Etwas im Gedächtnis behalten bedeutet, die Wahrscheinlichkeit zu verändern, dass ein spezifisches Netzwerkmuster zukünftig aktiviert wird. Abruf wiederum ist die tatsächliche Aktivierung dieses möglichen neuralen Netzprofils, das dem Profil ähnelt, das in der Vergangenheit aktiviert wurde, aber nicht identisch mit ihm ist.«[4]

Eric Kandel, Nobelpreisträger und einer der bedeutendsten Gedächtnisforscher unserer Zeit, gibt in seinem Werk *Auf der Suche nach dem Gedächtnis*[5] einen umfassenden Einblick in hundert Jahre Gehirnforschung. Die bahnbrechenden Erkenntnisse über die Funktionen der Gehirnareale und ihrer Verbindungen, die Funktionen der Botenstoffe, der Hormone und der Gene haben vor allem zu weitreichenden Konsequenzen für die Entwicklung von pharmazeutischen Produkten geführt, mit denen man das Gehirn beeinflussen kann.

Doch die Forschungsergebnisse beziehen sich allesamt auf die Funktionen bzw. Prozesse der Nerven- und Gehirnzellen und der Botenstoffe und darauf, auf welchen Wegen und Schleifen die Informationen ankommen sowie weitergegeben werden und welche biochemischen und elektrischen Prozesse sie in den jeweiligen Gehirnarealen auslösen. Sie sagen nichts darüber aus, wo die Informationen gespeichert werden, und von wo sie abgerufen werden.

---

4 Siegel, D. J. (2006): Entwicklungspsychologische, interpersonelle und neurologische Dimensionen. In: H. Welzer / H.-J. Markowitsch: Warum Menschen sich erinnern können. Stuttgart (Klett-Cotta), 23

5 Kandel, E. (2009): Auf der Suche nach dem Gedächtnis. München (Goldmann)

Die Hirnforscher mussten nicht nur Abschied nehmen von der Vorstellung eines Speichers im Gehirn. Bis tief in die 1990er-Jahre gingen sie mehrheitlich davon aus, dass das Gehirn lediglich ein passives System ist, das nach dem Reiz-Reaktions-Schema Informationen verarbeitet. »Das Scheitern dieser Vorstellung gestehen die Hirnforscher heute ein und sind sich weitestgehend einig, dass unser Gehirn ein aktives System ist, das in Eigenregie seine inneren Zustände selbst erzeugt. [...] Des Weiteren geht der Hirnforschung mit der Lokalisationstheorie gerade so etwas wie ihr Heiligtum verloren. Die Idee der Hirnkarten, die bestimmte Funktionen in eng umschriebenen Arealen verorten, ist nach neuestem Kenntnisstand nicht mehr haltbar.«[6] So gelangt der Wissenschaftsjournalist Matthias Eckholdt, der in seinem Buch *Kann das Gehirn das Gehirn verstehen?* neun renommierte Wissenschaftler zu Wort kommen lässt, zu der Schlussfolgerung: »In den letzten Jahren ist deutlich geworden, dass der Neurowissenschaft eine Theorie des Gehirns fehlt. Um es mit Randolf Menzel zu sagen, gibt es in der Hirnforschergemeinde noch nicht einmal eine Idee davon, wie überhaupt eine solche Theorie aussehen könnte.«[7] Und der Neurowissenschaftler David Eagleman zieht das Resümee: »Heute hat sich der Großteil der neurowissenschaftlichen Gemeinde dem Materialismus und dem Reduktionismus verschrieben und geht davon aus, dass wir als Bündel von Zellen, Blutgefäßen, Hormonen, Proteinen und Flüssigkeiten zu verstehen sind, die sich alle nach den Gesetzen der Physik und Chemie richten. Jeden Tag gehen Neurowissenschaftler in ihre Labore und forschen in der Annahme, dass sie, wenn sie die einzelnen Bauteile nur gut genug verstehen, auch das große Ganze verstehen. Dieser Versuch, alles auf seine kleinstmöglichen Bestandteile herunter zu brechen, war schließlich auch in Physik, Chemie und Elektronik erfolgreich. Aber es ist keineswegs sicher, dass dieser Ansatz auch in den Neurowissenschaften Früchte trägt. Das Gehirn mit seiner persönlichen, subjektiven Erfahrung unterscheidet sich von allem, was wir bisher erforscht haben.«[8]

Jedenfalls lassen sich auch mit den neuen Modell-Vorstellungen, die das Selbst und den Gedächtnisspeicher nun als Gehirn-Netzwerkprofile oder neuronale Bahnen (früher sprach man von Spuren) postulieren, viele Phänomene der Psyche, des Geistes und der Seele nicht erklären.

Jenseits der Raum-Zeit-Dimension

Ich halte deshalb eine Theorie für wahrscheinlicher, die das Gedächtnis, das Selbst und die Seele nicht ausschließlich im individuellen Gehirn bzw. Organismus verortet. Eine Hypothese, die mir hilft, diejenigen Phänomene zu verstehen, mit denen ich in meiner Arbeit ständig konfrontiert bin; z. B. zu verstehen, wie es zu Informationsübertragungen

---

6 Eckoldt, M. (2013): Kann das Gehirn das Gehirn verstehen? Gespräche über Hirnforschung und Grenzen unserer Erkenntnis. Heidelberg (Carl-Auer), 18 f.

7 ebd., 21

8 Eagleman, D. (2012): Inkognito. Die geheimen Eigenleben unseres Gehirns. Frankfurt a. M. (Campus), 260 f.

zwischen Personen kommen kann, die nicht im üblichen Sinne miteinander kommunizieren, wenn also keine Informationen über die Sinneskanäle fließen; wie es zu Telepathie kommen kann; wie es zu so genannten »Einfällen« kommt; wie z. B. bei systemischen Aufstellungen wildfremde Menschen ein Wissen über ihnen völlig unbekannte Personen und Begebenheiten erhalten; wie es zum Kontakt mit Ahnen-Erlebnissen kommen kann, wie es sein kann, dass sich jemand an frühere (bzw. andere) Existenzen erinnert und vor allem, wie es sein kann, dass jemand Handlungen begeht, die ihm wesensfremd erscheinen und die er sich selbst nicht erklären kann.

So machte ich Anfang der 1990er-Jahre erste Erfahrungen mit der Methode der Familienaufstellungen[9] und wurde dabei mit dem Phänomen konfrontiert, dass wir Menschen in uns ein Wissen über Gefühle und vergangene Geschehnisse uns völlig fremder Menschen und Familiensysteme generieren können, ohne dass wir irgendwelche Vorinformationen über diese Menschen oder Familien haben. Erste Erklärungsversuche für diese schier unbegreiflichen Phänomene waren, dass es sich hierbei um unbewusste Übertragungen des Wissens aus der Psyche/Seele der aufstellenden Person handelt.

Solche unbewussten Übertragungen könnten eventuell durch die Spiegelneurone erklärt werden. Die Entdeckung der Spiegelneurone des italienischen Hirnforscherteams um Giacomo Rizzolatti[10] hat die Emotionsforschung auf fundamentale Weise bereichert. Sie bieten nicht nur die biologische Erklärung für Phänomene wie Mitgefühl und Mitleid, sondern auch dafür, wie es möglich ist, von Gefühlen – und damit Bedürfnissen und Motiven – anderer infiziert zu werden. Die Wissenschaftler der Universität von Parma fanden Nervenzellen, in denen sich spiegelt, was andere tun und welche Gefühle sie zum Ausdruck bringen – und nannten diese Nervenzellen *Spiegelneurone*. Das bedeutet, dass dann,wenn wir eine Handlung beobachten, unsere Spiegelneurone genauso funken, wie sie es im Falle der eigenen Handlung tun, und wenn wir bei jemandem starke Gefühle wahrnehmen, dann funken unsere Spiegelneurone genauso, wie wenn wir selbst diese Gefühle hätten. Diese Spiegelneurone sind zuständig für Empathie und Mitleid, für unsere Einfühlungsfähigkeit; sie sind sie z. B. auch dafür verantwortlich, wenn wir bei traurigen Filmen weinen oder uns bei gruseligen Psychoschockern fürchten (sofern wir uns nicht ständig bewusst machen, dass wir nur Zuschauer eines Kunstprodukts sind). Sie sind auch für das Phänomen verantwortlich, das in der Massenpsychologie schon lange als Resonanzphänomen bezeichnet wird.[11] Das heißt, dass Gefühle einer Menschenmenge auf bisher Unbeteiligte »überspringen« und dadurch bei diesen die gleichen Gefühle entstehen. Das gilt jedoch nicht nur für die Massenpsychologie, sondern für jede zwischenmenschliche Beziehung.[12] Jeder von uns kennt das Phänomen, dass sich unser Gefühlszustand durch den Gemütszustand eines Gesprächspartners stark verändern kann, dass man sich von Gefühlen anstecken bzw. »ergreifen« lässt. Der Hirnforscher Christian Keysers drückt das so aus: »Unser Gehirn ist bei weitem nicht so privat, wie

---

9 Die erste Veröffentlichung zu Familienaufstellungen stammt von Weber, G. (2010): Zweierlei Glück. Heidelberg (Carl-Auer)

10 Rizzolatti, C./Sinigaglia, C. (2008): Empathie und Spiegelneurone. Die Biologische Basis des Mitgefühls. Frankfurt a. M. (Suhrkamp)

11 Le Bon, G. (1982): Psychologie der Massen. Stuttgart (Kröner)

12 vgl. auch: Bauer, J. (2006): Warum ich fühle, was du fühlst. 4. Aufl. München (Heyne)

wir dachten. Es erlebt die Zustände anderer Menschen mit.«[13] Auch der führende Säuglings-Entwicklungsforscher Daniel Stern kam zu der Erkenntnis, »dass unsere Gehirne nicht unabhängig voneinander sind. In Wirklichkeit sind sie interdependent. Unsere Gedankenwelten sind nicht abgetrennt oder isoliert, und wir sind nicht ihre alleinigen Besitzer. [...] Die gedanklichen Welten werden kraft fortwährender Interaktivität und durch den Dialog mit anderen Gedankenwelten erschaffen, sodass die ganze Idee einer »Ein-Personen-Psychologie« hinfällig ist, zumindest ist sie unvollständig.«[14]

Das Modell der Gefühls- und Wissensübertragung aus der Psyche der aufstellenden Person wurde für mich jedoch bald brüchig und war nach einer Erfahrung, die ich bei einem wöchentlichen Coaching mit einer Meister-Gruppe an einem Produktionsstandort eines Industriekonzerns machte, nicht mehr schlüssig. Diese Erfahrung möchte ich kurz schildern:

In der Begrüßungsrunde sagte einer der Werkmeister, ihm passe heute das Coaching gar nicht in sein Zeitkonzept, denn er müsse eigentlich unten in der Produktionshalle sein, weil seit einigen Tagen ein Hochtemperaturofen völlig unberechenbar deformierte Teile (Starkstrom-Isolatoren) produziere und trotz fieberhafter Bemühungen der Fehler bisher nicht gefunden werden konnte. Da die Gruppe bereits gute Erfahrungen mit einer Organisationsaufstellung gemacht hatte, machte ich den Vorschlag zu einem Experiment, den Fehler mithilfe einer Aufstellung zu finden.[15] Die Gruppe war einverstanden und so ließ ich den betreffenden Meister alle Faktoren, die zu diesem Arbeitsablauf gehören, am Flipchart auflisten. Das waren der Hochtemperaturofen, das Material, die Chargenträger, auf denen die Materialteile liegen, die Temperatur, das Wasser, das Vakuum, der Zeitfaktor und die menschliche Bedienung. Nach der Auflistung drehte ich den Flipchart um, so dass die Gruppe die Liste nicht mehr sehen konnte und ließ den Meister die Faktoren codieren, d. h. er versah jeden einzelnen Faktor mit einem beliebigen Buchstaben. (Die Codierung schließt Projektionen und Manipulationen aus, mit denen Ergebnisse verfälscht werden könnten.) Meine Anweisung an den Meister war nun, dass er für jeden Faktor eine Person aus der Gruppe auswählen solle und dabei der betreffenden Person die Rolle mittels des Buchstaben geben solle – während er den Buchstaben sage, müsse er die richtige Bezeichnung des Faktors denken. So sagte er z. B. zu einer Person: Du bist ›A‹ und dachte dabei ›Wasser‹, einer anderen Person sagte er: Du bist ›B‹ und dachte dabei ›Chargenträger‹ usw. (Dass eine derartige Codierung funktioniert, ist auch ein noch unerforschtes Phänomen.) Als alle Rollen auf diese Weise vergeben waren, stellten sich die Rollenträger im Raum auf, bekamen eine kleine Anleitung zur Konzentration auf ihre Körpergefühle, und danach wurden die Empfindungen abgefragt. Der Mann, der als ›A‹ stand und (ohne es selbst zu wissen) die Rolle des Wassers hatte, sagte, seine

13 Keysers, Ch. im Spiegel-Interview »Eine fast mystische Verbindung«. Spiegel 29/2013

14 Stern, D. (2006): In: Die Kunst der Gestalttherapie. Springer, Wien

15 Aufstellungen haben inzwischen in viele gesellschaftliche Bereiche Eingang gefunden. An Hochschulen sind sie nicht nur Forschungsgegenstand zahlreicher wissenschaftlicher Arbeiten, sondern werden auch als Lehr- und Forschungsmethode eingesetzt. (vgl. Friedrich Asslaender, »Systemaufstellungen als Erkenntnismethode: Wissenschaft und Praxis vertiefen gemeinsam Führungserkenntnisse.« In: *Praxis der Systemaufstellungen* 1/2013)

Arme und Hände seien so schwer, dass er das Gefühl habe, sie hingen nur noch einen Zentimeter über dem Boden. Die Frau, die als ›B‹ stand (in der Rolle der Chargenträger), bekam einen hochroten Kopf mit Schweißperlen auf der Stirn und sagte, ihr sei so heiß, dass es fast unerträglich sei. Alle anderen Rollenträger hatten keine besonderen Gefühle, sondern fühlten sich normal wie vorher auch.

Damit ergaben sich aus der Aufstellung zwei Informationen: Bei dem Wasser ist etwas zu schwer und die Chargenträger sind zu heiß. Dass das Wasser zu schwer sei, wüssten sie schon und seien bereits an der Verbesserung, sagte daraufhin der Meister, doch das könne die Deformation der Teile nicht verursachen. Und das mit der Überhitzung der Chargenträger sei völlig unmöglich, das könne nicht sein. Daraufhin erklärte ich das Experiment für gescheitert – es war halt ein Versuch gewesen.

Eine Woche später kam ich wieder und wurde vom Geschäftsführer mit den Worten empfangen: »Was haben Sie denn letztes Mal Fantastisches gemacht?« und berichtete mir dann, was nach dem Coaching geschehen war. Auch wenn der Meister zu mir gesagt hatte, dass das mit der Überhitzung der Chargenträger nicht sein könne, war er doch nach dem Coaching sofort auf die Suche gegangen, was es damit auf sich haben könnte. Nun wurde aufgrund der intensiven Suche herausgefunden, dass nur bei einer bestimmten Seriennummer der Chargenträger die Überhitzung erfolgte – deshalb auch die Unberechenbarkeit. Die weitere Nachforschung ergab, dass die Herstellerfirma der Chargenträger bei der Legierung der Träger eine Spezifikation verändert hatte und diese Veränderung offenbar die Überhitzung verursachte. Eine Information über diese Veränderung, die nur die letzte Lieferung der Chargenträger betraf, war nicht geflossen. Ob dies nun eine Nachlässigkeit der Herstellerfirma war oder die Information im Konzern verloren gegangen war, entzieht sich meiner Kenntnis. Fest stand, dass die gefühlte Information ›Überhitzung der Chargenträger‹ aus der Aufstellung sich als tatsächlich existenter Sachverhalt herausstellte und der Fehler damit gefunden war.

Es handelte sich bei diesem Fall um keinen psychischen Inhalt, sondern um eine Sachinformation, und das Wissen um diesen Sachverhalt war offenbar nicht im Geist oder der Psyche des Meisters und auch nicht im Konzern vorhanden.

Woher kam also die Information? Erste Denkanstöße dazu bekam ich ebenfalls Anfang der 1990er-Jahre bei einem Kongress der Münchner Universität. Auf diesem Kongress referierte der Mitbegründer der Transpersonalen Psychologie, Stanislav Grof, über das Thema Gedächtnis. Ich möchte hier kurz wiedergeben, an was ich mich aus seinem Vortrag noch erinnere. Er sagte damals, dass es drei große Modelle zum Gedächtnis gäbe: das Spurenmodell, das Speichermodell und das Modell eines Weltgedächtnisses (damals gab es das Modell des neuronalen Netzwerkprofils noch nicht). Nach seinen Erfahrungen sei nur das Modell des Weltgedächtnisses tragfähig, um alle Phänomene, denen wir begegnen, erklären zu können. Grof brachte in seinem Vortrag einen Vergleich zwischen Gehirn und Fernseher. In einem Fernseher seien ja auch nicht alle die Bilder und Töne gespeichert, die herauskommen. Der Fernseher sei lediglich ein Empfänger und Transformationsgerät für die Informationen, die er empfängt. Zugleich sei der Fernseher auch ein Sender – er sendet Wellen, die wir als Bilder und Töne sehen und hören. Unser Gehirn sei eher mit einem Fernseher vergleichbar als mit einem Speicher. Alle Erlebnisse, alles Gefühlte, Gedachte und Gelernte sei nicht in unserem Gehirn gespeichert, sondern werde ständig in den Gedächtnisspeicher des Universums gesendet und von dort wieder abgerufen. Dabei sei unser Gehirn meist nur auf eine Wellenlänge eingestellt – ähnlich einem Volksempfänger – also nur auf die Wellenlänge unserer eigenen Erfahrungen mit ihren Gedanken und Gefühlen und unseres eigenen Wissensschatzes – und selbst da gäbe es ein großes Rauschen, das den Informationsempfang häufig behindere. Blockierte, beschädigte oder gar fehlende Empfängerantennen (Gehirnzellen) lassen dann gar keine oder nur verzerrte Informationen ankommen. So sei die leidvolle Erfahrung jedem Prüfling bekannt, dass wir oftmals abrupt keine Verbindung mehr haben zu dem Wissen, das wir gelernt haben. Und die Erfahrung, dass wir uns beileibe nicht mehr an alles erinnern können, was wir schon erlebt haben, sei auch Allgemeingut. Alles gelernte Wissen und alles Erlebte, alles Gefühlte und Gedachte werde in dieses Weltgedächtnis – eine raum-zeit-unabhängige Dimension – gesendet und sei dort als Informationsgestalt bzw. Energiefeld bzw. geistige Entität unauslöschlich präsent. Erinnerungsverlust ist demnach vor allem die nachlassende oder mangelnde Fähigkeit der Gehirnzellen, Verbindung zu diesen Informationsfeldern herzustellen.

Auch die Forschungen des Biologen Rupert Sheldrake führen in eine raum-zeit-unabhängige Dimension, auch wenn ihr Ausgangspunkt ein ganz anderer ist, nämlich die Frage nach der Entstehung der Formen in der Natur. Sheldrake interessierte sich zuerst vor allem für die Organisationsprinzipien von natürlichen Systemen – von Bakterien bis zu Vogelschwärmen, von Atomen bis zu lebendigen Organismen und zur Formenbildung von Gesellschaften. Seine Theorie der »morphogenetischen Felder« besagt, dass jedes natürliche System sein eigenes spezifisches Feld besitzt, das sowohl innerhalb als auch außerhalb des Systems ist, in das alle Bewegungen und Informationen eingespeist werden und das wiederum gestaltend auf das System zurückwirkt. »Der Feldbegriff ist das, worin sich die Gestaltpsychologie und die Hypothese der Formbildungsursachen einander ähnlich sind, doch die Gestaltpsychologen erkannten nicht die Möglichkeit der morphischen Resonanz, sondern blieben bei der Theorie der Erinnerungsspuren. [...] Für unsere Hypothese brauchen Felder keine materiellen Spuren im Gehirn hinterlassen, so wie ja auch ein Programm, auf welches ein Radio eingestellt ist, keine Spuren im Gerät hinterlässt. Ein Feld hat Einfluss auf ein System, das auf dieses Feld abgestimmt ist.«[16] Sheldrake unterscheidet dabei verschiedene Arten von morphischen Feldern: morphogenetische (formgebende) Felder, Verhaltensfelder und mentale Felder.

Er beschreibt eine Unmenge von Beispielen, die ihn zu der Überzeugung führten, dass das Gedächtnis nicht nur im jeweiligen System verortet ist, sondern auch in Informationsfeldern im Universum. So zeigen z. B. Forschungsergebnisse, dass Ratten, die langwierig gelernt hatten, aus einem Labyrinth herauszufinden, dieses erlernte Wissen an nachfolgende Generationen weitergaben, die deshalb sehr schnell den richtigen Weg fanden. Dass aber dieses ›schnelle Lernen‹ nach einigen Generationen auch Ratten zeigten, die zu einem ganz anderen genetischen Stamm gehörten – also dieses Wissen (im Sinne

---

16 Sheldrake, R. (1988): Das Gedächtnis der Natur. Das Geheimnis der Entstehung der Formen in der Natur. 4. Aufl. Bern u.a. 1991 (Scherz), 247

der Epigenetik) nicht geerbt haben können – führte Sheldrake zu dem Schluss, dass es Informationsfelder geben müsse, in denen dieses Wissen gespeichert ist und an denen auch »fremde« Ratten teilhaben können. In der Folge galt Sheldrakes großes Forschungsinteresse vor allem dem Phänomen der Telepathie (sowohl bei Tieren wie Menschen) und dem »siebten Sinn«. Seine Forschungen lassen Sheldrake zu dem Ergebnis kommen, dass der menschliche Geist nicht auf das Gehirn beschränkt ist, sondern auch ausgedehnte Einflussfelder umfasst, die weit über Gehirn und Körper hinausreichen. »Morphische Felder sind, wie die bekannten Felder der Physik, nichtmaterielle Kraftzonen, die sich im Raum ausbreiten und in der Zeit andauern. Sie befinden sich innerhalb und in der Umgebung des Systems, welches sie organisieren. Wenn solch ein organisiertes System aufhört zu existieren – etwa wenn ein Atom sich spaltet, eine Schneeflocke schmilzt, ein Tier stirbt – so verschwindet das organisierende Feld von dem Ort, an dem das System sich befand. In einem anderen Sinne jedoch verschwinden morphische Felder nicht: Sie sind potenzielle Organisationsmuster und können sich zu einer anderen Zeit und an einem anderen Ort wieder konkretisieren, wenn die entsprechenden physikalischen Bedingungen gegeben sind.«[17]

Die Ergebnisse der Hirnforschung[18] veranlassten den Neurobiologen Gerhard Roth[19] zu der Aussage, die Neurowissenschaft bestätige die tiefenpsychologischen Erkenntnisse, dass das Unbewusste mehr Einfluss auf das Bewusste hat als umgekehrt und dass das bewusste Ich wenig Einsicht in die Grundlagen seiner Wünsche und Handlungen hat. Der Neurowissenschaftler David Eagleman beschreibt das so: »Über die meisten unserer Handlungen, Gedanken und Empfindungen haben wir keinerlei bewusste Kontrolle. Im undurchdringlichen Dickicht unserer Neuronen laufen eigenständige Programme ab. Unser Bewusstsein – das »Ich«, das den Motor anwirft, wenn wir morgens aufwachen – macht nur den kleinsten Teil dessen aus, was in unserem Gehirn abläuft. Das Gehirn ist zwar die Grundlage unseres Innenlebens, aber es unterhält seinen eigenen Betrieb. Die meisten Abläufe werden nicht vom Bewusstsein abgenickt. Das Ich hat keinen Zutritt.«[20]

Wenn wir nun berücksichtigen, dass dieses Unbewusste nicht nur individuell ist, sondern auch ein kollektives Unbewusstes ist, dann ist es sehr wahrscheinlich, dass unser Wille, unsere Gefühle und unsere Gedanken nicht nur von unseren eigenen Bedürfnissen, unseren individuellen Eigenschafts- und Verhaltensdispositionen, unseren erworbenen Sozialisationsbedingungen und unseren gegenwärtigen Umweltverhältnissen beeinflusst sind, sondern wohl auch von unbewussten Kräften, mit denen unsere aufnahmefähigen Gehirne kommunizieren, ohne dass unser Verstand davon etwas mitbekommt. Wir können das heutzutage technisch nachvollziehen, wenn wir

---

17 Sheldrake, R. (1991): Das Gedächtnis der Natur. Das Geheimnis der Entstehung der Formen in der Natur. Bern u. a. (Scherz), 11

18 Zu diesen Forschungen vgl. Geyer, Roth, Singer usw.

19 Roth, G. (1997): Das Gehirn und seine Wirklichkeit. Kognitive Neurobiologie und ihre philosophischen Konsequenzen. Frankfurt a. M. (Suhrkamp); vgl. auch Singer, W. (2002): Der Beobachter im Gehirn. Essays zur Hirnforschung. Frankfurt a. M. (Suhrkamp)

20 Eagleman, D. (2012): Inkognito. Die geheimen Eigenleben unseres Gehirns. Frankfurt a. M. (Campus), 10 f.

an die Viren und Trojaner denken, die in unseren Computer eindringen können und dabei nicht nur spionieren und zerstören, sondern auch Prozesse steuern können, ohne dass wir dies als Fremdeinfluss erkennen. Wir merken nur, dass alles nicht mehr so funktioniert, wie wir es kennen und wollen.

Unsterbliche Selbst-Repräsentanzen?

Der Kognitionswissenschaftler Wolfgang Prinz[21] setzt sich in seinem neuesten Werk *Das Selbst im Spiegel* mit den unterschiedlichen Paradigmen in Bezug auf den menschlichen Geist bzw. das Selbst in den verschiedenen Wissenschaftsdisziplinen auseinander und argumentiert aufgrund seiner jahrzehntelangen Forschung entschieden für die Position des radikal offenen Geistes gegen die Vorstellung eines abgeschlossenen Geistes. Und er ist zu der Überzeugung gelangt, dass das Selbst als geistige Entität nicht dem raumzeitlichen Bezugssystem unterliegt: »Das Selbst ist sowohl mit dem Körper verbunden als auch vom Körper und der Welt getrennt. Es ist eine geistige Entität, die intentionale Beziehungen mit physischen Entitäten im Körper und in der Welt unterhält. Während geistige Entitäten mit physischen verbunden sein können, gilt das raumzeitliche Bezugssystem, das für physische Entitäten gilt, nicht ebenso für geistige Entitäten.«[22]

Wenn ich diese Aussage von Prinz mit den Erkenntnissen der Hirnforschung, dass das Selbst sich ständig gegenwärtig aus den Interaktionsprozessen des Gehirns gestaltet (und sich deshalb in jedem Moment neu konfiguriert) und mit der Theorie der morphischen Felder des Biologen Rupert Sheldrake verknüpfe, dann erscheint mir das Modell eines raumzeit-unabhängigen Weltgedächtnisses als sehr viel wahrscheinlicher und tragfähiger als ein materialistisches Modell, in dem das Gedächtnis und das Selbst nur im individuellen biologischen Organismus verortet wird.

Die Vorstellung eines Weltgedächtnisses hat eine lange Tradition. Nach Roland Müller gehört die Idee eines Weltgedächtnisses »zu den ältesten Grundpfeilern der jüdisch-christlichen Religion.«[23] Im Hinduismus (und in Anlehnung daran auch in der Theosophie und in der Anthroposophie) wird das Universalgedächtnis *Akasha-Chronik* genannt. Der Begründer der Analytischen Psychologie, der Psychiater C. G. Jung, spricht vom *kollektiven Unbewussten*: »Das kollektive Unbewusste ist alles weniger als ein abgekapseltes, persönliches System, es ist weltweite und weltoffene Objektivität. Ich bin das Objekt aller Subjekte in völligster Umkehrung meines gewöhnlichen Bewusstseins, wo ich stets Subjekt bin, welches Objekte hat. Dort bin ich in der unmittelbarsten Weltverbundenheit dermaßen angeschlossen, dass

21 Wolfgang Prinz ist emeritierter Direktor am Max-Planck-Institut für Kognitions- und Neurowissenschaften

22 Prinz, W. (2013): Das Selbst im Spiegel. Berlin (Suhrkamp), 349

23 Quelle: Dr. phil. Roland Müller, Switzerland / © Mueller Science 2001-2009 / All rights reserved (Mit freundlicher Genehmigung für das Freimaurer-Wiki) http://freimaurer-wiki.de/index.php/Akasha_Chronik

ich nur allzu leicht vergesse, wer ich in Wirklichkeit bin.«[24] Der Arzt und Soziologe Jakob L. Moreno,[25] Begründer des Psychodramas und der Soziometrie, spricht vom *Weltgeist*, und bei den Aborigines heißt das Universalgedächtnis *Tjukurrpa.*[26]

Alle diese Begriffe bezeichnen eine Dimension, die nicht dem Raum-Zeit-Bezugssystem unterliegt, so dass in ihr Vergangenheit, Gegenwart und potenzielle Zukünfte gleichzeitig existieren. Die Vorstellung einer raum-zeit-unabhängigen Dimension wird von Erkenntnissen aus der Quantenphysik gestützt: »Die Natur der Quantenphänomene ist im Wesentlichen nichtlokal. Nichtlokale Wirklichkeit enthält Einflüsse, die sich quasi allgegenwärtig an verschiedenen Punkten im Raum gleichzeitig ausdrücken können, und zwar mit einer Kraft, die, ungedämpft von der Entfernung, nicht mit dem Abstand abnimmt wie alle anderen Kräfte, die wir kennen, z.B. die Gravitationskraft oder die Kraft zwischen elektrischen Ladungen. [...] Nichtlokalität ist eine Eigenschaft der Wirklichkeit, die sich nicht nur auf den Raum bezieht, sondern auch auf die Zeitachse der Raumzeit.«[27]

Mit unseren Internet-Erfahrungen ist die Vorstellung eines kollektiven Wissens- und Gedächtnisspeichers und des Zugriffs darauf vielleicht nicht mehr ganz so befremdlich, wie es vielleicht noch vor zwanzig Jahren gewesen war. Inzwischen ist es uns selbstverständlich, dass wir uns, zuhause am eigenen Computer sitzend, Informationen aus völlig fremden, räumlich weit entfernten Wissensspeichern holen können. Die Raumdimension ist aufgehoben, wenn wir gleichzeitig mit anderen, die räumlich weit entfernt sitzen, am selben Dokument arbeiten können.

Und wir wissen, dass einmal ins Netz gegebene Informationen (z.B. Selbst-Profile in soziale Netzwerke wie Facebook) nahezu unauslöschlich präsent sind. Auch wenn wir sie »überschreiben«, das heißt verändern, aktualisieren oder löschen, sind die einmal eingegebenen Profile lediglich von unserer sichtbaren Oberfläche verschwunden – in den Tiefen des Netzes sind sie trotzdem nach wie vor vorhanden und wir wissen nicht, was mit ihnen passiert und wann und wo sie vielleicht wieder auftauchen und wer auf sie zugreift.

Wir kennen die sogenannten Clouds als ausgelagerte Wissensspeicher – die Informationen und Daten sind nicht mehr nur auf der Festplatte des eigenen Computers gespeichert, sondern im weltweiten Netz-Universum. Und wie wir inzwischen erfahren mussten, ist der Zugang zu unseren Daten, Informationen und Bewegungen im Netz nicht nur für uns selbst offen. Dabei ist es nicht wesentlich, ob die Daten auf einem materiellen Datenspeicher liegen – sie können auch unterwegs abgegriffen werden.

Doppeln wir vielleicht mit der Innovation des Internets seelisch-geistige Prozesse des Menschen technisch nach? Die Frage des technischen Nachdoppelns wurde dem südafrikanischen Ethnologen van der Post in den vierziger Jahren des letzten Jahrhunderts von einem Buschmann in Bezug auf Telefon und Kompass gestellt. Van der Post

---

24 Jung, C.G. (1957): Bewusstes und Unbewusstes. Frankfurt a.M. 1988 (Fischer), 30ff.

25 vgl. Moreno, J. (2001): Psychodrama und Soziometrie: Essentielle Schriften. 2. Aufl. Bergisch Gladbach (EHP)

26 vgl. Danzker, J.-A.B. (1994): Traumzeit Tjukurrpa. Museum Villa Stuck. München u.a. (Prestel)

27 Schäfer, L. (2004): Versteckte Wirklichkeit. Wie uns die Quantenphysik zur Transzendenz führt. Stuttgart (Hirzel), 58

hatte herausgefunden, dass die in der Einöde der Kalahari-Wüste lebenden (inzwischen ausgerotteten) Buschmänner mithilfe von Telepathie auf Hunderte von Kilometern Distanz präzise Botschaften austauschten. Außerdem besaßen sie offenbar einen inneren Kompass, mit dem sie in jeder Umgebung und aus jeder beliebigen Distanz die Richtung nach Zuhause unfehlbar bestimmen konnten – eine Fähigkeit, die in dem mannshohen Schilf, in dem sie in gefährlichen Gewässern unterwegs waren, lebensnotwendig war. Von einem dieser Buschmänner wurde van der Post dann einmal erstaunt gefragt, warum die Weißen für teures Geld Dinge herstellen, die bloß jedem Menschen innewohnende Fähigkeiten nachdoppeln.[28]

Jäger- und Sammlerkulturen sahen den Traum als zeitlosen Bewahrer der kollektiven und individuellen Wirklichkeiten. Auch diese Interpretation beruht auf einem Verständnis von einem zeitlosen Sein, das Vergangenheit, Gegenwart und mögliche Zukünfte als Einheit begreift.[29] Aus der Schlafforschung weiß man, dass das Gehirn während des Schlafes nicht weniger aktiv ist als während des Wachseins. Das Gehirn ist also auch während des Schlafes ständig in Kommunikation, und es könnte sein, dass es dabei Informationen aus dem Universalgedächtnis empfängt. Eine Sichtweise des Traums als Zustand, in dem das individuelle Gehirn mit dem zeitlosen kollektiven (das individuelle einschließende) Überbewusstsein kommuniziert, könnte auch die Erfahrungen erklären, die von vielen hervorragenden Wissenschaftlern (z.B. Albert Einstein, Dimitrij Mendeljew, Elias Howe usw.) berichtet wurden, nämlich dass ihnen überraschende Lösungen »im Traum eingefallen« seien.[30] Zum Vorhandensein von Zukünftigem in den Träumen sagt z.B. Jung in seinen *Erinnerungen, Träume, Gedanken:* »Alle meine Arbeiten, alles, was ich geistig geschaffen habe, kommt aus den Initialimaginationen und -träumen. 1912 fing es an, das sind jetzt fast fünfzig Jahre her. Alles, was ich in meinem späteren Leben getan habe, ist in ihnen bereits enthalten, wenn auch erst in Form von Emotionen oder Bildern.«[31]

Im tibetischen Buddhismus wird z.B. davon ausgegangen, dass die Seele bzw. der Geistkörper (Astralkörper) im Schlaf den Körper verlässt und in die raumzeit-unabhängige Dimension wandert, dort Erfahrungen macht und beim Erwachen wieder in den materiellen Körper zurückkehrt.

Phänomenologisch spricht viel für die Hypothese, dass unser Gedächtnis nicht nur im Organismus verortet ist, sondern unser Gehirn ständig alles Gedachte, Gefühlte und Getane als Informationsgestalten bzw. Selbst-Repräsentanzen in das universale Weltgedächtnis bzw. kollektive Unbewusste sendet und von dort wieder abruft. Da diese geistigen Entitäten nicht dem Raum-zeitlichen Bezugssystem unterliegen, sind die Informationsfelder von lange zurückliegenden Geschehnissen genauso präsent wie Gegenwärtiges.

---

28 van der Post (1958): Die verlorene Welt der Kalahari. 10. Aufl. Berlin 1987 (Henssel)

29 vgl. Lawler, R. (1993): Am Anfang war der Traum. München (Droemer)

30 Norbu, N. (1994): Traum-Yoga. München (O.W. Barth / Scherz)

31 Jung, C.G. (1988): Erinnerungen, Träume, Gedanken. Olten (Walter)

Das bedeutet, dass unser Selbst mit seinen verschiedenen Selbst-Zuständen und jeweiligen Erlebnissen, Wissen und Bedürfnissen als Informationsgestalten (als morphische Resonanzfelder) im Universalgedächtnis präsent sind. Wir verbinden uns einerseits immer wieder mit unseren unterschiedlichen Selbst-Zuständen und schaffen zugleich ständig neue. Ein Zustand der Selbst-Repräsentanz wird dabei umso stärker bzw. dominanter, je öfter wir uns mit ihm verbinden und ähnliche Informationen (Gefühle, Gedanken und Geschehnisse) einspeisen.

Um das Gesagte vorstellbar zu machen, möchte ich auf die Trauma-Forschung zurückgreifen. Wie schon ausgeführt, schafft sich das Selbst in der Interaktion mit der Umwelt (also dadurch, was ihm über es selbst zurückgespiegelt wird und wie es sich in dieser Interaktion erlebt) und konfiguriert sich stets jeweils im Rahmen des Bekannten an den wechselnden Interaktionspartnern neu und immer etwas anders. Doch in und nach einer traumatischen Erfahrung stimmt nichts mehr von dem, was zuvor an Interaktionserfahrungen gemacht wurde. Die Traumaforscher Butollo und Klein formulieren das so: »Durch die extreme Selbsterfahrung im Trauma – Selbstauflösung, Unterwerfung, Wertlosigkeit – werden somit auch gewachsene Selbstwertprozesse durch die akute Stressbelastung quasi ›überschrieben‹.«[32] Das traumatisierte Selbst ist ein chaotisches, aufgelöstes Selbst, das sich nun völlig neu konfiguriert auf dem Hintergrund der Ohnmachtserfahrung.

Eine traumatisierende Erfahrung erzeugt ein sogenanntes Trauma-Selbst, das nicht nur als Netzwerkprofil im Gehirn während der Erfahrung konfiguriert wird, sondern auch als Teil der Selbst-Repräsentanz (als morphisches Feld bzw. Informationsgestalt) im Universalgedächtnis präsent bleibt. Wenn später Erinnerungsreize (das können Geräusche, Orte, Blicke, Worte, Gerüche, ähnliche Atmosphären usw. sein) auftreten, wird das »Trauma-Selbst« aktiviert (d. h. der traumatisierte Mensch tritt in Verbindung mit dem morphischen Feld des traumatisierten Selbst), das in der Beziehung zur Umwelt ohnmächtig, hilflos und schwach ist. Und dieses morphogenetische Selbst-Feld wirkt nun wiederum gestaltend auf die Konfiguration des gegenwärtigen Selbst, das sich nun in der Beziehung zur Umwelt plötzlich wieder genauso ohnmächtig, hilflos und schwach fühlt wie in der traumatischen Situation und dementsprechend handelt.

Die Erfahrungen aus der Traumatherapie zeigen, dass diese selbstdestruktive Art der Selbst- und Beziehungsgestaltung, sofern sie nicht therapeutisch bearbeitet wird, sich leicht zu einem durchgängigen Merkmal der posttraumatischen Persönlichkeit entfaltet und die Betroffenen Gefahr laufen, eine »Opferidentität« zu entwickeln. Das heißt, nach einer traumatischen Erfahrung ist die Gefahr sehr groß, dass der traumatisierte Mensch vor allem die Repräsentation des ohnmächtigen und hilflosen, des beschämten oder angstvollen Selbst abruft, das er in der traumatisierenden Situation war.

Wenn z. B. vom »inneren Kind« die Rede ist, das sich in uns meldet und dann unser Erleben steuert, dann heißt das, dass unser Gehirn mit der Informationsgestalt eines kindlichen Selbst-Zustandes in Verbindung getreten ist und wir von unseren kindlichen Gefühlen, Erlebnissen und Bedürfnissen beeinflusst werden, ohne uns dessen bewusst

---

32 Butollo, W./Karl, R. (2012): Dialogische Traumatherapie. Manual zur Behandlung von posttraumatischen Belastungsstörungen. Stuttgart (Klett-Cotta), 20

zu sein. Während wir uns in einer Raum-Zeit-Dimension erleben und damit unser Kind-Selbst als vergangen betrachten, verhält es sich mit den Selbst-Repräsentanzen in der raum-zeit-unabhängigen Dimension anders. Dort bestehen sie weiterhin als Informationsfelder mit denjenigen Gefühlen und Bedürfnissen, die damals bestanden. Wenn wir unter bestimmten Umständen mit diesen Repräsentanzen in Verbindung (in Resonanz) treten, wird damit Vergangenes in uns zur Gegenwart.

Das könnte z.B. auch den psychischen Prozess eines Flashback erklären. Eine Flashback-Erinnerung ist dadurch gekennzeichnet, dass sie blitzartig passiert und in der Situation nicht als Erinnerung erkannt wird.[33] Während normale Erinnerungen bei jedem Erinnern immer wieder neu konstruiert werden und getönt sind vom gegenwärtigen Zustand und den nachträglichen Interpretationen und Erlebnissen, sind die Flashback-Erinnerungen wie ein Hineinstürzen in die damalige Situation, verbunden mit den gleichen damaligen Gefühlen – die Vergangenheit wird zur Gegenwart. So werden z.B. traumatisierte Menschen immer wieder von der Trauma-Situation »überfallen«, d.h. ein Reiz wirkt als Trigger und der Mensch wird überflutet von den Gefühlen, Bildern und Geschehnissen des Traumas und erlebt sie als gegenwärtig.

Den Prozess, durch den Vergangenheit innerhalb eines Systems (z.B. Mensch oder Gesellschaft) zur Gegenwart wird, nennt Sheldrake »morphische Resonanz«. Nach dieser Theorie können wir nicht nur mit eigenen Informationsgestalten und früheren Selbst-Repräsentanzen in Verbindung treten, sondern auch mit dem energetischen Feld anderer (auch verstorbener) Menschen. Für Sheldrake lässt dies z.B. auch eine alternative Deutungsmöglichkeit von Reinkarnations-Erlebnissen zu: »Jemand tritt aus nicht näher bekannten Gründen in morphische Resonanz mit einem Menschen, der in der Vergangenheit gelebt hat. Das wäre eine Art von Gedächtnisübertragung, bei der wir nicht anzunehmen gezwungen wären, dass die gegenwärtige Person jener andere Mensch der Vergangenheit tatsächlich *ist.*«[34]

Für C.G. Jung sind es die Archetypen, die uns »erfassen« oder »besetzen« können: »Kaum berührt uns nämlich das Unbewusste, so ist man es schon, indem man seiner selber unbewusst wird. [...] Leicht kann eine Woge des Unbewussten über sie hinweg schlagen, und er vergisst, wer er war, und tut Dinge, in denen er sich selbst nicht mehr kennt. Deshalb scheuen Primitive unbeherrschte Affekte, weil in solchen allzu leicht das Bewusstsein untergeht und der Besessenheit Raum gibt. Alles Trachten der Menschheit ging daher nach Befestigung des Bewusstseins. Diesem Zwecke dienten die Riten. [...] Der primitive Ritus besteht darum in Geisterbannung, Enthexung, Abwendung des bösen Omens, Propitiierung, Purifikation und analogischer, d.h. magischer Herstellung des hilfreichen Geschehens. Es sind diese seit Urzeit errichteten Mauern, welche später zu den Fundamenten der Kirche wurden.«[35]

---

33 vgl. zu den verschiedenen Arten von Erinnerungen

34 Sheldrake, R. (1988): Das Gedächtnis der Natur. Das Geheimnis der Entstehung der Formen in der Natur. 4. Aufl. Bern u.a. 1991 (Scherz), 274

35 Jung, C.G. (1957): Bewusstes und Unbewusstes. Frankfurt a.M. 1988 (Fischer), 30ff.

Es scheint also so zu sein, dass nicht nur wir selbst aktiv auf die Informationsgestalten im Universalgedächtnis zugreifen können, d. h. dass unser Gehirn intentional die Verbindung herstellen kann – z. B. wenn wir uns an etwas erinnern wollen oder ein Wissen abrufen wollen – sondern dass auch von diesen morphischen Feldern bzw. Selbst-Repräsentanzen eine intentionale Aufforderung ausgehen kann, mit der sie eine Verbindung zu unserem Gehirn herstellen können (wie Shakespeare und andere Literaten es in ihren Werken zum Ausdruck gebracht haben).

Wenn ich die Erfahrungen aus transgenerationalen Prozessen in der Therapie und in Aufstellungen auf dem Hintergrund dieser theoretischen Modelle und der Erkenntnisse aus der Hirnforschung betrachte, dann geht unser Gehirn offenbar unbemerkt vom Verstand in Kontakt mit Informationsgestalten anderer Menschen oder wird von diesen kontaktiert. Dabei gehen wir nicht nur mit ihren Selbst-Repräsentanzen in Kontakt, sondern auch mit den jeweiligen Geschehnissen, die als »unfinished business« intensionale Resonanzen erzeugen, die zum »Erledigen des Unerledigten«, zum »Schließen der offenen Gestalt« drängen. Und da die Grundbedürfnisse und Motive universal sind, erleben wir diese fremden Bedürfnisse und Motive als unsere eigenen.

Ein solches intentionales Zugreifen auf unsere Bedürfnisstruktur könnte die Erklärung sein für Phänomene, wie ich sie im letzten Kapitel an den Beispielen der Krebserkrankung einer Klientin und der Lebensmüdigkeit eines Klienten beschrieben habe. Die Beispiele zeigen deutlich, dass es weder der freie Wille der Klientin war, mit ihrem vorzeitigen Tod die Taten ihres Vaters zu sühnen, noch der freie Wille meines Klienten, mit der Lebensmüdigkeit das schwere Schicksal seiner Urgroßmutter nachzuempfinden. In beiden Fällen – und sie stehen für unzählige derartiger Erfahrungen – war die individuelle Bedürfnisstruktur überlagert von Bedürfnissen fremder Selbst-Repräsentanzen verstorbener Menschen, und diese fremden Bedürfnisse steuerten das gegenwärtige Erleben und Handeln der Klienten.

Die Bedeutung der »unerledigten Bedürfnisse« geht offenbar über unser irdisches Dasein hinaus. Ob diese sich nun vererben (im Sinne der Epigenetik), wie Boszormenyi-Nagy es in seiner Theorie postuliert oder ob wir unbewusst mit den morphogenetischen Feldern von Verstorbenen in Resonanz gehen (im Sinne der Theorie von Sheldrake) oder ob uns Archetypen aus dem kollektiven Unbewussten ergreifen, wie C. G. Jung es postuliert, ist für die praktische Arbeit mit diesen Phänomenen zweitrangig. Für die Lebenspraxis interessiert nur, dass diese unerledigten Bedürfnisse sich dergestalt auf die eigenen individuellen Bedürfnisse legen, dass sie unsere Wahrnehmung und unser Handeln steuern, ohne dass wir dies als Fremdeinfluss wahrnehmen.

Deshalb ist es von größter Bedeutung, dass wir den ›fremden Drahtziehern‹ auf die Spur kommen, wenn wir einen freien Willen entwickeln wollen und die in uns angelegten Potenziale zur Entfaltung bringen wollen.

Karsten Funke-Steinberg / Winfried Meilwes
Mit Bildern von Ulrich Hoepfner

Führungskultur: Diener dreier Herren

Vierzig Thesen für die tägliche Praxis

Mit einem Geleitwort von Wolfgang Looss

96 S., davon 40 Doppelseiten mit Text und Bild · Hardcover · ISBN 978-3-89797-084-7

Kein wissenschaftliches Werk über Führung, auch kein Methodenkoffer: mit künstlerisch illustrierten Thesen werden Führungskräfte und Menschen, die vielleicht auf dem Weg dorthin sind, zum Nachdenken über die eigene Rolle angeregt. Die Absicht: Wissen prägnant vermitteln, unterhalten, Geschichten erzählen, Bilder anbieten und erzeugen, Ideen geben, emotional wirken.

Die Form: spielt mit nahezu allem, was in einem Buch geht, jedenfalls in Schrift, Bild, Hintergrund.

»Einsteigern bietet es Maximen und Hilfe bei der Entwicklung des eigenen Führungskonzepts, Erfahrenen eine Checkliste.« (Kornelia Rappe-Giesecke, Fachhochschule Hannover)

»Ein Buch, das Lust auf Führung macht.« (Alfons Maurer, Vorstand der Paul Wilhelm von Keppler-Stiftung Sindelfingen)

»Einzigartig ermunternde Einfachheit und Klarheit der Aussagen auf top-aktuellem Stand des methodischen Führungswissens.« (Wolfgang Looss, Praxis für Management Development und Organisationsberatung, Darmstadt – Berlin)

»Ich habe die Essenzen mit großem Gewinn aufgenommen.«
(Burkhard Jung, Oberbürgermeister der Stadt Leipzig)

Evelin Kroschel-Lobodda

DIE WEISHEIT DES ERFOLGS

Von der Kunst, mit natürlicher Autorität zu führen

250 S., Abb. · Hardcover · ISBN 978-3-89797-098-4

Was unterscheidet erfolgreiche Menschen von nicht-erfolgreichen? Warum sind manche Menschen leicht und spielerisch erfolgreich, und warum müssen sich manche ihre Erfolge mit viel Anstrengung und Kampf erarbeiten? Und warum fühlen sich manche Menschen in ihrer Erfolgsfähigkeit blockiert oder verhindert? Diese Fragen führten die Autorin zur Entwicklung des Konzeptes einer ethischen Erfolgsfähigkeit: in der Praxis erprobte Erfolgsstrategie und zugleich Weg und Methode der Persönlichkeitsentwicklung.

»Ein sehr interessantes Buch! Natürliche Autorität wird in ihren lernbaren Komponenten erkennbar.« (Norbert Szyperski)

»Macht macht glücklich. In ihrer spannenden Abhandlung beleuchtet die Autorin das Phänomen Macht. Die Ausübung von Macht muss nicht gleichbedeutend sein mit Manipulation, Intrige und Gewalt. Wer erfolgreich sein will, sollte Macht lieber so als Einfluss und Größe definieren.« (Westdeutsche Allgemeine Zeitung)

»Die Weisheit des Erfolgs. Von der Kunst, mit natürlicher Autorität zu führen ... und von der höchsten Kunst, sich selbst zu führen!« (Manager Magazin)

Gerhard Fatzer, Britta Schönberger

ORGANISATION UND INSPIRATION

Führung für die Zukunft

Mit einem Beitrag von Sabina Schoefer

216 S., Abb. · Hardcover · ISBN 978-3-89797-070-0

Was der Organisationsentwicklung und den Führungskräften häufig fehlt, ist die Inspiration. Hier wird ein Modell von Veränderung entwickelt, das Transformationsfähigkeit als Kernkompetenz einer Führungskraft lehrt. Der vorliegende Band macht erstmalig den Versuch, Transformation und Führung sowie den Begriff der Inspiration für Management, Organisations- und Personalentwicklung auf dem Hintergrund westlicher Theologie zusammenzudenken. Führung im Sinne der Konzepte von David Kantor und Larry Lippitt wird als Führung im Team oder im System gesehen.

»Das vorliegende Buch ist vor allem eines: sehr ungewöhnlich! Veränderung und Transformation … überraschende neue Einsichten für Manager. Sehr empfehlenswert.« (Olaf-Axel Burow, Uni Kassel)

»Zu empfehlen« (Journal Supervision, 4.2015)

EHP VERLAG ANDREAS KOHLHAGE

Edgar H. Schein

HUMBLE INQUIRY

Vorurteilsloses Fragen als Methode effektiver Kommunikation

Führungskompetenzen II.

139 Seiten; Abb., Tab. · Hardcover · ISBN: 978-3-89797-086-1

Eine grundlegende Führungskompetenz, die essentiell für eine gesunde Organisation ist und die so noch nie in den Fokus genommen wurde: Um kühne neue Ideen zu entwickeln, um desaströse Fehler zu vermeiden und um Beweglichkeit und Flexibilität zu entwickeln, müssen wir Humble Inquiry praktizieren, so wie Ed Schein es hier beschreibt: Fragen stellen, deren Antwort man noch nicht kennt, eine Beziehung aufbauen, die auf Neugier und Interesse am anderen Menschen basiert.

In direkter Fortführung zu seinem Buch zum Prozess des Helfens (Führungskompetenzen I.) geht es um die Anwendung in Alltag, Gruppe und Organisation. Besonders hilfreich wird es dabei für Führungsverantwortliche, die Hilfe und Werkzeuge benötigen, um Vertrauen aufzubauen in Ihren Beziehungen zu ihren Mitarbeitern und Ihren Teams.

»*Angereichert mit persönlichen Beispielen bietet ein ausgewiesener Experte wirklich Kluges, einsichtsvoll und leicht lesbar. Er hat mich dazu gebracht, mein Verhalten in Beziehungen zu überdenken, beruflich wie privat.*« (Charles Handy, Gedanken für Heute, BBC-Radio)

»*Ein unersetzlicher Ratgeber für Berater, die zu verstehen versuchen, wie Verwicklungen im System und im persönlichen Bereich entwirrt werden können … geschrieben mit betörender Einfachheit und Klarheit, ist es voller Weisheit und Praktikabilität.*« (Irvin Yalom)